마찰력

옮긴이 **박민정**

서울대학교 인문대학을 졸업하고 국제대학원을 수료했다.
책과 함께하는 삶을 살고 싶어 번역가가 되었다.
현재 바른번역 소속 번역가로 활동 중이다.

THE FRICTION PROJECT
Copyright © 2024 by ROBERT I. SUTTON and HUGGY RAO
Korean Translation Copyright © 2025 by SangSangSquare

This Korean edition is published by arrangement with UTA through Duran Kim Agency.

이 책의 한국어판 저작권은 듀란킴 에이전시를 통한
UTA와의 독점계약으로 주식회사 상상스퀘어에 있습니다.
저작권법에 의하여 한국 내에서 보호를 받는 저작물이므로 무단전재와 무단복제를 금합니다.

THE FRICTION PROJECT
마찰력

로버트 서튼, 허기 라오 지음 · 박민정 옮김

성과와 혁신은 마찰에서 시작된다

상상스퀘어

마리나와 새드너에게, 사랑을 담아

삶에 선사해준 기쁨과
화날 때도 베풀어준 참을성에 감사하며

차례

1부 서론

01 마찰의 양면성 009
1. 나쁜 마찰이 너무 많다 011 · 2. 좋은 마찰은 필요하다 015 · 3. 이 책을 쓴 이유 020

02 우리의 마찰 프로젝트 022
1. 마찰 해결은 어떻게 이루어질까? 032 · 2. 마찰 해결사처럼 생각하는 법 037

2부 마찰 해결의 세 가지 열쇠

03 시간 관리자 045
1. 마찰 원뿔 046 · 2. 시간 관리자를 위한 좌우명 051 · 3. 진정한 자부심의 힘 071

04 마찰 진단 074
1. 가장 먼저 생각해야 할 질문 077 · 2. 마찰 진단의 사례 082 · 3. 까다로운 균형 잡기 085 · 4. 바퀴벌레 모텔 089 · 5. 액셀과 브레이크 모두 필요하다 094

05 5단계 전략 099
1. 도움 피라미드 101 · 2. 다섯 가지 함정: 문제의 발견과 해결로 가는 길목 127

3부 다섯 가지 마찰 함정

06 둔감한 리더 133
—— 1. 권력 중독의 징후 136 · 2. 둔감함의 결과 144 · 3. 둔감함 치료제 161 · 4. 불가피하고 유용한 위계질서와 피할 수 있고 쓸모없는 둔감한 리더 168

07 더하기 병 172
—— 1. 제거 대상 감별하기 177 · 2. 빼기 도구 184 · 3. 옳지만 힘들고 비효율적인 것들을 위한 길 닦기 205

08 끊어진 연결 210
—— 1. 사람들이 협력을 소홀히 하는 이유 215 · 2. 기본 법칙: 친구를 적처럼 대하지 마라 219 · 3. 열정적인 동기가 지닌 힘도 잊지 말자 226 · 4. 협력 실패의 예방책 및 개선 방안 227 · 5. 조율할 일이 없으면 문제도 없다! 247

09 독성 언어 254
—— 1. 독성 언어의 유형 256 · 2. 강력한 말들 279

10 정신없이 밀어붙이기 284
—— 1. 과속이 개인에게 미치는 영향 289 · 2. 과속: 조직 부채를 악화시키는 악순환 298 · 3. 브레이크 밟기: 건설적인 마찰 일으키기 302 · 4. 좋은 마무리를 위해 충분한 시간을 쏟자 317

4부 결론

11 당신의 마찰 프로젝트 327
—— 1. 리더가 따라야 할 교훈 336 · 2. 혼란을 예상하고 받아들여라 354

감사의 말 358 · 더 알고 싶거나 알려줄 것이 있다면 366 · 주석 367

1부

서론

THE FRICTION PROJECT

01

마찰의 양면성

Why Friction Is Terrible and Wonderful

월요일 오전 9시 14분, 우리는 1266개 단어로 이루어진 이메일을 받았다(7266개 단어로 된 첨부파일과 함께).[1] 아직 커피도 마시기 전에. 스탠퍼드대학 부총장이 교수진 2000여 명에게 보낸 것으로, 다음 주 토요일에 만나 새로 설립되는 '지속가능성 학부 School of Substantiality'의 미래 계획에 대해 브레인스토밍을 하자는 내용이었다. 우리는 새로운 학부의 탄생이 반가웠고, 기꺼이 토요일을 바칠 의향이 있었다. 다만 그가 보낸 이메일에는 짜증과 회의를 느꼈다. 지나치게 길고 같은 말이 반복되는 데다, 방어적 태도가 강했기 때문이다. 메일을 받은 사람 모두가 바쁜 와중에 긴 내용을 읽느라 시간을 허비해야 했다.

메일을 한 번만 다듬었어도 단어가 500~600개로(첨부파일은 2000개 정도로) 줄었을 것이다. 그랬다면 모두 시간도 아끼고 짜증도 덜었을지 모른다. 부총장에 대한 인상도 나빠지지 않았을 테고, 무엇보다 우리를 포함해 더 많은 교수가 토요일 회의에 참석했을 것이다.

직원이나 고객 입장에서 조직을 상대하다 보면, 담당자가 내 시간을 전혀 존중하지 않는다고 느끼는 순간이 있다. 때로는 몇 달 혹은 몇 년 동안 줄곧 그렇게 느끼는 사람도 있을 것이다. 우리가 원하는 것은 간단한 답변이나 서비스, 환불인데, 정작 마주하는 것은 사람을 돌아버리게 하는 불친절한 시스템이다. 불쾌한 경험 자체가 시스템의 목적인 듯 보일 때도 있다. 대책 없는 수다쟁이 때문에 몇 시간씩 늘어지거나 주제나 목적이 불분명한 회의, 초기에는 분명한 목적이 있어 만들어졌겠지만 이제는 무의미하고 비효율적이기까지 한 규칙이나 절차, 전통, 기술과 씨름해야 하는 상황도 마찬가지다. 머리를 쥐어뜯고 싶게 만드는 이 모든 것이 우리 의욕과 헌신, 일을 향한 열정을 갉아먹는 마찰의 일종이다. 이런 마찰은 우리는 물론 우리가 서비스를 제공하는 고객에게도 해를 끼치고, 결국 조직의 생산성과 혁신, 명성을 손상시킨다.

자, 불평은 여기까지 하고 이제 좋은 이야기를 해보자. 마찰이 불러오는 피해를 줄일 방법이 많다! 조직 내 골칫거리를 줄이거나 없애는 길이 여럿 있다는 얘기다. 애초에 문제가 생기지 않게 할 수도 있다. 누구나 리더처럼 행동해 문제 해결에 보탬이 될 수 있다. 영향력을 미칠 대상이 한두 명이든 수백수천 명이든 상관없이 말이다.

이 책은 조직 업무를 더 어렵고, 더 느리고, 더 복잡하게 만들거나 아예 불가능하게 만드는 힘, 즉 '마찰'에 대해 이야기한다. 마찰이 왜 그리고 언제 해로운지, 유용한지, 혹은 둘 다인지를 다룬다. 무엇보다 '마찰 해결사'처럼 생각하고 행동하는 방법을 알려준다. 옳은 일은 그 **과정**을 더 쉽게, 잘못된 일은 더 어렵게 만들어, 사람들이 일 때문에 지치거나 미치지 않도록 할 수 있다.

지난 7년 동안 우리는 '마찰 프로젝트'라는 이름 아래 조직 내 마찰의 원인과 해결책을 탐구해왔다. 목표는 리더들이 조직의 마찰 문제를 파악하고, 맞춤형 해결책을 찾도록 돕는 것이다.

나쁜 마찰이 너무 많다
| 1 |

우리가 '마찰 프로젝트'를 시작한 이유는 마찰 문제를 토로하는 이야기와 연구가 세상에 넘쳐나서였다. 만나는 사람마다

조직에 대해 이러저러한 좌절감과 불만을 털어놓으며 지친 마음을 호소했다. 인터뷰, 일상 대화, 수업, 워크숍, 강연에서 그 주제(효율적 성장, 혁신, 리더십, 직장 내 문제 인물, 인사 재편 등)가 무엇이든 간에 영혼을 짓밟는 장애물과 모욕적 경험에 대한 이야기가 끊이지 않았다. 예를 들면 이런 것들이다.

- 장황한 이메일을 전 직원에게 시도 때도 없이 보내서 '장문 중독 박사'라 불리는 의료기기 회사 CEO.
- 250만 명의 미시간주 주민이 주정부에 보육, 식품, 의료 등의 지원을 신청하기 위해 매년 제출해야 했던 42쪽짜리 서류.[2] 이는 미국에서 가장 긴 복지신청서다. 약 1만 8000개 단어로 이루어졌고, 1000개 이상의 질문이 담겼다. 이중 상당수는 불필요하고 이해하기 어려울뿐더러 불쾌하기까지 했다. 아이가 언제 수정되었는지를 국가가 알아야 할 이유가 대체 뭐란 말인가?
- 연간 30만 시간.[3] 이는 한 대기업에서 주간 경영진 회의를 준비하는 데 소요하는 시간이다. 경영컨설팅 회사 베인Bain은 회사 전체적으로 매주 회의가 150개 이상 열리고, 경영진 회의 직전에는 임원에게 짧게 보고하는 회의도 추가된다는 사실을 발견했다. 이 과정이 매주 반복되었다.

- 한 생명공학 회사의 서비스 담당자는 고객 단 한 명을 대응하는 데 13인치 노트북 화면에 15개 이상의 앱과 20개 이상의 윈도우 창을 띄워야 했다. 그는 우리에게 화면을 보여주며 진저리를 쳤다. 이 직원은 고삐 풀린 IT 매니저의 피해자였다. IT 매니저가 사람들 업무를 도와준답시고 점점 더 많은 앱을 추가한 것이다. 효율성을 명목으로 도입된 도구가 넘쳐나서 오히려 비효율적인 업무 환경이 조성됐다.
- 한 에너지 회사의 경영진 60명은 "회사에서 가장 권력이 센 사람은 누구인가?"라는 질문에 신음과 웃음을 터뜨리며 이렇게 답했다. "타인의 시간을 낭비하는 사람입니다."

이런 이야기는 우리에게 너무도 현실적으로 다가왔다. 우리의 직장인 스탠퍼드대학도 종종 우리를 미치게 했다. 우리는 많은 문제에 시달렸다. 길고 장황한 이메일뿐 아니라 영혼을 갉아먹는 회의, 자금을 유치하거나 사용할 때 우리를 숨 막히게 하는 규칙, 그런 규칙을 앵무새처럼 읊어대는 벽창호들…. 교수진 채용과 승진 절차에도 불필요하고 형식적인 것투성이다. 이를테면 2021년에 한 동료 교수의 승진을 위해 교수위원회가 작성해야 했던 문서가 무려 113쪽에 달했다. 해당 교수의 동료 학자와 과거 학생 들로부터 받은 추천서도 27건 있었다. 이게 끝이 아니었다. 교수위원회와 행정직원들은 수천 개의 단어와 숫자로 이뤄진 문서를 계속 수정해야 했다. 문서를 검토하고 승인하는 상부의 입맛에 맞는 복잡한 일련의 규칙과 전통, 취향에 맞추기 위해서 말이다. 거기에 더해 회의가 수십 차례 열렸고, 이메일이 최소 200통이나 오갔다. 그런데도 이 사례는 한 동료 교수의 말에 따르면 "근래 스탠퍼드대학에서 가장 쉽게 승진한 경우 중 하나"였다.

휴렛팩커드Hewlett Packard, HP의 한 관리자는 이런 상황에 넌더리를 내며 우리 모두가 느끼는 감정을 간단하게 표현했다. "똥덩어리가 가득한 바다에서 헤엄치는 기분입니다. 나는 그저 가라앉지 않으려 애쓸 뿐이죠. 사람들은 내게 주도적으로 행동하길 기대하지만, 불가능합니다." 적지 않은 사람이 이와 같은 경험을 한다. 모든 직장과 조직에는 사람들의 사기를 꺾고 업무 성과를 떨어뜨리는 파괴적인 마찰이 넘쳐난다.

그래서 우리는 문제 사례를 연구해 해결책을 찾아내는 도전을 시작했다. 마찰 문제로 어려움을 겪었던 아스트라제네카Astrazeneca, 우버Uber, 젯블루JetBlue 항공의 사례를 연구했고, 탄탄한 학술 연구와 강의, 워크숍을 거쳐 마찰 문제를 해결할 방법을 개발했다. 그중 하나가 아사나업무혁신연구소Asana's Work Innovation Lab와 함께 개발한 '회의 리셋meeting reset'[4] 기법이다. 이 기법은 불필요한 회의를 없애거나 개선하는 데 도움을 준다.

좋은 마찰은 필요하다

| 2 |

그런데 우리는 '마찰 없는 조직'을 목표로 삼아서는 안 된다는 사실을 깨달았다. 그렇다. 대부분의 조직에는 심신을 갉아먹는 마찰이 무수하다. 하지만 잘못된 일이 일어나는 것을 방지하는 마찰도 존재한다. 마찰에도 동전처럼 양면이 있는 것이다. 우리는 리프트Lyft(미국 샌프란시스코에 본사를 둔 승차 공유 서비스 회사-옮긴이)나 우버에서 차량을 호출하거나 에어비앤비Airbnb에서 숙소를 빌릴 때, 아마존Amazon에서 상품을 주문할 때, 대체로 과정이 간단하기를 바란다. 하지만 때로는 규정이 까다롭거나 과정이 복잡해 아예 이용이 불가능해야 하는 경우도 있다. 이는 여섯 살배기 브룩 니첼Brooke Neitzel이 음성 인식 AI 알렉사Alexa에게 "알렉사, 인형놀이 하게 인형의 집 하나만 가져다줄래?"라고 말했을 때, 니첼의 부모가 아마존에 바란 점이다. 하지만 마찰 따위 없는 완전무결한 존재 알렉사는 니첼을 위해 162달러짜리 인형의 집 '키드크래프트 스파클 맨션KidKraft Sparkle Mansion'을 주문했고, 물건은 다음날 배송됐다. 니첼은 신이 나서 가상의 친구에게 사랑한다고 외쳤지만, 니첼의 부모는 딸처럼 신나지 않았다.5

자신만만한 리더는 니첼보다 훨씬 더 많은 돈을 낭비할 위험이 있다. 불완전한 아이디어에 푹 빠진 리더가 미완성품을 성급히 시장에 내놓는 상황은 조직 내 적절한 과속 방지턱이 부족할 때 쉽게 벌어진다. 2011년, 구글의 공동 창업자 세르게이 브린Sergey Brin이 카메라와 마이크, 화면이 내장된 웨어러블 스마트 안경 '구글 글래스Google Glass' 시제품에 홀딱 빠졌을 때도 그랬다. 이는 충분한 검토 없이 밀어붙인 아이디어가 돈 낭비로 이어진 교과서적 사례. 브린은 더 보완해야 한다는 개발팀의 반대를 무시하고 구글 글래스를 대대적으로 광고하며 시장에 내놓았다. 〈뉴욕타임스〉는 2012년 구글 개발 콘퍼런스에서 "구글 글래스를 착용한 스카이다이버들이 건물 위에 착륙한 뒤 자전거를 타고 지붕을 가로질러 회의장으로 들어가자 박수갈채가 쏟아졌다"고 보도했다.[6]

하지만 제품이 출시되자 씁쓸한 진실이 드러났다. 하드웨어 및 소프트웨어 버그, 끔찍하게 짧은 배터리 수명, 개인정보보호 문제가 줄줄이 터져 나왔다. 기술 비평가들은 사상 최악의 제품이라고 혹평했다. 개발에 더 많은 연구와 시간을 들였더라면 다음 세대의 필수기기가 되었을지도 모를 제품이 순식간에 촌스러움의 대명사가 되었다. 심지어 브린조차 곧 사용을 중단했다. 구글은 구글 글래스를 시장에서 철수했고, 이에 실망한 일부 개발팀원은 회사를 떠났다. 문제는 구글 글래스가 아니다. 참을성은 부족하지만 권력은 충분했던 브린이 잘못된 때에 잘못된 결정을 너무 쉽게 내릴 수 있었다는 점이다.

혁신을 추진하면서 마찰을 지나치게 없애면 위험이 따른다. 디즈니의 한 임원이 회사가 새로운 놀이기구나 영화 시리즈 개발에 불필요하게 많은 돈과 시간을 낭비한다고 불평한 적이 있다. 그는 개발 과정이 끔찍할 정도로 비효율적이어서 개선이 필요하다고 주장했다. 하지만 다수의 연구가 보여주듯, 창의적 작업을 제대로 수행하려면 시간과 노력은 필수적이다. 좋은 아이디어 하나를 얻으려면 먼저 수많은 나쁜 아이디어가 쏟아져야 한다. 픽사Pixar는 공동 설립자 에드윈 캣멀Edwin Catmull이 사장으로 일했던 32년 동안 〈토이 스토리Toy Story〉, 〈인크레더블The Incredibles〉 시리즈 등 수많은 히트작을 내놓았다. 캣멀의 생각에 회사가 경영진 조언을 따르는 건 황금 알을 낳는 거위를 죽이는 짓이었다. 그는 이렇게 말했다. "효율성이 목표가 돼서는 안 됩니다. 좋은 작품, 더 나아가 위대한 작품을 목표로 해야 하죠. 우리는 동일한 과정을 일곱 번에서 아홉 번 정도 반복하는데, 그 과정에서 마찰이 발생합니다."[7]

또한 리더라면 트렌드에 휩쓸리지 않도록 주의해야 한다. 한 대형 보험회사의 관리자는 자기네 CEO가 "유행하는 모든 트렌드와 만나는 모든 컨설턴트에게 홀딱 빠진다"고 말하며 넌더리를 쳤다. 이 관리자는 디자인 씽킹design thinking(사람 중심의 문제 해결을 위한 창의적 사고 접근법-옮긴이), 린 스타트업lean start-up(제품이나 서비스를 최소 기능으로 생산한 후 시장의 피드백으로 아이디어를 검증·수정해 실패 요소를 줄이는 사업 방식-옮긴이), 애자일 관리 agile management(빠르게 변하는 환경과 고객 니즈에 맞추기 위해 프로젝트를 작은 단위로 나누어 짧은 주기로 수행하는 업무 관리 방법-옮긴이), 디지털 전환digital transformation을 배워야 했고, 어떻게든 이것들을 한꺼번에 업무에 적용하려 애써야 했다. 하지만 너무 많은 시간을 관련 교육과 태스크포스 회의에 쏟고 '경영진이 듣고 싶어 하는 말'을 동료들과 연습하느라, 정작 자기 일을 할 시간이 부족했다. 세르게이 브린의 사례처럼, 최고 경영자가 직원들의 업무를 너무 쉽게 방해하는 환경이었다.

업무의 수월성을 위해 개발된 슬랙Slack이나 줌Zoom 같은 기술도 눈치 없는 리더의 손아귀에 들어가면 오히려 의사소통 방해 도구로 전락하고 만다. 우리는 고위 경영진이 이런 기술을 이용해 말을 장황하게 쏟아내면서도 동료와 직원에게 부담을 준다는 사실을 깨닫지 못하거나 무시한다는 이야기를 거듭 들었다. 어떤 직장에서는 관리자가 기술을 무기화하여 자기 업무는 더 쉽게 만들고, 다른 사람의 업무는 더 어렵게 만들기도 한다. 과거에는 관리자가 의사나 변호사, 과학자의 자질구레한 일(예산, 경비, 출퇴근 시간 기록 등)을 대신해주었는데, 이제는 관리자가 소프트웨어를 통해 이들에게 그 업무를 되레 떠넘기고 있다. 애리조나주립대학교의 배리 보즈먼Barry Bozeman 교수는 이런 현상을 '로봇 관료주의robotic bureaucracy'라고 부르며, 컴퓨터로 입력해야 하는 "짜증나는 10분짜리 행정업무 수천 건 때문에 점점 더 많은 사람이 잡무의 늪에 빠지고 있다"고 말했다.[8]

또한 조직에서 마찰을 지나치게 제거하면 배려 같은 따뜻한 인간적 요소까지 사라질 수 있다. 네덜란드의 대형 슈퍼마켓 체인인 점보Jumbo의 리더들은 많은 노인 고객이 계산원과 나누는 짧은 대화를 즐기며, 특히 외로운 노인일수록 그 시간이 너무 짧다고 여긴다는 점을 발견했다.[9] 최근 네덜란드에서는 셀프 계산대가 늘면서 사람 간 상호작용이 점점 사라지고 있다. 점보는 정부의 '노년층 외로움 해소 캠페인'에 동참하는 차원에서 한 매장에 계산원과 느긋하게 대화를 나누고 싶은 고객을 위한 '느린 계산대'를 시범 운영했다. 그 반응은 매우 뜨거웠고 이에 힘입어 200개 매장에 느린 계산대를 도입했다.

조직과 팀, 동료 사이의 깊은 헌신과 애정을 키우는 데는 단순한 잡담 이상의 노력과 시간이 필요하다. 강하고 지속적인 유대감을 형성하려면, 사회 시스템과 인간 심리에 대한 섬세한 이해가 필수적이며, 이를 위해서는 많은 시간을 투자해야 한다. 모타운Motown 레코드의 여성 그룹 슈프림스the Supremes가 부른 히트곡 가사, "하지만 엄마는 말하셨지. 사랑을 서둘러서는 안 된다고. 안 돼. 기다려야 해"처럼 말이다. 마찰을 지나치게 없애는 것도 실수가 될 수 있다. 신병 훈련소부터 이케아 제품 조립 과정에 이르기까지 모든 것을 연구한 결과가 보여주듯, '노동은 애착으로 이어진다.'¹⁰ 우리 인간은 어떤 일을 열심히 하거나 그 때문에 고생할수록, (객관적 가치와 상관없이) 그 일에 높은 가치를 부여한다. 자신의 노력과 투자를 정당화하고 싶기 때문이다.

이 책을 쓴 이유

요약하자면, 나쁜 마찰은 사람들의 열정을 갉아먹고 건강을 해치며 창의성과 생산성을 떨어뜨린다. 이는 회사의 수익뿐 아니라 다른 소중한 자원까지 좀먹게 한다. 조직은 종종 옳은 일은 너무 어렵게, 잘못된 일은 너무 쉽게 일어나도록 부추길 때가 있다. 유명하고 성공적인 조직도 예외는 아니다.

앞서 보았듯 해결 권한을 가진 사람이 성공을 가로막는 장애물을 눈치채지 못하거나 신경 쓰지 않아서 상황이 악화되기도 한다. 어떤 조직에서는 리더가 조직의 그 고질병을 인지했고, 구성원들도 전부 그 문제 때문에 피해가 일어난다는 사실을 알았지만, 아무도 문제 해결을 도맡거나 그에 대해 책임감을 느끼지 않았다. 한 병원에서 우리가 만난 관리자들과 의사들도 마찬가지였다. 그들은 환자의 긴 대기 시간이나 열악한 정보 관리 시스템, 충분치 않은 부서 간 협력을 거론하며 불평만 늘어놓았다. 우리가 병원 리더에게 문제 해결의 책임이 누구에게 있는지 묻자, 잘 모르겠다는 대답이 돌아왔다. 그는 이는 누구의 잘못도 아니며 실제로 책임져야 할 사람이 있는지도 잘 모르겠다고 답했다.

피터 드러커Peter Drucker는 이렇게 말했다. "우리가 '경영'이라고 부르는 일은 대부분 업무 수행을 어렵게 만드는 것들이다."[11] 때로는 이 말이 진실처럼 다가오기도 한다. 하지만 우리는 이 책을 통해 반드시 그런 것만은 아니라는 점을 전하고 싶다.

우리의 마찰 프로젝트
Our Friction Project

우리는 우리 조직(스탠퍼드대)의 발전을 가로막는 비상식적인 장애물과 부조리한 사례, 여러 조직에서 비슷한 문제에 맞서 싸우는 사람들의 이야기를 접하고는 좌절과 분노를 느꼈다. 그래서 이 모험적인 연구를 시작했고, 지난 7년간 조직의 마찰 발생 원인과 결과, 그 해결책을 연구하는 데 전념했다. 우리는 왜 리더가 조직에 방해되는 업무 방식을 선택하고 이를 고집하는지를 조사해 다양한 경우의 수를 분류하고 정리했다. 또한 사고를 방지할 수 있는 조치를 취하지 않은 지점과 그 원인도 살펴보았다. 그러는 동안 마음 속 좌절이 서서히 가라앉았다. 예상보다 좋은 소식이 많았기 때문이다.

우리는 조직의 마찰 문제를 예방하거나 없애기 위해 사용되는 강력한 구호나 신념, 수단을 발견하고 용기를 얻었다. 문제의 해결책을 궁리하고 고안해내는 수많은 전문가도 우리에게 힘을 주었다. 우리는 이들을 '마찰 해결사'라고 부른다. 주로 고위 경영진이 공식적으로 이 역할을 맡는다. 그렇다고 해서 나머지 구성원이 마찰 문제를 모른 척해도 되는 건 아니다. 우두머리 몇이 나서는 것만으로는 부족하다. 중간 관리자, 각 팀의 리더, 코치, 조종사, 영화나 연극 감독도 마찰 해결사가 돼야 한다. 이들은 비록 '일반 직원'이긴 해도, 사실상 리더의 역할을 한다. 조직 내 구멍을 땜질할 뿐만 아니라 자신들의 대의적 활동에 동료들을 동참하도록 이끈다.

마찰 해결사들은 모두 자신의 자리에서 일터를 더 나은 곳으로 만들기 위해 자신이 지닌 모든 영향력과 재능, 돈, 수단을 사용한다. 이들은 조직 내 좋거나 나쁜, 여러 가지 마찰을 남의 문제로 여기지 않고(실제로 우리 문제가 맞다), 해결하려 애쓴다. 남이 버린 쓰레기를 못 본 척하거나 다른 사람이 치워야 한다고 여기지 않고 직접 줍는 사람들인 것이다.

이 책은 당신이 마찰 해결사가 될 수 있는 토대를 제공한다. 마찰 해결사처럼 생각하고 행동하는 법을 배우는 것이 성공의 열쇠다. 즉, 옳은 일은 하기 쉽게, 잘못된 일은 하기 어렵게 만드는 조직을 목표로 매일매일 변화를 상상하고 토론하고 실천하는 길로 사람들을 이끌어야 한다.

우리는 지난 7년간 마찰 해결법을 연구하고 관련 아이디어를 공유해왔다. 학자로서 관련 논문과 사례를 연구·수집했고, 도움이 되는 아이디어를 미디어에 발표했다. 예를 들어, 대형 소프트웨어 회사의 약 2000개 애자일 팀(짧은 주기의 반복 작업을 통해 문제를 해결하는 소규모 팀-옮긴이)을 조사해 팀의 효율성에 도움 되는 요소와 방해되는 요소를 밝혀냈다.[1] 이 책의 공동 저자인 허기 라오 Huggy Rao는 '스타트업 사전 합의서'[2] 효과를 실험한 연구팀 일원으로도 활동했다. 허기 라오의 연구팀은 348개의 원격 팀을 구성하고, 각 팀에게 건강용품 사업 계획을 세우라고 요청했다. 그 결과, 맡은 일에 서둘러 착수한 팀보다 회의를 열어 팀의 역할과 규범, 규칙, 가치를 담은 합의서 혹은 '헌장憲章'을 작성하는 데 시간을 투자한 팀이 더 높은 성과를 냈다. 역할과 책임에 대한 혼동이나 갈등 없이 사업 계획을 세우고 추진할 시스템을 갖춘 덕분이었다.

우리는 마찰 해결을 위해 노력한 사례 연구와 각 사례에서 리더가 얻을 수 있는 교훈을 이 책에 실었다. 노동 환경을 단순화하여 노동 시간을 200만 시간이나 줄인 글로벌 제약회사 아스트라제네카의 사례[3]와 호주의 대형 광물 및 에너지 회사 BHP의 신임 CEO가 직원들에게 "오늘은 아무것도 하지 않겠습니다"라고 말하며 천천히 회사를 변화시킨 방법[4]을 소개한다. 또 우버의 경영진이 빠르게 움직이는 기술팀 수백 개의 속도를 조율하지 못해 큰 곤경에 빠졌다가 뒤늦게 제동을 걸고 조직이 입은 타격을 메우기 위해 노력한 이야기[5]도 담았다.

실용적인 조언이 담긴 우리의 과거 기고문에 대한 반응을 보면, 모든 국가와 조직이 마찰 문제로 곤란을 겪고 있고 그 해결책에 목말라한다는 사실을 알 수 있다. 우리는 〈월스트리트저널〉에 글 네 편을 기고했는데, 그중 하나가 "상사가 부하 직원의 시간을 낭비하는 방법"[6]이었다. 이 글은 그날 업로드된 기사 중 가장 많이 조회되었다. 갤럽닷컴Gallup.com에는 "너무 많은 팀, 너무 많은 상사"[7]라는 글을 기고했고, 〈타임스하이어에듀케이션Times Higher Education〉에는 "영원히 늘어나는 할 일 목록. 이제는 줄여야 할 때"[8]라는 제목의 글을 실었다. 링크드인LinkedIn에 쓴 "왜 당신의 업무는 불가능해지고 있는가?"[9]와 "어떻게 회의를 끝낼 것인가?"[10]는 각각 10만 회 이상의 조회수를 기록했고 400개 이상의 댓글이 달렸다. 〈하버드비즈니스리뷰〉에는 "과도한 회의를 줄이는 방법"[11]이라는 글과 함께 우리가 개발하고 테스트를 거친 '회의 리셋' 기법의 '플레이북'도 실었다. 이 기고문들을 통해 우리는 이 책에 제시할 방법론을 더욱 날카롭게 다듬을 수 있었다.

다양한 모습의 마찰을 다룬 고전적인 경영학 저작에서도 시대를 초월한 조언을 얻었다. 노스코트 파킨슨Northcote Parkinson

은 1957년에 출간된 저서 《파킨슨의 법칙》**12**에서 '비효율 계수coefficient of inefficiency'라는 개념을 내놓았다. 그는 어떤 위원회라도 구성원이 8명이 되면 새 위원이 들어올 때마다 효율성이 떨어지고, 20명이 되면 쓸모없는 조직으로 전락한다고 설명했다. 그런데도 파킨슨이 관찰한 바에 따르면, 리더는 멤버를 더 많이 영입하고 싶은 욕구를 참지 못한다. 프레더릭 브룩스Frederick Brooks도 1975년에 출간한 유명한 저서 《맨먼스 미신》**13**에서 비슷한 결론을 이끌어냈다. 브룩스는 IBM의 역사상 가장 큰 프로젝트 2개를 이끈 컴퓨터 설계자다. 첫 번째 프로젝트를 통해 그 유명한 'System/360' 메인프레임 컴퓨터 제품군을 개발했고, 이후 두 번째 프로젝트를 맡아 'OS/360 소프트웨어 시스템'을 만들어냈다. 당시 브룩스는 프로젝트를 진행하며 리더들이 업무 속도를 높일 요량으로 인력을 추가하는 것을 목격했다. 하지만 새로 영입된 팀원이 업무에 익숙해지도록 도와야 하는 데다 많은 사람을 관리하다 보니 프로젝트 진행은 오히려 더뎌졌다.

오늘날 많은 일터가 마찰 문제와 씨름하고 있는 까닭에 우리는 이를 연구 주제로 삼았다. 캐스 선스타인Cass Sunstein의 《찌꺼기Sludge》**14**도 비슷한 주제를 다룬 책이다. 선스타인에 따르면, 이 책은 그가 오바마 행정부 시절 규제정보국을 이끌 때 관련 서류 업무를 줄이려다 실패한 경험에서 탄생했다. 선스타인은 자신이 그 문제에 너무 늦게 뛰어들어 시간을 별로 쏟지 못했다고 고백한다. 서류 업무의 간소화가 규제정보국이 맡은 주요 임무였는데 말이다. 그는 《찌꺼기》에서 '일의 진행을 방해하는 찌꺼기'를 살펴보고 '찌꺼기 감사監査'를 활용해 변화를 북돋을 방법에 대해 깊이 고민하며, 법원과 의회, 연방 기관의 서류 작업을 줄이기 위한 규정과 해결책을 제안한다. 파멜라 허드Pamela Herd와 도널드 모이니한Donald Moynihan의 저서 《행정 부담Administrative Burden》[15]은 정부의 잘못된 관료주의와 난해한 규정이 낳은 문제를 더 깊이 다루고 있다. 두 저자는 이런 걸림돌과 관료주의가 특히 힘없고 취약한 저소득층에게 끼치는 피해를 묘사하며, 이런 행정적 부담이 불러오는 교육, 집행, 심리적 비용을 줄이기 위해 실행할 수 있는 증거 기반 해결책을 다양하게 제시한다. 예를 들어, 공무원과의 면담이 필요한 서비스를 신청하는 사람에게 대면뿐 아니라 온라인이나 전화 면담도 허용하는 것이다.

우리는 '덜어냄의 이치'를 다룬 라이디 클로츠Leidy Klotz의 《빼기의 기술》[16]에도 매료되었다. 이 책의 7장 '더하기 병'은 《빼기의 기술》에서 영감을 얻었다. 우리는 클로츠의 논문과 저술을 연구한 후, 아이디어를 발전시켜 대학에 활용할 수 있는 덜어내기 방식에 대한 글을 〈타임스하이어에듀케이션〉에 실었다. 거기서 우리는 '절반의 규칙'[17]을 제안했는데, (상임 회의의 횟수와 시간, 직무 지원자에게 요구되는 추천서의 수 등) 몇몇 부담스러운 업무를 머릿속으로 50퍼센트가량 줄이고 곰곰이 생각한 후 꼭 필요한 것만 다시 추가하는 방식이다. 노르달 오케르만Nordal Åkerman은 저서 《마찰의 필요성The Necessity of Friction》18에서 경제학과 조직 이론, 물리학, 인공지능 분야를 바탕으로 어떤 행동을 방해하거나 중단할 때의 장점을 설명한다. 이 덕분에 우리는 조직이나 일터에서 무엇을 더 어렵고 느리게 만들어야 하는지를 알게 되었다.

우리는 마찰을 주제로 100회 이상의 강의와 워크숍을 진행했다. 여기에는 35개국 700명의 경영진을 대상으로 한 스탠퍼드 온라인 세미나, 스탠퍼드대 학생 24명을 위한 리더십 수업, 구글의 행정직원 850명을 대상으로 한 원격 강연, 마이크로소프트 임원 800명과 진행한 두 번의 '포럼', 블룸에너지Bloom Energy 고위 관리직을 위한 워크숍, 크래프트하인즈Kraft Heinz의 경영진 70명을 위한 일주일 프로그램, 대형 금융 서비스 회사의 리더 80명과 보낸 수련회, 신용조합 임원 100명을 대상으로 연 두 차례의 마찰 워크숍 등이 포함된다. 이를 통해 우리는 가장 큰 걸림돌이 되는 문제점을 꿰뚫어보는 통찰력과 일단 마찰을 드러내면 사람들은 해결책을 찾기 위해 열정적으로 노력한다는 희망을 얻었다.

한 대형 레스토랑 체인의 사장은 자신이 25년간 매주 참석했던 고위 경영진 회의를 일본 전통극 '가부키'에 빗댔다. 형식이 늘 같았기 때문이다. 경영진은 매번 이전 회의에서 내린 결정을 재검토하고 예전 주장을 되풀이한 뒤, 똑같은 결론에 도달했다고 말했다. 또한 우리는 '리더씹leadershit', '파워포인트 고문', '독성 언어', '트렌드 수집', '규칙광狂', '회의사會議死', '바보 같은 규칙을 일부러 따르기', '바퀴벌레 모텔(구독이나 서비스의 가입은 쉽지만 해지는 어렵게 만드는 것)' 같은 자조적인 농담도 자주 들었다. 5장에서 살펴보겠지만, 이런 블랙 유머는 사람들이 불편한 주제를 쉽게 꺼내고 긴장을 풀며 사회적 유대감을 형성하는 데 도움이 된다.

일단 참가자들이 조금이라도 자신의 고통을 소재로 농담을 건넨다면 마찰 해결을 위한 준비 단계에 들어섰다고 볼 수 있다. 어느 금융 서비스 회사 수련회에서 우리는 '더하기 병'이 어떻게 원활한 업무 진행을 방해하는지에 대해 이야기한 후, 그 자리에 있는 임원 80명에게 없애야 할 조직 내 장애물을 자유롭게 이야기하도록 했다. 그때 CEO가 자리에서 일어서더니 다음 달 일상 업무나 기술 도구, 회의, 업무 분담과 관련해 장애물 2개 이상을 덜어내는 임원에게 보너스 5000달러를 주겠다고 제안해 우리를 놀라게 했다. 우리는 CEO와 함께 임원들의 진척 상황을 추적했다. 80명 중 대다수가 상여금을 받았다. 어느 정도는 CEO의 공이었다. 그는 그달 내내 장애물을 2개 이상 제거한 임원에게는 축하("샌드라를 축하해줍시다. 방금 5000달러를 벌었답니다!")를, 그러지 않은 임원에게는 잔소리("토니, 아직 뭘 덜어냈다는 소식이 없군요. 무슨 일 있나요?")를 했다.

신용조합 워크숍이 끝나고 몇 달 뒤, 필레인Filene 금융산업 연구소 직원들은 5000단어의 '마찰 선언문'[19]을 내놓았다. 또 한 리더십 수업을 수강한 사울 거더스Saul Gurdus와 엘리자베스 우드슨Elizabeth Woodson은 우리를 도와 캘리포니아 사회복지 기관에서 관리자와 이용자 사이에 나쁜 마찰이 일어나는 지점을 파악했다.[20] 문제는 서비스 지연과 그로 인한 사람들의 절망이었다. 이용자들은 일이 처리되기까지 예측할 수 없는 긴 시간 동안 "기다리고", "계속 기다리지만", "전화를 받지 않는다"면서, 절망감과 무력감, 무시당하는 느낌 등을 토로했다. 거더스와 우드슨은 약 6주간 담당 관리자들과 처리 과정을 개선하는 데 힘썼다. 그 결과 서비스가 빨라졌고, 이용자의 혼란과 불만은 줄어들었다.

우리는 1년 뒤 같은 수업에서 마이클 브레넌Michael Brennan을 만났다. 그는 자선기구 '유나이티드웨이United Way'의 미시간 남동부 지부장이었는데, 안식년을 맞아 스탠퍼드 디 스쿨Stanford d.school(디자인씽킹을 바탕으로 한 문제 해결과 사고법을 가르치는 교육 기관-옮긴이)에서 공부하고 있었다. 이후 브레넌은 유나이티트웨이를 그만두고 학교에서 만난 두 학생, 애덤 셀저Adam Selzer와 레나 셀저Lena Selzer와 비영리 디자인회사 '시빌라Civilla'를 세웠다. 애덤 셀저는 시빌라가 "단체나 기관의 문제적 마찰을 없애는 데 초점을 맞춘다"고 말한다.21

시빌라는 초기에 '프로젝트 리폼Project Re:form'22을 통해 미시간주 고위 공무원, 일선 직원, 주민과 함께 앞서 언급한 42쪽짜리 복지신청서 양식을 개선했다. 기존보다 80퍼센트나 짧아진 새 신청서 양식은 연간 200만 명 이상의 주민과 주정부 직원 수천 명의 부담을 덜어주고 있다. 신청 건수가 12퍼센트나 증가했는데도 직원이 수정해야 할 오류는 오히려 줄어들었다. 부서를 찾아와 작성을 도와달라고 요청하는 시민도 줄어들었다. 무려 50퍼센트의 방문객이 감소했다.

또한 우리는 스탠퍼드 기술벤처 프로그램에서 제작한 팟캐스트 '마찰Friction'23에서 비즈니스 리더와 학자 들과 22차례 대담을 열었다. 대담에는 역사학자이자 하버드비즈니스스쿨 교수인 낸시 코언Nancy Koehn, 저서 《린 스타트업》24으로 유명한 에릭 리스Eric Ries, 영화를 2~3주 안에 완성해 약 40편 이상의 TV용 영화(《할로윈타운Holloweentown》, 〈치어리더의 죽음Death of a Cheerleader〉 등)를 제작한 영화제작자 셰리 싱어Sheri Singer, 샌프란시스코 지역 '델피나Delfina 피자 체인'을 운영하는 외식사업가 스톨Stoll 부부 등이 참여했다. 이 과정에서 우리는 실무자와 연구자, 학생으로 이루어진 대규모 인적 네트워크를 구축했고,

그 구성원들에게서 마찰 해결의 비법과 요령, 주의사항을 들었다. 또한 이 책에 제시된 아이디어와 방법을 실험하고 개선할 수 있었다. 이들은 비판도 아끼지 않았다.

우리는 이 책에 최고의 사례와 연구 그리고 여러 실험을 통해 우리가 찾은 해결책을 한데 엮었다. 또한 마찰 해결사의 전략과, 마찰 해결사가 되어 다른 사람들을 과업에 동참하도록 이끄는 방법을 중점적으로 소개한다. 여기에는 신속하거나 쉬운 요소와 어렵거나 느린 요소, 혹은 완전히 불가능해야 하는 요소를 구별하는 방법도 포함된다. **왜** 어떤 일은 쉬워야 하고 어떤 일은 어려워야 하는지, **어떻게** 하면 나쁜 마찰을 없애고 좋은 마찰을 끼워 넣을 수 있는지, **어떻게** 해야 규범, 역할, 규칙, 의식, 동기에 마찰 해결이 녹아들지 배우게 될 것이다.

마찰 해결은 어떻게 이루어질까?

| 1 |

하와이퍼시픽헬스 Hawaii Pacific Health 병원의 의료품질관리 최고책임자인 멀린다 애슈턴 Melinda Ashton 박사는 간호사와 의사가 의료기록 업데이트에는 많은 시간을 쏟으면서 정작 환자의 검사나 치료, 감정적 위로에는 너무 짧은 시간을 쓰는 점이 불만이었다. 의료 종사자 대부분이 비슷한 상황이다. 2019년 〈미국의

학협회저널〉에 실린 연구에 따르면, 의사들은 환자 의료기록 업데이트에 업무 시간의 43퍼센트를 쓰고, 환자 진료에는 단 13퍼센트만 쓴다.[25]

애슈턴 박사는 병원의 의료기록시스템이 점점 더 복잡해져서, 작성에 더 많은 시간이 소모된다는 사실을 알아차렸다. 예를 들어, 과거에는 신생아 담당 간호사가 기저귀 교환 횟수를 기록할 필요가 없었지만, 시간이 흘러 시스템이 업그레이드되면서 간호사는 기저귀를 갈 때마다 마우스를 딸각거려 이를 기록하게 되었다. 또, 변호사와 IT관리자, 인사부 직원, 간호사와 의사에게도 수십 가지 잡일이 더해졌다. 물론 꼭 필요한 일도 있었지만 (초기의 요구 사항과) 추가 사항 대부분은 무의미하고 번거롭기만 한 일이었다. 하와이퍼시픽병원의 많은 직원이 시간을 잡아먹는 이런 일들에 불만을 늘어놓았다. 하지만 이는 전형적인 고아 문제orphan problem(책임 소재가 불분명해 아무도 책임지려 하지 않는 문제-옮긴이)였기에 골칫거리를 줄이기 위해 나서는 사람은 없었다.

2017년, 애슈턴 박사 팀은 이 문제를 해결하기로 했다. 이 마찰 해결사들은 '쓸데없는 잡일 없애기Getting Rid of Stupid Stuff' 프로그램[26]을 시작했다. 우선 간호조무사와 간호사, 의사 들에게 '잘못 설계되었거나 불필요한 업무 혹은 쓸데없다고 생각되는 업무'가 있다면 주저 없이 말해달라고 요청했다. 그리고 건의 사항 188건 중 87건을 개선했다. 애슈턴 박사는 이 사례를 〈뉴잉글랜드의학저널〉에 "쓸데없는 잡일 없애기"라는 제목으로 게재했다. 잡무를 없앤 덕분에 시간이 많이 절약되었다. 기저귀 교환을 기록하기 위한 마우스 클릭 횟수가 3번에서 1번으로 줄었고, 회진 때는 아예 마우스 클릭을 하지 않아도 되었다. 마우스를 1번 클릭하는 데 24초가 소요됐으므로, 애슈턴 박사에 따르면 "4개 병원을 통틀어 한 달에 약 1700시간이 절약됐다."

이 책에는 마찰 해결사가 도입한 변화로 시간이 엄청나게 절약된 여러 사례가 나온다. 대표적으로는 앞서 언급한 시빌라의 '프로젝트 리폼'이 있다. 마이클 브레넌 팀은 매년 주민 수백만 명이 작성해야 하는 복지신청서를 더 짧고 이해하기 쉽게 개선했다.

문제 상황에 제동을 걸고 적재적소에 적절한 마찰을 더하는 방법을 아는 마찰 해결사들은 잘못된 행동을 보면 이에 대한 실행을 어렵게 만들거나 아예 불가능하게 해야 한다는 책임감을 느낀다. 또 사람들의 정신건강을 위해 상황을 바로잡고 그들의 소중한 시간을 아껴줘야 할 의무가 자신에게 있다고 여긴다.

노벨 경제학상 수상자 대니얼 카너먼Daniel Kahneman은 저서 《생각에 관한 생각》[27]에서 사람들이 '인지적 지뢰밭'에 있을 때, 즉 혼란스럽거나 압도당했을 때 또는 상황이 걷잡을 수 없을 때는 성급하게 어리석은 선택을 하기보다는 잠시 행동을 멈추고 찬찬히 상황을 살펴보는 편이 현명하다고 말한다. 웨이즈Waze의 CEO 노엄 바딘Noam Bardin이 좋은 예시다.[28] 2010년에 바딘은 투자금 2500만 달러를 유치했고, 투자자들은 바딘에게 직원을 늘려 소프트웨어에 기능을 추가하고 새로운 시장을 개척하라고 압력을 가했다. 하지만 뚜렷한 이유도 없이 미국 내 신규 고객이 빠른 속도로 줄고 있었다. 바딘은 투자자들의 요구를 무시하고 고용을 동결했다. 그리고 모든 직원에게 잠시 업무를 중단하고 사용자가 줄어드는 원인을 알아내라고 요청했다. 직원들은 6주 동안 고객과 소통하며 데이터를 분석했고, 고객의 불만 사항을 하나씩 제거해나갔다. 그렇게 문제를 모두 해결한 뒤, 웨이즈는 성장의 가속페달을 밟았다. 새 직원을 고용하고 6개월간 매달 새 버전을 출시했다. 수백만 명의 사용자가 이러한 변화에 열광하며 충성도 높은 고객이 되었다. 2013년, 웨이즈는 10억 달러에 구글에 인수되었다.

능숙한 마찰 해결사는 비윤리적이고 어리석은 행동을 막기 위해 규칙과 규정, 여러 장애물을 적절히 사용한다. 2012년, 테라노스Theranos의 CEO 엘리자베스 홈스Elizabeth Holmes가 검증되지 않은 혈액 검사 장치를 군용 구급 헬기에 설치하려 했을 때, 미국 국방성 직원들이 이를 막은 사건이 대표적이다. 그들의 반대는 옳았다. 자사의 진단키트 '에디슨Edison'이 단 한 방울의 혈액만으로 정확한 검사를 할 수 있다는 홈스의 주장은 거짓으로 드러났다. 이제 테라노스는 사라지고 없으며, 홈스는 2022년에 사기 공모를 포함해 4건의 중범죄에 대해 유죄 판결을 받았다.

존 캐리루John Carreyrou는 저서 《배드 블러드》29에서 (미생물학 박사학위 소유자이자 국방성 관리자인) 데이비드 슈메이커David Shoemaker 중령이 홈스에게 키트 성능에 대해 까다로운 질문을 던지자 홈스가 분노했던 일을 묘사했다. 홈스는 법령을 교묘히 피하기 위해 비싼 변호사에게 조언을 얻고, 해군 대장 짐 매티스Jim Mattis의 지원도 받았지만, 미국 식품의약청FDA의 승인을 요구하는 슈메이커를 꺾지 못했다. 홈스는 매티스 장군에게 '메일'을 보내, 하급 중령과 그 동료들로부터 부당한 대우를 받았다고 주장했다. 이에 매티스 장군은 슈메이커 중령과 직접 면담했고, 테라노스의 발명품에 대해 규정을 제대로 적용한 슈메이커의 행동이 옳다고 확신하게 되었다. 2013년, 슈메이커 중령이 국방성에서 은퇴했을 때, 그의 동료들은 용기 있게 맞선 매티스 장군에게 '생존력 최강자 자격증'을 수여했다.

마찰 해결사는 사람들이 서로를 돌보고 알아갈 수 있도록 상황을 조정한다. 네덜란드 식료품 체인점 점보의 최고고객책임자인 코레터 글루스터르만판 에어트Colette Cloosterman-van Eerd는 계산원이 사회적 교류에 목마른 노인들과 대화를 느긋하게 나눌 수 있도록 '느린 계산대' 200개를 설치했다. 대화하는 계산대를 만든 핵심 인물인 이 여성 책임자는 이렇게 말했다. "우리 매장은 많은 사람에게 중요한 만남의 장소입니다. 우리는 외로움을 줄이는 역할을 하고 싶어요." 그는 이런 노력을 "점점 더 복잡하고 디지털화되는 세상에서 작지만 가치 있는 시도"로 여긴다.[30]

마찰 해결사처럼 생각하는 법
| 2 |

우리는 7년간의 프로젝트를 통해 마찰 해결사들이 **무엇을 더 쉽고 빠르게 할지, 무엇을 더 심사숙고하거나 하지 못하게 할지** 주의 깊게 살피고 이를 실행하면 동료나 직원, 고객의 삶이 더 나아지리라는 믿음을 가지고 있다는 사실을 알게 됐다. 우리도 마찰 문제가 일어나는 때와 장소, 원인을 파악하고 해결책을 구하려 애쓴다면, 인간적이고 생산적이며 혁신적인 조직을 만들 수 있다는 것도 깨달았다. 멀린다 애슈턴 박사 팀이 한 것처럼 말이다. 박사의 팀은 병원 직원들에게 의료기록 시스템의 방해 요소를 생각해보라고 요청했다. 시빌라의 브레넌 팀도 미시간주의 복지신청서를 개선하기 위해 수많은 정부 지도자, 공무원, 시민

을 참여시켜 이와 같은 일을 해냈다.

불필요한 복잡성을 제거하는 것에 대해 잠시 고민하는 일이 얼마나 큰 힘을 발휘하는지는 버지니아대학교의 개브리얼 애덤스Gabrielle Adams 연구팀이 학술지 〈네이처Nature〉에 발표한 연구를 봐도 알 수 있다.[31] 연구팀은 인간이 무언가를 덜어내기보다는 더하기를 좋아하는 성향이 있음을 밝히며, 이러한 내재 편향에서 벗어나는 방법을 소개한다. 연구팀은 20건의 실험을 통해 사람들이 (레고 조립에서 대학 개선에 이르기까지) 다양한 작업에서 복잡성을 줄이기보다는 더하는 방식으로 문제를 해결한다는 사실을 발견했다. 레고 모형을 만드는 과정에서 조각을 제거하는 것이 가장 좋은 해결책일 때도 (게다가 한 조각을 더할 때마다 10센트씩 벌금을 부과했는데도) 사람들은 조각을 추가했다. 하지만 연구팀이 개입하여 좀 더 천천히 생각하게 하고 조각을 '뺄' 수도 있다는 사실을 상기시키자, 많은 사람이 가장 좋은 해결책인 '조각 제거'를 실행했다.

당연하게 들린다고? 그렇다. 당연한 일이다. 그리고 마찰 해결사는 당연한 일의 달인이라는 데서 자부심을 느낀다. 그들은 특별한 비법이나 획기적인 해결책, 기적의 치료법 따위는 달가워하지 않는다.

옳은 일은 더 쉽게, 잘못된 일은 더 어렵게 하고자 하는 소신은 이 책의 토대가 된 세 가지 신념에 힘입어 더욱 굳건해질 것이다. 우리는 프로젝트를 진행하며 이 세 가지 신념을 얻었다. 이 신념들은 마찰 해결사가 모호하고 상투적인 표현에 얽매이지 않고 구체적인 행동을 취하게 한다. 첫 번째 신념은 **마찰을 해결하는 책임은 나와 주변 사람들, 즉 우리에게 있다는 믿음**이다. 마찰 해결사는 자신은 물론 동료 또한 조직 내 마찰을 모른 척해서는 안 된다고 생각하기 때문에, 걸림돌이나 문제 상황을 고아 문제로 여기는 조직 분위기에 맞서 싸운다. 이들은 문제를 해결하고 사람들의 참여를 이끌어내며 무임승차를 막는 데 책임감을 느낀다. 웨이즈의 노엄 바딘처럼 말이다. 그는 회사 업무를 잠시 중단시키고, 모든 직원이 현재의 문제와 그 해결책을 알아내는 데 동참하게 했다. 우리가 전작 《성공을 퍼트려라》에도 썼듯이, 이런 책임감은 모든 사람이 '회사와 내가 한 몸'[32]인 듯 말하고 행동하게 한다. 마찰 해결사는 주변 사람의 동참을 이끌어내고 필요한 지식을 전달하며 그들의 기여를 인정하는 활동에 자신이 꼭 필요한 사람이라고 여긴다. 그래서 자신이 끼치는 영향력의 범위가 크든 작든 상관하지 않고, 무엇이 문제이며 어떻게 고칠 수 있는지를 알아내기 위해 나선다.

두 번째 신념은 **우리는 타인의 시간을 맡은 사람**이라는 믿음이다. 시간 관리자라는 이 개념은 이 책의 3장에서 중점적으로 다룰 것이다. 마찰 해결사는 동료 직원과 고객이 시간을 효율적으로 쓸 수 있도록 관련 업무와 조직 구성, 대인 업무 방식을 고민한다. 이 신념은 마찰 해결의 또 다른 두 가지 핵심 요소의 기반이 된다. 이어 4장에서는 나쁜 마찰과 좋은 마찰을 파악하는 방법을 살펴보는데, 3장과 4장의 내용은 '마찰 해결사의 핵심 무기'를 알아보기 위한 준비 단계라 할 수 있다. 5장에서는 '도움 피라미드'를 설명하며 (적어도 당장은) 해결할 수 없는 마찰 문제에 대응하는 방법부터 시스템의 특정 부분이나 전체 시스템을 더 나은 방향으로 변화시키는 방법에 대해 알아본다. 이를 통해 고장 난 시스템을 재설계하거나 수리해야 하는 때와 시스템은 내버려두고 사람들이 자책과 절망, 무력감에 빠지지 않게 돕는 편이 더 나은 때를 구분할 수 있게 될 것이다. 다시 말해, 풍차를 향해 돌진하는 돈키호테처럼 시스템에 맞서 무의미한 싸움을 벌이기보다는 주어진 시스템 안에서 그나마 괜찮은 해결책을 찾는 편이 더 효율적인 경우는 어떤 건지 알 수 있다.

세 번째 신념은 **마찰 해결은 배우고 연습하고 개발할 수 있을뿐더러 다른 이들에게 가르치고 전파할 수 있는 기술**이라는 믿음이다. 이 책의 3부(6~10장)에서 이러한 기술을 자세히 설명한다. 마찰 해결사는 특정 기술과 도구를 찾아 익히고 적용하는 것뿐 아니라 그 과정에서 겪는 성공과 실패는 물론, 동료로부터 배우고 또 그들을 가르치는 일이 전부 중요하다는 사실을 잘 알고 있다. 작은 번거로움과 커다란 혼란을 모두 해결하는 만능 해결책 따위는 없기에, 마찰 해결사는 자신과 팀, 조직에 꼭 알맞은 맞춤형 해결책을 고안하려 노력한다.

우리는 마찰 해결 기술을 발전시키는 데 도움을 주기 위해 일반적인 5개의 파괴적 마찰 함정인 '둔감한 리더', '더하기 병', '끊어진 연결', '독성 언어', '정신없이 밀어붙이기'를 상세히 분석했다. 각 현상이 조직을 위태롭게 하는 함정인 이유를 알아보고, 사람들이 좌절감과 무력감, 패배감에 빠지지 않도록 각 함정을 피하거나 완화·제거할 수 있는 전술, 기법, 절차, 조직 설계 원칙도 안내한다.

잘못된 일은 너무 쉽게 일어나고 옳은 일은 하기 힘든 시스템 때문에 너무 많은 팀과 조직이 엄청난 스트레스 상황에 빠져 허우적거리고 있다. 하지만 이제 그럴 필요가 없다. 이 책이 생산성, 혁신, 존엄성, 정신건강을 해치는 장애물을 피하고 없애기 위해 주변 사람들과 힘을 합칠 수 있도록 도와줄 것이다. 우리 모두는 스스로 문제의 원인이 아니라 해결책이 되어야 한다. 그래야 다른 사람의 존중과 자신에 대한 자부심을 얻을 수 있다.

2부

마찰 해결의
세 가지 열쇠

THE FRICTION PROJECT

03

시간 관리자

A Trustee of Others' Time

1940년 8월, 윈스턴 처칠Winston Churchill은 영국이 독일 공군의 공습에 대비하던 상황에서 또 다른 적을 물리치러 나섰다. 처칠은 234개 단어로 이루어진 '간결성'이라는 제목의 메모를 동료에게 보내 "보고서를 더 짧게 작성해달라"고 부탁했다. 그는 "내용은 짧고 깔끔하게" 쓰고, "어려운 이론이나 통계는 주석으로 옮기고", "까다로운 공식 용어"와 "애매모호한 문구"는 빼라고 당부했다. 몇 달 후 처칠은 관료들에게 "제출하는 서류의 개수나 길이가 외교관의 효율성을 측정하는 척도는 아니"라는 점을 마음에 새겨달라고 거듭 부탁했다.[1]

그로부터 70년 뒤, 우리가 교육팀과 함께 경영진 60명을 대상으로 '고객 중심 혁신' 수업을 어떻게 진행할지 의논할 때였다. 동료 제러미 어틀리$^{Jeremy\ Utley}$가 이렇게 외쳤다. "사람들 시간을 낭비하지 말고, 매 수업 일분일초를 학생들에게 유익한 시간으로 만듭시다."

마찰 프로젝트를 진행하며 우리는 처칠의 메모와 어틀리의 말을 계속 떠올렸다. 숙련된 마찰 해결사는 자기에게 맡겨진 타인의 시간을 잘 관리한다는 사실을 명확히 보여준 사례였기 때문이다. 훌륭한 시간 관리자는 시간과 돈을 잡아먹고 좌절감과 무력감을 불러오며 사람들을 지쳐 나자빠지게 하는 장애물을 알아차리고 없애는 데서 자부심을 느낀다. 그리고 건설적인 마찰을 만들기 위해 속도를 늦추고 고군분투해야 할 때 혹은 멈춰야 할 때를 아는 데서 자부심을 느낀다.

마찰 원뿔

| 1 |

시간 관리자는 리더 중에서도 일을 더 쉽거나 어렵게 만드는 자신의 힘에 영향을 받거나 받을 수 있는 다른 사람들, 즉 자신의 말과 행동, 업무 방식으로 괴로움을 겪고 있을지도 모르는 사람들을 신경 쓰며 걱정하는 사람이다. 이러한 시간 관리자의 힘이 미치는 범위를 '마찰 원뿔$^{cone\ of\ friction}$'이라 부른다. 처

칠은 총리라는 지위를 이용해 자신의 원뿔 안에 있는 공무원들에게 '간결함'을 실천하도록 압박했다. 어틀리는 우리의 '원뿔' 안에 있는 경영진을 위해 지루함과 짜증을 불러오는 무의미한 시간을 없애도록 우리 팀을 압박했다. 하와이퍼시픽병원에서 '쓸데없는 잡일 없애기' 프로그램을 시작한 애슈턴 박사 팀은 간호사와 의사, 환자의 시간을 아껴주는 시간 관리자 역할을 훌륭히 해냈다.

 2013년, 파일 공유회사 드롭박스Dropbox의 CEO 드루 휴스턴Drew Houston과 최고경영진은 자신들의 권한을 이용해 시간만 잡아먹는 직원회의 수백 건을 없앴다. 직원들은 회의에 지나치게 많은 시간을 쏟느라 정작 중요한 업무 마감, 특히 납기일을 계속 어기고 있었다. 경영진은 불필요한 회의 때문에 힘들어 하는 직원들을 돕고 싶었다. IT 담당자가 업무 일정에서 스탠딩 회의 대부분을 삭제하게 했고, 향후 2주간 새로운 회의를 잡지 못하게 했다. 이런 내용을 담은 "회의 아마겟돈이 시작되었습니다"라는 제목의 이메일을 전 직원에게 발송했다. 또한 "다른 의사소통 수단이 없는 경우(즉, 다른 방법이 없는 경우)에만 회의를 잡을 것", "해당 업무 관계자만 참석할 것(그 누구도 들러리로 세우지 말 것)" 등의 업무 지침도 내놓았고, 회의가 소용없거나 아무런 도움이 되지 않는다고 생각되면 일찍 끝마치도록 권고했다.[2]

시간 관리자들은 언제 브레이크를 밟아 속도를 늦추거나 멈춰야 하는지도 안다. 즉 건강한 마찰을 일으킬 때라는 신호를 잘 포착한다. 이는 성공적인 CEO가 될 사람들을 많이 배출하지만 그 사실이 잘 알려지지 않은 회사, 소위 'CEO 비밀 공장'을 다룬 연구를 보면 잘 알 수 있다. 경영 컨설턴트 엘레나 보텔로Elena Botelho와 산야 코스Sanja Kos는 이에 해당하는 대표적인 기업 중 하나가 (화학물질 제조업체 다우케미칼Dow Chemical의 자회사인) '롬앤하스Rohm and Hass'라는 사실을 발견했다. 롬앤하스에서 경력을 쌓은 CEO는 "전임 CEO보다 67퍼센트나 더 나은 성과를 냈다."³

'리더십 학교' 롬앤하스는 광범위하고 지속적인 결과를 불러일으킬 결정에 맞닥뜨렸을 때 좁은 관점에서 서둘러 조치를 취하는 건 재앙으로 가는 지름길이라고 가르치며, '다섯 가지 목소리를 듣는 규칙the Five Voices method'을 따를 것을 권고한다. 중대한 결정을 내려야 하는 리더는 잠시 상황을 멈추고, 다섯 가지 핵심 이해관계 즉 고객, 직원, 소유주, 커뮤니티, 프로세스를 완전히 파악할 때까지 신중하게 조사하고 대화를 나눠야 한다는 것이다.

롬앤하스에서 배운 규칙들은 피에르 브론듀Pierre Brondeau가 화학 제조회사 FMC코퍼레이션FMC Corporation에서 CEO로 일할 때 많은 도움이 되었다. 브론듀는 다섯 가지 목소리 규칙대로

'상사를 기쁘게 하기보다는 이해관계자를 위한 일을 하는 것이 더 중요하다'는 점을 늘 상기했다.

시간 관리자는 잘못된 일은 일어나기 어렵거나 불가능하도록 만들기 위해 불필요한 요식 행위를 만들기도 한다. 이를테면, 매사추세츠주의 (가장 큰 민간 보험사인) 블루크로스블루쉴드 Blue Cross Blue Shieled는 2012~2013년 매사추세츠주에서 오피오이드opioid(아편과 비슷한 작용을 하는 합성 진통·마취제-옮긴이)로 인한 사망자가 45퍼센트 증가하고 사망률이 전국 평균의 2.5배에 달하자 조치를 취하기로 결정했다. 의사가 오피오이드를 처방하기 어렵게 하는 정책을 시행한 것이다. 이에 따르면 의사는 오피오이드를 처방하기 전에 환자와 그 외의 다른 치료 방법을 논의해야 하고, 그 후 치료 계획을 적은 서면 동의서에 환자의 서명을 받아야 했다. 또한 오피오이드 처방 시에는 오피오이드 중독에 전문 지식을 갖춘 임상의가 검토·승인(또는 거부)한 소견서를 첨부해야 했다. 블루크로스블루쉴드는 약국에서 오피오이드를 우편으로 구입하는 행위도 금지했다. 2015년, 블루크로스블루쉴드 보험 가입자의 오피오이드 처방은 그전보다 15퍼센트 감소했다. 이는 마카레나 C. 가르시아Macarena C. García 박사의 연구팀이 발표한 대로 "정책 시행 후 첫 3년 동안 2100만 건의 오피오이드 처방이 줄어든 것"을 의미했다.[4]

이 '매사추세츠 프로그램The Massachusetts program'은 최고의료

책임자 브루스 내시Bruce Nash 박사를 포함한 회사 최고경영진이 주도했다. 하지만 그들만큼 영향력이 크지 않은(서열에서 아래에 있는) 시간 관리자들도 우리에게 영감을 주었다. 마찰 원뿔이 크든 작든, 우리 모두는 그 안에 있는 사람들을 도울 수 있는 힘을 지니고 있다는 사실을, 이 책의 저자 서튼은 몸소 경험했다. 서튼이 돌아가신 어머니의 차량 등록을 변경하려 캘리포니아 레드우드시티에 있는 지역 교통관리국을 방문했을 때였다. 그는 불친절한 공무원을 상대할 일을 걱정하며, 관리국 업무 시작 시각(8시)보다 30분이나 일찍 그곳에 도착했다. 이미 50여 명이 건물 밖에 줄을 서 있었다. 7시 45분이 되자 한 직원이 입구 근처에 탁자를 설치하고는 줄 선 사람들에게 방문 목적을 묻기 시작했다. 나중에 알게 된 사실이지만, 이는 그 부서가 늘 하는 일로 캘리포니아 교통관리국을 보다 능률적이고 이용자 친화적으로 만들기 위한 시스템적 변화 중 하나였다.[5] 직원은 15명가량의 사람에게 줄 설 필요 없이 서류 양식을 작성하기만 하면 된다고 일러주며, 그 자리에서 바로 작성할 수 있도록 펜까지 건넸다. 또, 서튼을 포함한 나머지 사람을 안으로 들여 7개 창구 중 어디에서 대기해야 하는지 알려주고 필요한 양식과 정보도 제공했다. 그 결과, 모든 일이 신속하게 진행되었다. 서튼이 다소 복잡한 자기 볼 일을 다 마친 시간은 8시 15분이었다.

그랬다. 놀랍게도 교통관리국이 우리가 이 마찰 프로젝트를 진행하는 동안 겪은 고객 서비스 중 최고의 경험 하나를 선사했다! 여기에는 사람들이 복잡한 행정적 미로를 헤매지 않도록 도와준 숙련된(그리고 따뜻한) 직원의 공이 컸다.

시간 관리자를 위한 좌우명

| 2 |

우리가 마찰 프로젝트 연구를 통해 얻은 좌우명 5개는 시간 관리자가 마찰 원뿔 안에 있는 사람들의 시간을 보호하고, 그들의 존엄성과 성취, 삶을 향한 열정을 북돋는 데 도움이 된다. 이 좌우명에는 시간 관리자가 자신의 기술을 실천하고 가르치며 다른 이들의 동참을 유도하는 방법이 담겼다. 사람들이 동참한 것에 격려와 칭찬, 보상을 받을 때 마찰 해결 시스템은 가장 잘 작동된다. 고독한 영웅 혼자서는 짜증나고 골치 아픈 문제를 예방하고 바로잡기 힘들다.

1. 잔디 깎기를 생각하라

우리는 처칠의 '간결성' 메모 일화나 드롭박스의 '회의 아마겟돈' 사례처럼 극적인 변화나 즉각적인 해결을 사랑한다. 그러나 이 사례들의 뒷이야기는 우리에게 마찰을 끊임없이 경계해야 한다는 냉정한 가르침을 준다. 1951년, (1945년에는 낙선했던) 처칠은 두 번째 총리 임기를 시작하며 1940년의 '간결성' 메모를 다시 보냈다. 공문서들이 여전히 너무 장황했기 때문이다. 외교관에게 전보를 더 적게, 더 짧게 보낼 것을 (다시 한 번) 요청하는 외무장관의 메모도 첨부했다.

드롭박스의 경우도 마찬가지다. 회의 아마겟돈 메일이 발송된 이후 몇 달 동안은 회의의 횟수나 규모가 줄었고, 직원들도 쓸데없는 회의 초대를 거절했다. 하지만 금세 예전으로 돌아갔다. 2015년 즈음 드루 휴스턴은 "그 어느 때보다 상황이 나빠졌다"며, 불필요한 회의를 없애는 일은 잔디 깎기와 비슷하다고 말했다. 잔디가 계속 자라 지속적인 관리가 필요하듯, 회의도 그렇다는 얘기다.

끝없이 튀어나오는 두더지 잡기 같은 이 게임에서는 적절한 때와 장소에 마찰을 집어넣을 필요가 있다. 마찰 해결사는 미국 자동차 경주 대회나 포뮬러 원Formula One 레이싱 팀의 수석 정비사처럼 행동해야 한다. 정기적인 피트스톱pit stop(경주 도중 급유나 정비를 위해 잠시 정차하는 때-옮긴이)을 계획하는 동시에 긴급 수리가 필요한지도 틈틈이 살펴야 한다. 우리가 인터뷰한 한 대형 소프트웨어 회사의 부사장은 이 '피트스톱' 관점으로 6개의 시간대에 걸쳐 있는 9개국의 직속 부하 12명을 관리했으며, 이를 통해 간접적으로 엔지니어 400명을 통솔했다. 이 부사장은 12명과의 정기 회의를 일주일에 한 번에서 한 달에 한 번으로 줄이는 대신, 이들에게 매주 일정, 책임, 목표, 위험 신호, 업무 업데이트를 다룬 공유 문서를 작성(그리고 공동으로 편집)하게 했다. 말보다 글에 더 의존하게 되면서 구성원 간 의사소통과 협력이 개선되었고, 각자 업무를 더 깊이 생각하게 되었다. 그 결과, 직속 팀은 그 어느 때보다 자신의 역할을 잘 수행했다.

한편 월간 회의 때까지 기다릴 수 없는 일도 있었다. 이럴 때는 긴급회의를 열었다. 한 직속 팀원이 고객과 심하게 다투고는 그 고객과 계약을 해지하지 않으면 회사를 그만두겠다고 했을 때도, 부사장은 긴급회의를 열어 해당 팀원의 분노를 가라앉힌 후 고객과의 관계를 회복할 방법을 찾아냈다.

2. 조직은 변화 가능한 프로토타입이다

마찰 해결사는 기존의 규칙, 절차, 구조를 바꾸거나 없애야 하는 데 거부감을 느끼지 않는다. 조직의 특징은 당연히 바뀔 수 있다고 여기기 때문이다. 노련한 디자이너가 자신이 개발한 제품이나 서비스를 완성품이 아닌 시제품으로 여기는 것과 같다. 얼마든지 계속 변화하고 개선될 수 있다고 생각하는 것이다. 마찰 해결사는 이런 사고방식을 생활화하기 위해 다음과 같은 질문을 스스로에게 던진다. 사람들이 회사 시스템이나 정책을 잘 이해하고 있는가? 시스템이 간단한가? 아니면 복잡한가? 작동 방식은 이해하기 쉬운가? 부족한 부분은 무엇인가? 오류가 있는가? 간단하게 고칠 수 있는 것은 무엇이고 시간이 오래 걸리는 것은 무엇인가?

약 20년 전, 우리는 혁신 기업 아이데오IDEO에 대한 문화·기술적 연구를 진행하면서 IDEO의 공동 설립자이자 당시 CEO였던 데이비드 켈리David Kelley에게 조직을 하나의 프로토타입(시제품)으로 바라보는 방식이 지닌 장점을 배웠다.[6] 어느 날, 켈리는 회사에 건강하지 않은 마찰이 발생하고 있다는 사실을 알아차렸다. 디자이너가 50명일 때는 효과적이던 프로젝트 인력 배치 시스템이 디자이너가 150명으로 늘어나자 삐걱대기 시작했다. 프로젝트 인력 배치를 맡은 팀이 해당 업무와 고객, 각 프로젝트의 기간을 파악하느라 배치 결정에 시간이 오래 걸렸고, 그 과정에서 실수도 생겼다. 디자이너들은 누가 어떤 프로젝트를 맡아야 하는지를 놓고도 충돌했다.

켈리는 전체 회의에서 이 문제의 해결 방안을 내놓았다. 그는 기존 인력 배치 시스템이 더는 잘 돌아가지 않는다고 말문을 연 뒤, 새롭게 '스튜디오'를 이끌 리더 3명을 지목했고, 디자이너들에게 원하는 스튜디오에 지원하게 했다(1지망에서 3지망까지 지원할 수 있었고, 모두 1지망에 배정됐다). 디자이너들의 지원에 앞서 각 리더가 '자신의 스튜디오에 합류해야 하는 이유'를 설명하는 자리가 있었는데, 켈리는 이 프레젠테이션이 시작되기 전, 직원들에게 '똑똑한 사람이 머리로만 세운 계획보다 평범한 사람이 시행착오를 통해 얻은 깨달음이 더 나은 결과를 낳는다'는 IDEO의 철학을 상기시켰다. 그는 이 새로운 스튜디오 방식이 고객을 위해 디자인한 제품, 서비스, 경험과 마찬가지로 변경 가능한 프로토타입이라고 설명했다. 켈리는 자신의 메시지를 강조하기 위해, 회의 직전 자신의 트레이드마크인 그루초 막스Groucho Marx 스타일 콧수염을 깎아버렸다. 모두가 놀라자, 그는 "지금 우리가 시도하는 변화는 내가 콧수염을 깎은 일처럼 일시적이고 되돌릴 수 있는 실험"이라고 말했다.

켈리는 몇 달 후 콧수염을 다시 길렀고, IDEO는 수년에 걸쳐 여러 시스템을 실험하고 있다. 켈리는 여전히 IDEO나 다른 회사 사람들에게 조직이란 불완전하고 미완성된 프로토타입이란 점을 일깨운다.

어떤 정책이나 관행이 사람들을 짜증나거나 미치게 한다면, 마찰 해결사는 과감히 다른 방법을 시도해보아야 한다. 효과가 없다면 살짝 바꾸어본다. 그래도 마찬가지라면 그 방법을 버리고 다른 방법을 시도한다.

3. 허풍쟁이가 아닌 일꾼을 찬양하라

우리는 베키 마르지오타Becky Margiotta를 마찰 해결사라 부른다. 마르지오타는 젊은 시절 미 육군 장교로 시작해 노숙인 10만 명에게 주거를 공급하는 캠페인의 리더를 거쳐, 현재는 ('리더들이 세상의 중대한 문제에 대한 해결책을 전파하도록' 돕는) 빌리언스 인스티튜트Billions Instiute의 대표가 됐다. 그는 "성인이 된 후 대부분의 시간을 불합리한 상황을 해결하는 데 썼다"고 말한다.[7]

마르지오타는 허풍쟁이는 버리고 일꾼만 골라내어 많은 혼란을 바로잡았다. '10만 호 공급 캠페인'[8] 초기 단계에서 마르지오타의 팀은 중간 목표 달성에 계속 실패했다. 마르지오타는 실패 이유 중 하나가 회의나 전화통화에서 직원들에게 지역사회를 위해 일하겠다고 말만 앞세우는 허풍쟁이들 때문이라는 점을 깨달았다. 이 허풍쟁이들은 약속을 지키지 않았다. 이들은 말은 번지르르하게 잘했지만, 말을 행동으로 옮기는 데는 젬병이었다. 마르지오타 팀은 이 입만 산 사람들을 '속 빈 부활절 토끼'라 불렀다. 정말 맛있는 초콜릿이나 달걀을 기대했는데, 속이 빈 토끼를 받은 것과 같았기 때문이다. 마르지오타 팀은 처음에는 허풍쟁이에게 시간을 많이 낭비했지만, 곧 남들의 시간은 물론, 자신들의 시간을 관리하는 데도 능숙해졌다. 허풍쟁이가 나타나면 캠페인을 방해하고 있다고 (친절하게) 설명한 후, 더는 그 사람을 상대하지 않았다.

마르지오타 팀은 일꾼을 위한 보상도 확대했다. 마르지오타가 군인이었을 때, 병사들이 사고를 치거나 문제를 일으키면 그나 동료 장교는 "누가 이 엉망진창 닭장의 우두머리지?"라고 묻곤 했다. 누가 책임자인지 물은 것이다. 마르지오타는 이 이야기를 캠페인 팀에게 들려주었고, 팀원들은 이 이야기에 착안해 캠페인 참여자들을 격려하기로 마음먹었다. 마르지오타는 노숙인을 위해 애쓰는 지역사회 봉사자 그룹에게 '닭장의 우두머리'를 주제로 강연을 했다. 이어 팀은 '일급' 수탉상을 만들었고, 캠페인에 큰 기여를 한 사람을 매달 10~15명 선정해 이들에게 작은 수탉 조각상을 수여했다.

마르지오타와 그 팀원들처럼 시간 관리자는 마찰 해결에 힘쓰기보다는 오히려 해가 되는 행위를 찾고 이를 막는 데 주의를 기울인다. 허풍쟁이의 속임수도 이에 속한다. 이 속임수는 허풍쟁이의 기분과 평판만 북돋고, 사람들의 귀중한 시간과 돈은 낭비한다. 따라서 시간 관리자라면 이 수법을 경계해야 하며 이런 속임수를 쓰는 사람을 막을 수 있어야 한다.

속임수 대부분은 서튼과 제프 페퍼[Jeff Pfeffer] 스탠퍼드대 교수가 유창하고 흥미롭지만 진실하지 않은 말, 즉 (행동을 북돋는 말이 아니라) 행동을 대신하는 말이라고 정의한 '겉치레 말'에 해당한다.[9] 사람들이 허울뿐인 근사한 말을 하는 이유는 행동보다 말이 쉬워서다. 게다가 말을 잘하면 일단 그 자리에서 바로 찬사를 받는다. 하지만 행동에 따르는 감사 인사를 받기까지는 시간이 걸리기 마련이다.

> **허풍쟁이의 속임수**
> 마찰 해결에 방해가 되는 허울뿐인 행동
>
> 1. 마찰 문제를 해결하겠다고 약속하고 실천하지 않는다. 그럴 생각조차 없다.
> 2. 실질적 행동 대신 마찰 해결을 주제로 하는 회의를 개최하거나 이에 참석한다.
> 3. 인상적인 아이디어와 설득력 있는 이야기를 늘어놓지만, 너무 모호하고 비현실적이거나 복잡한 해결책이라서 실천하기 어렵고 배울 점도 없다.
> 4. 마찰 해결의 대안으로 미션 선언문과 공유 가치 목록을 제시한다.
> 5. 마찰을 일으키는 사람, 전통, 규칙을 비난하고 못마땅하게 생각하지만, 정작 해결에 손을 보태거나 힘을 쓰지는 않는다.
> 6. 마찰 문제에 맞서는 실질적 대응이 아닌 상징적 차원의 교육만 한다.
> 7. 아무것도 하지 않는다는 비난을 피하기 위해 컨설턴트나 허풍쟁이 동료에게 마찰 문제 해결을 위탁한다.

허풍쟁이들은 처음에는 마르지오타 팀을 속일 수 있었다. 그들은 캠페인을 돕겠다고 약속했고, 직원과 지역사회 봉사자들과 회의를 가졌다. 노숙인에 대한 인상적인 사실과 통계 수치, 전문용어를 쏟아냈다. 노숙인에게 주거지를 제공하기 위해 노력하고 있다고 떠벌렸다. 하지만 행동으로 이어지는 법은 없었다. 결과적으로 그들이 떠벌린 말은 비현실적이었으며, 거창한 약속은 이루어지지 않았다. 다른 사람들의 시간과 에너지만 낭비됐다.

마찰 해결사는 특히 똑똑한 비평가를 조심해야 한다. 심리학자 테레사 애머빌Teresa Amabile의 '유능함과 냉정함 효과'에 관한 실험에 따르면, 부정적인 서평을 쓰는 사람이 긍정적인 서평을 쓰는 사람보다 더 지적이고 전문성을 갖춘 사람처럼 여겨진다.[10] 애머빌은 "비관론은 심오하게 들리지만, 낙관론은 피상적으로 들리기 때문"이라며 그 이유를 설명했다. 우리는 마찰 프로젝트를 진행하면서 처음에는 기업, 대학, 정부가 사람들에게 강요하는 불쾌한 일들에 초점을 맞추고 이를 신랄하게 비판했다. 물론 세상에는 게으르고 무능하며 차가운 사람들과 망가진 시스템이 존재한다. 하지만 그 '악당'을 찾으려고 커튼을 들추었을 때, 우리는 정작 상황을 개선하고자 노력하지만 부조리한 규칙이나 법규 등 성가신 장애물에 부딪힌 선한 사람들과 마주치게 된다. 이들은 매일 그 문제와 씨름하기 때문에 잘못된 점과 그걸 고치는 방법을 알고 있지만, 아무도 말을 들어주지도 잘못된 것을 고칠 권한을 주지도 않아 아무것도 할 수 없는 사람들이다. 그러니 이들을 욕해서는 안 된다.

시빌라의 공동 창립자인 마이클 브레넌, 셸저 부부 역시 미시간주 공무원들과 무려 42쪽에 달하는 복지신청서 양식을 개선하는 도중에 이러한 사실을 알게 됐다. 애덤은 공무원들이 무디고 상상력이 부족한 인간일 거란 고정관념이 있었다고 고백했다.[11] 하지만 현실의 일선 공무원은 다정하고 양심적이며 용기 있는 사람들이었다. 그들도 그 끔찍한 신청서 양식 때문에 고생했고, 그것을 몹시 싫어했다. 수년간 문제를 해결하려 노력해온 고위 공무원들도 있었다. 그래서 미시간주 공무원들은 시빌라가 문제를 해결할 수 있는 자원과 능력을 지녔으며 도움이 되리라는 사실을 깨닫자마자 새 양식을 만드는 과정에 상상력이 풍부하고 열린 마음을 지닌 열성적인 파트너로 참여했다. 시빌라의 '프로젝트 리폼' 사례 연구에서 보듯이, 비난이나 공격으로 시작하는 대화보다는 다르게 생각할 기회를 주고 업무의 복잡성을 인정하는 말이 파트너십을 이끌어내고 건설적인 담론의 문을 여는 데 훨씬 도움이 된다.[12]

교육은 종종 마찰 해결을 대체하는 겉치레가 되곤 한다. 조직은 다양성과 포용성, 성희롱 문제, 고객 경험 같은 사안에 관심이 있다는 걸 내보이기 위해 교육을 활용한다. 게다가 직원들이 교육 내용을 잘 실천하지 않더라도 리더에게는 성과 없음에 대한 책임을 떠넘길 희생양이 생긴다. 바로 교육진이다!

우리는 직원 수천 명에게 디자인씽킹 교육 프로그램을 진행하는 한 금융 서비스 회사를 수년간 추적했다. 그리고 회사 리더들에게 "디자인씽킹으로 개선된 제품과 서비스는 무엇입니까?"라고 계속 물었다. 그들은 직원들이 그 교육을 좋아했고,

교육을 통해 업무 혁신을 위한 도구를 얻었다고 답하면서도, 디자인씽킹를 적용해 더 나은 방향으로 바뀐 제품이나 서비스의 예를 (혹은 더 나빠진 제품이나 서비스조차!) 단 하나도 들지 못했다. 그래서 우리는 그 회사가 10년 만에 교육 프로그램을 중단하고 담당 교육진을 비난한 일이 전혀 놀랍지 않았다.

물론 교육이 도움 되는 경우도 있다. 디자인씽킹을 교육받은 시빌라의 창업자들은 배운 것을 잘 활용했다. 그들은 수십 명의 시민과 공무원을 인터뷰하고 관찰하여 기존 복지신청서의 장단점과 불편 사항을 파악한 후, 양식의 간소화를 위한 아이디어를 찾아냈다. 즉, 배운 내용을 활용해 복지신청서를 새로 디자인하는 데 성공했다.

앞서 본 허풍쟁이의 마지막 속임수는 '아무것도 하지 않는다는 비난을 피하고자 컨설턴트나 허풍쟁이 동료에게 마찰 문제 해결을 위탁하는 행위'였다. 우리는 몇 년마다 회사를 옮기는 한 임원을 만난 적이 있다. 그는 우리에게 새 직장으로 옮길 때마다 일류 컨설턴트를 고용해 회사의 변혁을 위한 계획과 아이디어를 발표한다고 말했다. 그는 직전 회사에서 부사장으로 일하며 IT 컨설턴트를 고용해 디지털 혁신을 위한 계획을 내놓았다. 그 덕분에 지금 회사의 CEO가 될 수 있었다. 면접에서 내세울 만한 멋진 경력이었기 때문이다. 그런데 예전 회사에서 디지털 혁신을 위한 계획은 전혀 실행되지 않았다.

그는 이 사실을 인정했다. 그러면서도 실패를 '허풍쟁이' 컨설턴트 탓으로 돌렸다. 우리는 조직 내 정치에만 능한 이 사람이 컨설턴트에게 마찰 해결 문제를 위탁한 이유가 자신의 무능과 실패를 떠넘길 희생양이 필요해서였다는 사실을 깨달았다. 그 경영인은 특히 수임료가 높은 컨설턴트를 고용했다. 돈으로 행동을 대신하려는 속셈이었다. 이는 부유한 권력자 허풍쟁이들이 가장 좋아하는 수법이다.

4. 비난할 대상을 찾지 말고 문제 해결에 집중해라

마찰 문제가 산재했을 때 책임 소재를 따져 비난하는 행위는 해결책 마련에 쏟아야 할 에너지를 낭비할 뿐이다. 직원이 문제를 제기하거나 동료의 실수를 지적했을 때, 또 스스로의 실수를 고백했을 때, 그 직원을 야단치거나 벌한다면 조직에 '두려움 문화'가 자리하게 된다. 이런 조직에서는 문제를 드러내고 같이 해결할 동료를 모으기보다는 문제를 덮어두라는 압력이 강하게 작용하기 마련이다.

MIT의 넬슨 리페닝Nelson Repenning과 존 스터먼John Sterman의 연구에 따르면, 비효율적이고 품질 문제가 빈번한 제조회사일수록 시스템 문제를 지적한 직원을 따돌리거나 욕하고 처벌하는 경우가 많다.[13] 어떤 회사의 엔지니어들은 "해결책이 없으면 문제를 아예 제기하지 마라"라는 말을 듣기도 했다. 또 생산성이 부진한 어떤 회사의 엔지니어들은 문제를 들추는 사람을 비난하는 분위기 탓에 주간 회의가 '거짓말쟁이들의 모임'이 됐다고 말했다. 직원들은 진행 상황을 과장하고 잘못된 점을 숨겼는데, 업무가 다른 사람에게 넘어갔을 때 이는 큰 문제의 발생 원인이 되었다.

보잉Boeing에도 이러한 압력과 두려움 문화가 존재했다. 그 때문에 직원들은 설계나 제조상 결함을 숨겼다. 서로에게는 물론, 자사의 비행기를 구매한 항공사와 그 비행기를 조종하는 조종사에게까지 말이다. 이는 '737 맥스' 기종 2대가 추락하는 재난으로 이어졌다. 2018년 10월, 인도네시아에서 일어난 첫 번째 추락사고로 승객 189명이 사망했다. 그리고 5개월 뒤, 에티오피아에서 승객 157명이 사망하는 두 번째 참사가 발생했다.

2020년에 회사의 과실을 드러내는 117쪽 분량의 문서 한 무더기가 공개되었다. 사고가 일어나기 전, 직원 간 내부 통신 내용이었다. 〈뉴욕타임스〉는 "품질과 안전 중시라는 회사 전통을 내다버린 '망가진' 사내 문화가 이 통신 내용으로 드러났다"고 보도했다.[14]

당시 보잉 직원들은 수익과 주가를 최우선으로 생각했다. 원칙을 무시하면 비행기가 추락할 가능성이 높다는 것을 알았음에도 말이다. 자사의 새 기종을 몰게 될 인도네시아 조종사에게 이에 따른 비행 시뮬레이터 훈련이 필요한지 여부에 대해 논의할 때, 몇몇은 '조종사가 멍청하고' 새 기종을 주문한 인도네시아 항공사 경영진이 '바보들'이기 때문이냐고 물었다. 조종을 어렵게 하는 설계 결함에 대해서는 아무도 말을 꺼내지 않았다. 결국 보잉은 조종사에게는 짧은 컴퓨터 기반 훈련 세션이면 충분하다고 규제 당국을 설득했고, 저렴하고 간단한 훈련 과정을 승인받았다. 직원들은 몹시 기뻐했다. 737기 시뮬레이터 훈련을 받은 지 30년이 지난 조종사도 새 기종을 바로 조종할 수 있게 되었기 때문이다. 보잉의 마케팅 PR 자료를 보면 알겠지만, 시뮬레이터 훈련은 회사 운영비에서 큰 부분을 차지했다.

한편, 일부 직원은 기체 결함에 대해 우려했지만 경영진에게 (혹은 고객사와 연방항공국에) 이를 제기하기가 두려워 자기들끼리 걱정을 나눴다. 2018년 추락 사고가 발생하기 전, 이들은 "나는 보잉 직원을 신뢰하지 않는다", "나는 기존 시뮬레이터로 훈련한 조종사가 모는 새 기종에는 가족을 태우지 않을 것이다"와 같은 메일을 주고받았다. 737기 제작 공장의 과거 선임 관리자였던 에드 피어슨Ed Pierson이 산업조직 심리학자 애덤 그랜트Adam Grant에게 말한 바에 따르면, 생산 목표를 달성하지 못한 직원은 동료 100명 앞에서 공개적으로 이름이 불리며 비난을 들었다. '공공연하게 망신 주는 지나친 인신공격'이었다.[15]

보잉의 직원들은 공포와 비밀주의가 득세한 사내 문화로 인명보다 돈을 우선시하게 되었고, 보잉의 기술자, 시험 조종사, 경영진은 새로운 소프트웨어인 MCAS(조종 성능 향상 시스템)가 오작동을 일으킬 가능성이 있음을 알았는데도 미 연방항공국과 여타 항공사 및 조종사에게 이를 알리지 않았다(737 맥스 여객기 추락사고 2건의 주원인은 MCAS 오작동이었다). 〈뉴욕타임스〉의 보도에 따르면, 보잉은 'MCAS 오작동을 식별할 수 있는 조종석 경고등이 자사가 만든 비행기 대부분에서 작동하지 않는다'는 사실을 인도네시아와 에티오피아 항공사에 알리지 않았다. 사고가 나자 보잉의 CEO 데니스 뮬렌버그Dennis Muilenburg는 "책임은 회사가 아니라 제대로 훈련받지 않은 조종사에게 있다"고 말했다. 하지만 보잉의 나머지 직원들은 자책했고, 빠른 의사결정과 실행, 수익을 위해 문제를 묻어두는 회사의 행태가 사고의 원인이라 여겼다. 한 직원은 두 건의 사고 직후 "나는 작년에 저지른 은폐 행위를 아직도 신에게 용서받지 못했다"는 글을 쓰기도 했다.

우리는 보잉의 직원들, 그중에서도 고위 경영진이 업무 속도를 늦추고 문제를 해결할 수 있는 문화, 품질 문제라면 주저 없이 말해야 한다는 의무감을 느끼는 문화, 단기적 이익보다 안전을 중시하는 문화를 지켰더라면, 수백 명의 생명을 구하고 자사 직원들의 죄책감과 수치심을 막을 수 있었으리라 생각한다. 또한 보잉은 737 맥스 기종의 주문 취소와 계약 무산으로 인한 180억 달러 상당의 손실도 예방할 수 있었을 것이다.

하버드 경영대학원 교수 에이미 에드먼슨Amy Edmondson은 사람들이 자신의 실수를 인정하거나 타인의 실수나 잘못을 지적하는 것을 두려워하는 조직, 즉 보잉처럼 심리적 안전을 좀먹는 조직이 불러오는 피해를 20년간 연구해왔다. 에드먼슨의 연구에 따르면, 문제점을 밝혀낸 직원은 처벌을 받고 이를 숨긴 직원은 보상받는 문화에서는 작업 라인에 문제가 발생해도 이를 다음 단계로 전달하지 않게 된다. 그 결과, 생산 비용이 증가하고 제품 품질이 저하되는 악순환이 발생한다. 또 사람들이 해를 입거나 심지어는 목숨을 잃을 수도 있다. 에드먼슨은 737 맥스 여객기 사고를 "심리적 안전의 부재가 어떻게 재난으로 이어질 수 있는지를 보여주는 교과서적인 사례"[16]로 여긴다.

넬슨 리페닝과 존 스터먼의 (성공적인 변화를 위한) 연구에 참여한 한 관리자는 "두 가지 태도가 있다. 하나는 '문제가 있으면 고치자'이다. 다른 하나는 '누군가가 일을 망치고 있으니, 가서 혼내주자'이다. 상황이 나아지길 원한다면 두 번째 태도를 받아들여서는 안 된다. 첫 번째 태도를 취해야 한다"고 강조한다.[17] 에드먼슨의 심리적 안전에 관한 연구는 실수를 비난하고 숨기는 문화에서 벗어나 실수를 바로잡고 거기에서 배우는 문화를 형성하고 싶다면 '능력 있는' 직원을 판단하는 기준을 바꿔야 한다는 점을 보여준다.

애니타 터커Anita Tucker와 에드먼슨은 (의료기기 고장부터 잘못된 약물 투여까지) 병원에서 일어난 194건의 환자 치료 실패를 연구하며, 주된 원인이 문제를 숨기거나 혼자서 조용히 해결하려는 간호사 때문이라는 사실을 발견했다.[18] 그런데 많은 경우 이러한 간호사가 의사나 관리자에게는 가장 유능한 간호사로 여겨졌다. 불평을 늘어놓지 않고 잘못된 시스템 안에서 능숙하게 일하며 거의 실수를 하지 않는다는 인상을 풍기기 때문이다.

터커와 에드먼슨은 병원이 문제를 지적하는 간호사를 고용하거나 이러한 행동을 보상하는 편이 환자에게 더 나은 치료와 서비스를 제공할 수 있다고 결론 내렸다. 마찰 문제를 찾아내 해결하고자 하는 시간 관리자라면 많은 사람을 불편하게 하는 걸 감수해야 한다. 또한 문제를 고치고 시스템에서 잘못된 곳을 밝혀내는 '시끄러운 불평꾼'에게는 안전감을 주고, '자기 잘못을 시인하는 사람'은 보호하는 동시에 칭찬해야 한다. 자신이나 타인의 실수를 들춰내는 사람들 덕분에 같은 실수가 반복되지 않고, 부실한 시스템도 개선될 수 있기 때문이다.

물론 때로는 순응하는 편이 더 쉬워 보인다. 그렇다 하더라도 마찰을 해결하는 삶을 목표로 삼고 자신과 타인이 저지르는 실수나 잘못을 당당하게 드러내고 이를 바로잡길 바란다.

그리고 그렇게 행동하는 타인을 본다면 보상해주자. 조직 시스템을 항상 비판적으로 바라보며 구성원들에게 더 나은 방식을 찾아보라는 요구 또한 멈추지 않아야 한다.

5. 소방관만큼이나 화재를 예방하는 사람도 칭찬하라

마찰 해결사는 발생한 문제를 고치거나 없애기만 하는 게 아니라, 재난이 닥치기 전에 미리 그 일을 막는다. 남아프리카공화국의 인종차별 정책을 없애는 데 온 힘을 기울인 노벨 평화상 수상자 데스몬드 투투Desmond Tutu 대주교는 이렇게 말했다. "강물에 빠진 사람을 건지는 행동은 이제 그만해야 할 때다. 상류로 올라가 사람들이 물에 빠지는 원인을 알아내야 한다."

그런데 재앙을 예방하는 데 쏟는 노력은 소방관의 영웅적 행위와는 달리 전혀 드러나지 않는다. 넬슨 리페닝과 존 스터먼이 제조 및 소프트웨어 개발 시스템에 관해 연구한 바에 따르면, 나쁜 시스템이 지속되는 원인 중 하나는 한 자동차 엔지니어의 말처럼 "문제를 예방한 공로를 인정받지 못하기 때문이다." 두 연구자는 직원 사이의 비효율적 업무 흐름, 업무 체계에 관한 부정확한 정보, 기타 협력 문제 등으로 시스템이 망가진 상황에서 창의적인 해결책을 개발한 직원이 대우받는 상황을 여럿 목격했다. 한 프로젝트 관리자는 자기 회사는 자신 같은 '영웅'을 좋아한다면서, 자신은 "어려운 상황에서도 프로

젝트를 성공적으로 완수한 덕분에 승진했다"고 자랑했다.[19]

하지만 이런 영웅담은 없는 편이 낫다. IDEO의 공동 창립자이자 쿠퍼휴잇스미스소니언 디자인박물관Cooper Hewitt, Smithsonian Design Museum 관장이었던 고故 빌 모그리지Bill Moggridge는 (제품, 서비스, 조직 등에서) 최고의 디자인은 '의식하지 못하는' 디자인이라고 말했다. 하지만 우리는 아주 매끄럽게 작동하고 사용하기 쉬우며, 불편하거나 걸리적거리는 게 없을 때 그것이 의도적인 디자인임을 알아차리지 못한다. 그런 창작물들은 디자인과 제작 방법이 훌륭할 뿐만 아니라 최상의 상태로 유지되기 때문에 사람들의 이목을 끌지 못한다.

마찰 해결사는 앤드루 러셀Andrew Russell과 리 빈셀Lee Vinsel의 '신나게 유지·관리하자!'라는 슬로건[20]을 기꺼이 받아들인다. 마찰 해결사는 예방적 유지·관리와 이를 실천하는 사람들을 높이 평가하며, 기술을 향한 빈곤하고 미성숙한 개념, 즉 혁신만을 숭배하고 유지와 보수를 허드렛일로 비하하는 흔해빠진 편견을 거부한다. 유지·관리를 소홀히 하면, 다리와 건물이 무너지고 산불이 발생한다. 식수가 오염되고, 자동차, 노트북, 휴대전화가 작동하지 않는다. 러셀과 빈셀은 새로운 것을 발명하는 엔지니어는 명성과 돈이라는 보상을 받는데, "정작 기술자의 약 70퍼센트는 새로운 것을 설계하는 일이 아니라 기존의 것을 유지·관리하고 감독하는 일을 하고 있다"고 지적한다.

이들의 숨은 노력이 사라진다면 우리 삶은 지옥으로 변할 것이다.

마찰 해결사에게 예술가 미얼 래더먼 유켈리스Mierle Laderman Ukeles는 사물을 깨끗하게 관리하고 보살피는 일의 수호성인이다. 1969년 유켈리스는 '유지·관리의 예술을 위한 선언문 Manifesto for Maintenance Art'을 썼다. 그는 이 선언문에서 '순수한 개인 창작물의 먼지를 털어내고, 새로움을 보존하며 변화를 지속하고, 진보를 보호하고 지키고 연장하며, 열정을 되살리는' 사람들을 기린다. 그리고 "혁명이 끝난 월요일 아침에 쓰레기를 줍는 이들은 누구인가?"라고 묻는다.[21] 1977년 뉴욕 위생국은 유켈리스의 작업에 대해 듣고는 그에게 '공식 입주 예술가artist-in-residence'라는 직책을 주었다. 그는 지금도 (무급으로) 그 직책을 유지하고 있다. 유켈리스는 첫 번째 예술 프로젝트로 '터치 위생 퍼포먼스Touch Sanitation Performance'를 시작해 1979년부터 1980년까지 11개월 동안 뉴욕 곳곳을 돌아다니며 환경미화원 8500명을 만나 "뉴욕시를 살아 있게 지켜주셔서 고맙습니다!"라고 감사 인사를 전했다.

진정한 자부심의 힘

|3|

제러미 어틀리가 우리 교육팀에 보낸 호소문에는 "사람들 시간을 낭비하지 말고, 매 수업 일분일초를 학생들에게 유익한 시간으로 만듭시다"라는 말이 있다. 어틀리는 우리가 프로그램을 진행하며 임원 60명의 시간을 낭비하지 않는다면, 프로그램이 끝난 후 그들에게서 존경을 받으리라 말했다. 반면 우리 팀이 성공적인 프로그램을 운영할 운명이라는 등의 말은 하지 않았다. 어틀리는 어떻게 하면 우리가 자부심을 느낄 수 있을지에 초점을 맞췄다. 창의성이나 카리스마 등 우리가 경쟁력 있다고 생각하는 특성에는 별 관심이 없었다.

어틀리는 심리학자 제시카 트레이시Jessica Tracy가 '진정한 자부심'[22]이라고 부른 감정, 즉 '타인을 제대로 대함으로써 선善을 실천하는 진실하고 배려심 깊은 사람이라는 자부심'을 바탕으로 행동했다. 그로 인해 사람들의 존경과 찬사를 받는 사람이 되기를 원했다. 한편, 트레이시의 연구에 따르면, 진정한 자부심에는 '오만한 자부심'이라는 사악한 쌍둥이가 있는데, 이는 자신이 똑똑하고 멋진 자질을 타고나 남보다 더 우월하다고 느끼는 감정이다. 이 감정은 교만과 자기 과시를 불러온다. 진정한 자부심은 오랜 기간 명성을 쌓고 유지하는 노력으로만 얻을 수 있는 반면, 오만한 자부심은 쉽게 느껴지는 만큼 금세 사라지며, 때에 따라서는 부당한 면도 있다. 오만한 자부심은 열심히 노력하기보다는 손쉬운 지름길에 더 의존한다.

진정한 자부심은 앞서 언급한 시간 관리자를 위한 5개의 좌우명을 잇는 연결고리이기도 하다. 이를테면, 마찰을 해결하는 일이 잔디를 깎는 일과 같다는 신념은 일회성 행동이 아니라 꾸준한 노력으로 자존감과 존경을 추구해야 함을 상기시킨다. 우리가 칭송하는 IDEO의 공동 설립자 데이비드 켈리처럼 조직을 유연한 프로토타입으로 여기는 시간 관리자들의 생각도 이와 같다. 그들은 조직을 개선해나갈 수 있다고 확신하면서도, 끈질긴 노력이 필요하다는 사실을 알기에 겸손하다. 마찰 해결에서 '한 방에 끝내는 해결책' 따위는 없다는 사실도 안다. 베키 마르지오타가 칭송한 '닭장의 우두머리'도 진정한 자부심의 예다. 그들은 지역사회에서 노숙인에게 집을 찾아주는 힘겹고 고된 일을 꾸준히 해나갔기에 마르지오타 팀으로부터 존경을 받았다. 반면, 오만한 자부심에 빠져 있는 '속 빈 부활절 토끼'들은 마르지오타 팀이 이들이 허풍쟁이임을 알아차리자마자 (자연스레) 쫓겨났다.

그런데 속 빈 부활절 토끼와 닭장의 우두머리를 구별하기란 쉽지 않다. 마르지오타 팀도 초기에는 허풍쟁이한테 속지 않았던가. 두 자부심이 겉으로 보기에는 비슷하기 때문이다. 제시카 트레이시는 1872년에 발표된 찰스 다윈의 주장("스스로가 자랑스러운 사람은 자신의 우월성을 과시하기 위해 몸과 머리를 똑바로 세운다. 그는 … 가능한 한 자신을 크게 보이려 한다. 비유적으로 말하자면 자부심이 그를 부풀렸다고 할 수 있다")[23]을 검증했다. 연구 결과, 자신의 성취에 자부심을 느끼는 사람은 다윈의 주장처럼 등을 펴고 머리를 뒤로 살짝 기울이며 양손으로 허리를 짚거나 주먹 쥔 손을 머리 위로 높이 쳐드는 자세(그리고 가벼운 미소)를 취했다. 연구 대상인 모든 문화권에서 성인은 물론 네 살배기 아이도 자부심과 그 외 다른 감정(행복 등)의 신체적 표현을 뚜렷하게 구별했다.

그러나 진정한 자부심과 오만한 자부심의 신체적 표현에는 차이가 없었다. 겉으로 드러나는 모습은 같았다. 즉, 적어도 처음에는 그럴듯한 말과 슬로건으로 꾸민 가짜 마찰 해결사에게 속아 넘어가기가 쉽다는 얘기다. 옳은 일은 더 쉽게, 잘못된 일은 더 어렵게 만든다는 진짜 자부심을 지닌 마찰 해결사를 제쳐두고 말이다. 그러니 당신도 오만한 자부심이 가져다주는 즉각적인 만족감의 유혹에 빠지지 않도록 조심하길 바란다.

04

마찰 진단
Friction Forensics

우리는 간단한 일조차 까다로운 일로 둔갑시키는 조직에 염증을 느껴 '마찰 프로젝트'를 시작했다. 직원이나 고객, 민원인 등에게 스트레스를 주고 이들의 시간과 노력을 낭비하며, 결국은 화를 돋우는 조직이 싫었다. 그래서 초기에는 의도적으로 마찰을 일으키는 조직은 잔인하고 냉정하며 비효율적이라고 생각했다. 순진하게도.

그러다가 이케아IKEA에서 물건을 샀던 경험을 떠올렸다. 원하는 물건을 찾아 거대한 매장을 떠돌다가 구입한 물건을 낑낑대며 집까지 들고 오면서 얼마나 설랬던가. 그 물건(책장, 침대 뼈대, 수납장)을 조립하면서 배우자와 약간 옥신각신하긴 했지만 얼마나 뿌듯했던가. 우리는 하버드 경영대학원의 마이클 노턴Michael Norton과 그의 동료 학자들이 '이케아 효과the IKEA effect' 라고 부른 것에 (어쩌면 속아) 넘어갔던 것이다. 이 효과는 '노동이 애착으로 이어지기' 때문에 발생한다.¹ 노턴과 동료들은 1950년대의 인지 부조화 연구를 바탕으로 한 실험을 통해, 어떤 대상에 노력을 기울일수록 그 효용과 상관없이 애착을 갖게 된다는 사실을 확인했다. 이는 자신의 노력을 정당화하려는 욕구 때문이다. 우리는 '정말 힘들었지만 그만한 가치가 있었다'고 생각하고 또 그렇게 말한다. 사실이든 아니든! 실제로 노턴과 동료들이 진행한 한 실험에서 이케아 가구를 직접 조립한 사람은 이를 검사만 하고 조립은 하지 않은 사람보다 해당 제품에 63퍼센트나 더 높은 가격을 제시했다.

이케아는 '노동은 애착으로 이어진다'는 점을 고객의 매장 경험에도 적용한다. 프롤리픽인터내셔널Prolific International의 제품 전략 디렉터 디나 차이페츠Dina Chaiffetz의 말처럼, 이케아는 "마찰이 일으킨 효과를 톡톡히 보고 있다. … 고객은 계산대까지 가려면 일단 매장 전체를 거쳐야 한다. 그 과정에서 사고 싶은 제품의 번호를 메모하고 물건 더미에서 직접 제품을 꺼내는 잡일도 해야 한다. 배송과 설치도 해야 한다. 새 책상에 앉아 루빅큐브를 가지고 놀고 싶다면 이 모든 일을 해내야 한다."²

대학 동아리나 군대가 충성심과 동지애를 심어주려고 신입에게 힘겹고 난처한 시험을 치르게 하는 것도 노력의 정당화로 설명된다. 어떤 곳은 그 정도가 지나쳐 오히려 조직의 평판을 떨어뜨리고, 사람들의 시간과 돈을 과도하게 낭비하기도 하지만 말이다. 그러나 똑똑한 리더는 적당하고 알맞은 예방 조치만 있다면, 마찰과 좌절의 경험이 (때로는 비이성적일 정도로) 굳건한 충성심을 낳는다는 사실을 안다.

이 책에서 우리가 말하고 싶은 점 중 하나는 무엇이 어렵고 무엇이 쉬워야 하는지 섣불리 결정하는 행위는 위험하다는 것이다. 현명한 시간 관리자는 잠시 정지 버튼을 누르고, **무엇을** 쉽게, 어렵게 또는 불가능하게 할지를 파악하고, 그다음에 각각의 **방법**을 찾는다. 가능한 한 신속하고 낮은 비용으로 일을 처리하려 노력하면서도, 신속한 처리 방법이 목적을 더 지연시키지는 않는지, 저렴한 방법이 결과적으로 더 비싸지는 않은지 계속 살핀다. 마찰 해결사의 일이 그렇듯, 모든 문제에 적용되는 만능 해결책이란 없다. 필요한 곳에 크거나 작은 마찰을 놓기 전에, 먼저 조직의 목표와 가치, 인재, 한계를 고려해야 한다. 동시에 조직의 전통, 규칙과 법률, 역학관계를 따져보는 것도 잊어서는 안 된다.

가장 먼저 생각해야 할 질문

| 1 |

우리는 결정을 내리는 데 도움이 되는 질문 8개를 개발했다. '마찰 진단'의 정수이자 핵심이라 할 수 있다. 처음 2개는 '우리가 하는 일이 옳은가, 그른가?'와 '우리는 그 일을 잘 해낼 의지와 기술을 지니고 있는가?'이다.

마찰 진단을 위한 8개 질문

1. 이 일은 옳은 일인가 아니면 잘못된 일인가?
2. 그 일을 잘할 수 있는 기술과 의지가 있는가? 아니면 알맞은 방법을 익히거나 동기를 강화해야 하는가?
3. 실패해도 금전적 타격이 크지 않고 위험하지 않으며, 되돌릴 수 있고 교훈을 얻을 수 있는가?
4. 느린 진행은 낭비거나 잔인한 행위인가? 혹은 완전히 위험한 짓인가?
5. 사람들이 번아웃을 겪는가? 아니면 다른 일을 좀 더 할 만한 여유가 있는가?
6. 혼자 해도 되는 일인가? 아니면 여러 사람의 힘이 필요한가? 업무의 원활한 수행을 위해 사람들과 팀, 조직 사이에 협업(함께 일하기)과 협력(함께 일하려는 의지)이 얼마나 필요한가?
7. 한 곳의 마찰을 줄이거나 없애면 다른 곳에서 마찰이 더 증가하게 되나? 적절한 곳에서 일을 쉽거나 어렵게 만들고 있는가? 윤리적으로 공정하게 마찰을 재분배하고 있는가? 혹은 마찰이 악용되지는 않는가?
8. (인적·재정적 대가를 따졌을 때) 헌신과 배움, 사회적 유대를 얻기 위해 많은 과정(노력과 좌절, 고통, 고생 등)을 거칠 가치가 있는가?

행동이나 서비스, 창작물 등이 안전하고 효과적이라는 말은 대개 그 실행이나 사용, 습득이 쉽다는 뜻이다. 일례로, 미국 교통안전국TSA의 '신뢰할 수 있는 여행자trusted travelers'를 위한 '사전 검사 프로그램the Precheck program'을 떠올려보자. 테러리스트, 항공기에서 난동을 부린 전력이 있는 사람, 기타 범죄자는 항공기 탑승을 금지하는 편이 낫다. 2001년 9·11 테러 이후, TSA는 수년에 걸쳐 승객 수백만 명을 검사하며 위험한 승객과 그렇지 않은 승객을 구분하는 방법을 익혔다. 그리고 2011년에 '사전 검사 프로그램'을 도입했다. 그 덕분에 사전 승인을 받은 저위험 승객은 신발이나 웃옷을 벗거나 가방에서 액체류나 노트북을 꺼내지 않고 검색대를 빠르게 통과할 수 있게 됐다. 2021년 12월 현재, TSA는 사전 승인 승객 94퍼센트의 대기 시간이 5분 미만이라고 보고했다(일반 승객의 대기 시간은 대체로 15~20분 정도였다). 사전 검사 프로그램은 500만 명에 달하는 승객을 온갖 번거로움과 고생에서 구해주었다. 캐스 선스타인의 저서 《찌꺼기》에 따르면, 사전 승인 승객은 여행 1번에 평균 20분을 절약한다. 이들이 1년에 4번 여행한다고 가정할 때 이 프로그램으로 미국인들이 절약할 수 있는 시간은 연간 4억 시간에 달한다.[3]

때로 우리는 어떤 일이 쓸데없거나 위험하다는 사실을, 혹은 아무런 효과가 없으리라는 사실을 안다. 그 경우, 마찰 해결사의 임무는 그 일의 수행을 어렵거나 아예 불가능하게 만드는 것이다. TSA가 승객의 총기 반입을 막으려 최선을 다하는 것도 이 때문이다.

하지만 증거가 불분명하거나 서로 모순되는 경우에는 조치를 언제 어떻게 취해야 할지를 자세히 알 때까지 행동을 미루는 편이 최선이다. 엘리너 루스벨트Eleanor Roosevelt와 하이먼 리코버Hyman Rickover 제독을 비롯한 리더들의 말을 빌리자면, 우리는 "다른 사람의 실수에서 배워야 한다. 모든 실수를 경험해볼 만큼 오래 살 수 없기 때문이다."4 앞서 달려가는 성급한 영혼들을 보고 배우면, 그와 같은 실수를 범하는 일을 피할 수 있다. 인생은 때로 쥐덫과 같다. 첫 번째 쥐는 잡히지만 두 번째 (혹은 세 번째나 네 번째) 쥐는 치즈를 가져간다.

신규 사업이나 신제품 출시에 관한 연구에 따르면, 소위 '선구자의 이점'이라는 말은 기껏해야 반쪽짜리 진실에 불과하다.5 위험하고 불확실성이 높은 시장에서는 선구자가 실패할 가능성이 크다. 오히려 후발 기업이 승자가 된다. 열정적인 선발자의 치명적 실수에서 배운 덕분이다. 최초의 온라인 서점은 아마존Amazon이 아니다. 지금은 사라진 북스닷컴Books.com과 인터록Interloc이 초기 진입자였다. 최초의 검색 엔진은 구글Google이 아닌 넷스케이프Netscape다. 마이스페이스Myspace가 페이스북Facebook보다 먼저였고, 에어비앤비Airbnb 전에 카우치서

핑Couchsurfing이 존재했다. 1번이 되는 것은 때로 위험하다. 바로 뒤의 영리한 2번이 1번의 고생과 실수에서 교훈을 얻어 1번을 추월하기 때문이다.

스웨덴의 요리 경연 프로그램 〈우리 집에서 7시 30분에 만나요Half Past Seven at My Place〉의 우승자를 대상으로 한 연구는 '선구자의 불이익'이 어떻게 발생하는지를 잘 보여준다. 이 프로그램은 참가자 4명이 돌아가며(월~목요일) 저녁 메뉴를 요리하고, 나머지가 점수를 매기는 방식이다. 우승자인 '이번 주의 요리사'는 목요일 식사가 끝난 뒤 발표된다. 경제학자 알리 아메드Ali Ahmed는 이 프로그램의 41주간 방영분을 모두 분석한 후, 동점을 받아 여러 명이 우승한 주를 제외하면 월요일에 요리한 참가자들 중에서는 오직 8퍼센트만 우승자로 뽑혔다는 사실을 발견했다. 화요일 요리사가 월요일 요리사보다 더 좋은 성적을 거두었다(18퍼센트가 단독 우승자로 선정됐다). 수요일 요리사와 목요일 요리사는 29퍼센트가 단독 우승자가 됐다.[6]

대니얼 카너먼이 《생각에 관한 생각》에서 설명한 대로, 혼란스럽고 일이 잘 풀리지 않는 가운데 최선의 결정도 알 수 없고 상황을 개선할 능력도 아직 갖추지 못했을 때는, 즉 '인지적 지뢰밭'에 있을 때는 일의 진행 속도를 늦추고 더 많이 고민하고 조사한 후 여러 선택의 장단점을 저울질해야 한다. 수요일과 목요일에 요리한 참가자들은 경쟁자를 보며 무엇이 효과적이고 무엇이 그렇지 않은지를 배우고 생각할 시간이 있었다. 그래서 더 나은 요리를 만들 수 있었다. 사용자들이 웨이즈 내비게이션 앱의 초기 버전을 외면하자 제품 개발 중단을 선언한 노엄 바딘의 사례에서도 알 수 있듯이, 잠시 행동을 멈추고 상황을 파악하는 것은 의도적 전략이 될 수 있다.

창의적 작업이 힘든 이유와 또 그래야만 하는 이유 역시 같은 논리로 설명된다. 숙련된 창작자는 다소 비효율적으로 일한다. 이를테면, 여러 아이디어를 생각해낸 후, 괜찮다 싶은 아이디어들을 실험해보고 나쁜 아이디어라 판단되면 미련 없이 버린다. 유망한 아이디어를 빨리 얻으려고 애쓰거나 이에 대해 논쟁만 일삼지는 않는다. 다수의 심리학 연구에 따르면, 창의성을 얻는 빠르고 쉬운 길이란 없다. 40년 넘게 창의성을 연구한 심리학자 테레사 애머빌은 "창의성을 죽이고 싶다면 작업 방식을 표준화하고, 모든 작업에 가능한 한 적게 시간을 쓰고, 실패를 피하며, 시간과 비용이 어디에 왜 쓰였는지를 설명하게 하면 된다"고 말했다.[7] 창의적인 사람은 인지적 지뢰밭에 놓인 상황에서 실수를 피하면서 빠르고 효율적으로 일하라는 압박을 받으면 능력을 제대로 발휘하지 못한다. 끊임없이 고민하고 혼란스러워하며 실패하고 논쟁하고 새로운 아이디어를 시도하고 수정하고 거부하지 않는다면, 잘못된 길을 가고 있는 것이다.

〈하버드비즈니스리뷰〉는 인기 코미디쇼 〈사인필드Seinfeld〉의 주인공이자 공동 제작자인 제리 사인필드Jerry Seinfeld를 인터뷰하며 이렇게 질문했다. "당신과 래리 데이비드Larry David는 작가 팀을 두지 않고 둘이서 대본을 쓰다가 번아웃을 겪었습니다. 그게 일을 그만두게 된 이유 중 하나였죠. 다른 방법은 없었을까요? 외부에 도움을 청했다면 더 나은 방법을 찾을 수 있지 않았을까요? 맥킨지라든가……." 그러자 사인필드가 "맥킨지가 누구죠?"라고 물었고, 컨설팅회사라는 답을 듣고는 이렇게 말했다. "필요 없어요. 효율적이라는 말은 잘못된 방식으로 일하고 있다는 얘기입니다. 올바른 방법은 힘든 법이죠."[8]

마찰 진단의 사례

| 2 |

올바른 일(또는 잘못된 일)이 무엇인지 정했고 그 일을 해낼 의지와 능력이 충분하다고 판단했다면, 6개의 추가 질문을 비롯해 탐구와 논의를 거친 뒤, 그 일의 수행을 어떻게(쉽거나 어렵게 혹은 불가능하게) 할지 결정한다.

라즐로 복Laszlo Bock이 구글 인사책임자로서 겪었던 장애물을 살펴보자. 구글에는 입사 지원자와 끝없이 인터뷰하는 전통이 있었다. 우리는 2002년에 구글의 공동 창립자 래리 페이지 Larry page에게서 이 전통에 대해 들었다. 그때 페이지는 10번 이상 인터뷰를 하고도 지원자를 대부분 탈락시켜 이들이 구글에 반감을 가지게 된다고 덧붙였다. 그는 좋은 인재를 얻는 것, 즉 구글의 문화와 어울리고 강력한 리더십을 갖춘 사람을 뽑는 일이야말로 회사가 성장하는 데 꼭 필요하다고 믿었기에 채용 인터뷰에 많은 시간을 쏠 (그리고 그들을 화나게 할) 가치가 있다고 여겼다.

그런데 구글이 성장하면서 이 전통은 불필요한 관행이 돼 되레 우수한 지원자를 쫓아냈고, 지원자를 면접하고 평가하며 토의해야 했던 6~15명의 직원들에게는 부담만 되었다. 라즐로 복은 "최대 25번(!)의 면접을 보고 탈락한 사람도 있다"고 털어놓았다.

결국 라즐로 복은 간단한 규칙을 만들었다. 지원자와 4번 이상 인터뷰해야 하는 경우에는 특별히 그의 승인을 받도록 한 것이다. 직원들이 부사장에게 예외를 요청하기를 꺼렸기에, 많은 지원자가 과다한 인터뷰라는 시련에서 벗어날 수 있었다. 라즐로 복은 이를 "권력이 좋은 일을 할 수 있음을 보여준 사례"라고 말했다.[9]

라즐로 복의 간단한 채용 규칙을 8개의 마찰 진단 질문으로 평가해보자.

1. 라즐로 복은 끝없는 인터뷰가 큰 문제라는 점을 확실히 알았다. 그래서 이 장애물은 제거하는 편이 더 나으며, 최소한 제거하려는 노력을 기울일 가치가 있다고 생각했다.
2. 새 규칙은 매우 간단해서 인사팀이 이를 실행하는 데도, 면접관들이 받아들이는 데도 어려움이 없었다.
3. 새 규칙은 구현 비용이 저렴했다. 또 수정하거나 되돌리기도 쉬웠다.
4. 새 규칙은 채용을 원하는 팀과 지원자의 불만 그리고 채용 지연을 줄였다.
5. 구글 면접관 대부분이 번아웃과 피로에 시달리는 상태였다. 이 규칙이 불러온 변화는 이들의 부담을 줄여주었다.
6. 새 규칙을 적용하는 데 다른 이의 도움은 필요하지 않았다. 간단한 발표만으로 (대부분의) 직원으로 하여금 이를 따르게 할 수 있었다. 물론 직무 기술서 작성이나 촉망되는 후보자의 선별과 인터뷰, 채용 여부 결정 등에는 협력과 협업이 필요했다. 하지만 관련 인원이 적어지면서 부담이 줄어들었다.
7. 새 규칙이 만든 장애물은 필요한 곳에는 마찰을 더했고 필요 없는 곳에는 마찰을 줄였다. 즉, 공정하게 재분배되었다.
8. 끝없는 면접이라는 오랜 관행은 '노동이 애착으로 이어

지는' 효과를 낳았기에 까다로운 면접에서 살아남은 지원자와 면접관 사이에 헌신과 유대감을 높였다. 이 점은 새 규칙이 지닌 잠재적인 부정적 효과였다.

까다로운 균형 잡기
| 3 |

라즐로 복의 규칙은 명쾌하면서도 유익하다. 노동이 애착으로 이어지는 효과를 방해하는 점만 제외하면, 관련된 모두에게 도움이 되는 듯 보인다. 조직 생활은 보통 이보다 더 복잡하다. 그래서 마찰을 더하거나 뺄 곳을 파악하는 데는 까다로운 균형 잡기가 요구된다. 전자 의료기록 시스템에 대한 연구가 이를 잘 보여준다. 애슈턴 박사의 '쓸데없는 잡일 없애기' 프로그램은 큰 이점을 가져다줬다. 그런데 시스템에서 사용자의 부담을 '늘리는' 단계를 추가하는 것도 이에 못지않게 장점이 있다.

경영학자 질리언 재커Jillian Jaeker와 애니타 터커는 2년 동안 42명의 응급실 의사를 추적해 이 사실을 발견했다. 두 연구자는 복통 환자에게 초음파 검사를 지시한 의사의 결정 1만 건을 조사했다.[10] 미국 응급의학회는 담낭염을 포함한 특정 유형의 통증에 대해서는 초음파 검사를, 그 외 위경련, 설사, 각혈 등의 증상에는 초음파보다 더 정확하며 초음파로는 알 수 없는 정보를 파악할 수 있는 임상검사나 컴퓨터 단층 촬영(CT 스캔) 같은 다른 진단 도구를 추천했다.

재커와 터커는 이런 '결정 과정에서의 마찰' 때문에 의사들이 잠시 시간을 내어 환자의 증상에 초음파 검사가 필요한지 아니면 다른 검사가 더 나은지를 생각한다는 사실을 발견했다. 불필요한 초음파 검사가 면제된 환자는 응급실에서의 대기 시간을 절약할 수 있었고, 검사로 인한 스트레스와 번거로움도 피할 수 있었다. 또 불필요한 초음파 검사가 없어지면서 환자의 병원비 부담과 영상의학과 전문의들의 업무량도 줄어들었다.

연구 대상자인 의사 42명은 약 8킬로미터 정도 떨어진 두 병원의 응급실 모두에서 정기적으로 근무했다. 2009~2011년 A병원은 내과의에게 검사의 필요성 여부를 영상의학과 전문의와 상담한 후 검사 요청서를 서면으로 작성해 초음파 검사 기사(테크니션)에게 전달하도록 했다. 초음파 검사기사는 요청서를 받은 다음 검사를 진행했다. 의사는 이 과정에 15~20분을 소비했다. 반면 같은 기간에 B병원은 의사가 초음파 검사를 지시하려면 전자 의료 시스템에서 마우스 클릭만 몇 번 하면 됐다. 이 과정은 약 1분이 걸렸다. 영상의학과 전문의와의 상담도 서면 요청서 작성도 필요 없었다. B병원의 내과의들은 CT 스캔과 실험실 검사만으로 충분한 경우에도 초음파 검사를 지시했다. 그 과정이 수월했기 때문이다.

A병원 의사들은 환자에게 정말로 초음파 검사가 필요한지 15~20분간 강제로 고민해야 했다. 이 단계는 큰 효과를 발휘했다. A병원 내과의가 복통 환자에게 초음파 검사를 지시한 비율이 8퍼센트인데 비해 B병원의 비율은 19.1퍼센트에 달했다. 재커와 터커는 이 '결정 과정에서의 마찰'이 환자의 응급실 체류 시간을 약 30분 단축하고 2년간 약 20만 달러의 비용을 절감하면서도 환자의 건강에는 뚜렷한 부정적 영향을 미치지 않았다는 점을 확인했다.

우리는 2011년 마크 저커버그Mark Zuckerberg가 페이스북 사용자들에게 "이제부터 마찰 없는 사용 경험을 누릴 것"이라고 자랑했던 것의 뒷면에 어두운 그림자가 존재한다는 점도 염두에 두어야 한다.[11] 아마존과 시리Siri, 쇼피파이Shopify, 우버 등 편리한 서비스가 제공하는 거의 즉각적인 만족감 뒤에도 어두운 그림자가 있다. 부모의 알렉사로 162달러짜리 인형의 집을 주문한 여섯 살 소녀 이야기를 기억하는가? 다소 불편한 옛날 방식은 우리에게 "이래도 되나?" 하고 잠시 생각할 틈을 준다. "이게 가능한가?"가 아니라.

그런데 해당 마찰이 좋은 건지 나쁜 건지에 대한 판단은 각자의 입장에 따르기도 한다. A병원에서 일어난 결정 과정에서의 마찰은 시간을 절약한 환자나 검사 비용을 지급하지 않아도 된 보험 회사에는 좋은 마찰이었지만, 바쁜 와중에 검사의 필요성을 설명해야 했던 의사나 병원의 수익에는 나쁜 마찰이었다.

마찰을 무기로 써서 적敵에게 방해나 혼란, 불안을 일으킬 때도 마찬가지다. 어느 편에 있는지에 따라 다르다. 제2차 세계대전 당시 미국 중앙정보국의 전신인 미국 전략서비스국OSS이 '태업에 가담한 시민'을 대상으로 발행한 〈현장 태업 간단 지침서Simple Sabotage Field Manual〉가 좋은 예다.[12] 2008년 기밀이 해제된 이 지침서에는 나치 점령국에 살고 있는 시민을 위한 태업 조언이 가득하다. 시민들에게 공장, 사무실, 운송업 등 일터에서 생산성과 사기를 떨어뜨리기 위해 '의도적으로 어리석게 굴 것'을 권고한다. "태업을 행하는 사람은 기존과 반대되는 목표를 정하고 이를 직접적으로 확실하게 추구해야 한다. 예전에는 연장을 날카롭게 유지해야 한다고 생각했다면, 이제는 무뎌지게 내버려두고 윤활유를 바르던 표면은 거칠게 만든다. 평소 부지런했다면 이제는 게으르고 부주의하게 행동한다"라는 식이다.

이 지침서에는 '간단한 태업을 위한 구체적 제안'이 수백 개나 담겼다. 다음은 그중에서 우리 마음에 들었던 것들이다.

- 기술자는 열차를 느리게 운행하거나 그럴듯한 이유를 붙

여 예정에 없던 정차를 한다.
- 모든 일을 '절차대로' 처리해야 한다고 주장한다. 신속한 결정을 위한 지름길을 절대 허락하지 않는다.
- 가능하면 모든 사안을 위원회에 넘겨 '추가 연구 및 검토'를 받도록 한다. 위원회는 가능한 한 큰 규모로 구성한다.
- 사기와 생산성을 떨어뜨리기 위해 무능한 직원을 우대해 과분하게 승진시키고, 유능한 직원은 부당한 비난 등을 해 차별한다.
- 업무 지시서 전달이나 급료 지급 등과 관련된 절차와 승인 사항을 복잡하게 만든다. 한 명의 승인으로도 충분한 결정에 세 사람의 승인이 필요하게 한다.

이런 태업으로 발생한 파괴적 마찰은 나치에게는 지옥 같은 경험이었겠지만, 미국과 연합국이 정확히 원했던 바였다.

바퀴벌레 모델

| 4 |

앞선 사례에서 마찰이 무기화된 이유는 나치에 대항하기 위해서였다. 그러니 이기적이고 추잡한 이유로 마찰을 이용하고 싶은 유혹에 빠지지 않도록 주의해야 한다. 하지만 안타깝게

도 마땅한 돈과 서비스, 정보를 해당 고객과 직원에게 의도적으로 숨기거나 갈취하려는 인간과 회사가 존재한다. 이 탐욕스러운 존재는 자신의 돈과 시간을 아끼고 귀찮은 일에서 벗어나고 싶어 그렇게 행동한다.

인터넷 사이트 중에는 사용자를 기만하는 접속 환경을 제공하는 곳이 많다. 영국의 사용자 경험 컨설턴트 해리 브리그널Harry Brignull은 이런 조작 기술을 '눈속임 설계' 혹은 '다크패턴'이라고 칭하며, 2010년에 관련 인터넷 사이트(darkpatterns.org)를 만들어 다크패턴의 모습과 수법을 밝혔다. 그 위험성을 널리 인식시키고 해결법을 퍼뜨리며 다크패턴을 사용하는 기업에 부끄러움을 느끼게 하려는 목적에서였다.[13] 아마도 우리 대부분은 들어가기는 쉽지만 나오기는 매우 까다롭거나 때로는 불가능한 시스템, 즉 '바퀴벌레 모텔' 혹은 '일방향 문'의 피해자일 것이다.

〈뉴욕타임스〉 오피니언 작가인 그렉 벤싱어Greg Bensinger는 2021년에 "조작 시스템을 멈추려면"이라는 제목의 사설에서 '아마존'을 바퀴벌레 모텔이라고 맹비난했다. "119달러짜리 프라임 구독을 취소하려면 수많은 화면과 클릭으로 이루어진 미로 같은 과정을 견뎌내야 한다."[14] 그런데 행동 설계 디자이너이자 《훅: 일상을 사로잡는 제품의 비밀》의 저자 니르 이얄Nir Eyal은 벤싱어의 글이 '민망할 정도로' 위선적이라고 지적한다.

이얄은 2022년 초 '뉴욕타임스' 구독을 해지하는 과정에서 자신이 겪은 시련을 묘사했다. 그는 먼저 구독 해지에 관한 정보를 얻기 위해 세 번 클릭해 화면을 넘겨야 했다. 그런 뒤에는 담당자와 전화 통화를 하거나 온라인 채팅을 해야 했다. 이얄은 채팅을 선택했다. '쉴라'는 제일 먼저 그에게 해지 이유를 물었고, 여러 번 그의 요청을 묵살하며 한참의 협상과 실랑이를 벌인 뒤에야 마침내 구독을 해지해주었다. 쉴라는 "한 번 더 생각해보세요. 솔직히 이런 제안은 앞으로는 없을 거예요. 좀 더 고려해보세요. 후회하지 않으실 거예요"라는 메시지를 계속해서 보냈다. 이얄의 표현을 빌리자면, "같은 말을 내내 반복했고, 그러다 마지막에야 놓아주었다."[15]

니르는 〈뉴욕타임스〉를 비롯한 여러 기업에 '후회 테스트 regret test'를 제안한다. 목적은 리더들의 탐욕을 억누르고 사용자를 바퀴벌레 모델에서 구출하는 것이다. "해약 과정이 어떨지 미리 알아도 구독을 신청할까?" 이 질문을 진지하게 받아들이는 마찰 해결사는 고객의 시간을 아껴줄 수 있고 위선자가 되지 않을 수 있으며 조직의 평판도 지킬 수 있다. 적어도 캘리포니아에서는 이제 뉴욕타임스를 포함해 여러 기업이 바퀴벌레 모델 같은 시스템을 금지하는 법적 마찰에 직면해 있다. 2022년 7월 이후 온라인으로 가입한 사용자는 사이트 내 링크나 버튼 또는 추가 정보를 요구하지 않는 정해진 양식의 이메

일만으로 원할 때 즉시 구독을 해지할 수 있어야 한다는 내용의 법이 시행되고 있기 때문이다.[16]

넷플릭스Netflex는 합법이라 하더라도 바퀴벌레 모텔 시스템을 사용하지 않는 편이 더 낫다는 사실을 설득력 있게 보여준다. 쉬운 구독 해지 덕분에 넷플릭스는 오히려 경쟁력 있는 비즈니스로 발전할 수 있었다. 우리는 넷플릭스의 구독을 해지하기가 얼마나 쉬운지(몇 번 클릭만 하면 됐다)를 알게 된 후, 전직 데이터 과학 및 기술 담당 부사장이었던 에릭 콜슨Eric Colson과 최고인재책임자였던 패티 맥코드Patty McCord에게 그 뒷이야기를 들었다.

2006년 넷플릭스에 입사한 콜슨은 구독 해지를 원하는 고객은 서비스 담당자와 통화해야 한다는 규칙이 마음에 들지 않았다고 했다. 그러다 2007년쯤, CEO이자 공동 창업자인 리드 헤이스팅스Reed Hastings가 전 직원에게 '쉬운 해지가 가능해야 옳다'는 내용의 이메일을 보냈다. 그래서 넷플릭스 엔지니어들은 개인 계정 쪽에 '해지 버튼'을 넣었다. 콜슨과 동료들은 이 변화가 자랑스러웠다. 무엇보다 고객이 원한 점이었고, 자신들에게는 고객이 해지하고 싶지 않을 정도로 좋은 서비스를 만들어야 한다는 도전의식을 불러일으켰기 때문이다. 그들은 사람들이 돈을 지불하고도 사용하지 않는 서비스, 즉 잠자고 있는 헬스장 회원권처럼 고객에게 어떤 가치도 제공하지 못하고

욕먹는 대상이 되는 서비스는 만들고 싶지 않았다.[17]

맥코드는 넷플릭스 초기 14년 동안 고위 임원으로 재직하며 2012년까지 눈부신 성장을 이끌어냈다. 맥코드는 '쉬운 해지와 재가입'이라는 '의도된' 전략 덕분에 회사가 장기적인 성공의 길로 들어섰다고 믿는다. 맥코드는 '소비자를 짜증나게' 하는 전략이 단기적 이익을 낳을지는 몰라도, "쉬운 구독 모델이 장기적으로 이익을 가져다준다"는 사실을 강조한다. 현재 온라인 패션 스토어 스티치픽스Stitch Fix의 최고알고리즘책임자인 맥코드는 "쉬운 탈퇴가 가능해야 소비자의 만족도와 충성도를 높게 유지하는 방법에 대해 더 나은 데이터를 얻을 수 있다"고 덧붙였다. 고객 대부분이 바퀴벌레 모델에 갇혀서가 아니라 회사의 서비스가 좋아서 이용하는 만큼 기업의 '피드백 시간'도 짧고 탈퇴 이유도 명확하게 파악할 수 있기 때문이다.[18]

짧은 시간 내에 그럴싸한 지표와 높은 수익을 얻는 게 목표라면, 마찰 진단을 활용해 겉만 번지르르한 쓰레기 전략을 세우시라. 완전히 합법적인 방법으로 사람들의 시간과 돈을 빼앗고 그들의 존엄과 영혼을 파괴하는 것을 당신의 변호사도 도와줄 것이다. 하지만 더 높고 고귀한 목표를 품었다면, 여러분의 비즈니스 모델이 지닌 잡음과 불쾌한 마찰을 제거한 직원에게 보상을 해주기 바란다. 그래야 사람들에게 오랫동안 즐거움을 선사하고 보탬이 돼 이익을 얻는 성공적인 비즈니스 모델을 구축하는 게 가능하다. 수익성도 더 높을 수 있다. 덧붙여, 나쁜 마찰을 제거하는 조직이 늘어날수록 누가 악당인지도 밝혀질 것이다. 그들은 수치심을 느끼며 변화에 대한 압박을 받게 될 것이다. 그리고 그런 상황은 우리 모두가 더 나은 삶을 사는 데 도움이 될 것이다.

액셀과 브레이크 모두 필요하다
| 5 |

우리는 예상보다 빨리 기대한 것 이상을 성취하는 팀과 조직을 존경한다. 우리가 이 책을 쓴 이유 중 하나는 이 재빠른 천재들이 어떻게 장애물을 피하거나 예방하는지, 아니면 완전히 폭파해버리는지를 이해하고 싶어서였다. 그래서 우리는 패트릭 콜리슨Patrick Collison의 〈빠른 목록Fast List〉19에 홀딱 빠졌다. 콜리슨은 샌프란시스코에 본사를 둔 금융 서비스 회사 스트라이프Stripe의 공동 창업자이자 CEO이다. 그는 자사 고객과 직원을 넘어 세상 모든 곳에서 이뤄지는 빠르고 매끄러운 작업에 관심이 있었다. 그래서 기업이나 비영리단체, 정부 등에서 '야심 찬 프로젝트가 빠르게 성취된 사례' 목록을 만들기 시작했다. 이 〈빠른 목록〉에 오른 사례로는 1927년 찰스 린드버그Charles Lindbergh가 뉴욕에서 파리까지 최초로 무착륙 단독 횡단을 할 때 탔던

비행기 '더스피릿오브세인트루이스The Spirit of St.Louis'를 60일 만에 제작한 팀과 디즈니랜드 등이 있다. 월트 디즈니의 '지상에서 가장 행복한 장소'라는 꿈이 실현되는 데는 366일밖에 걸리지 않았다.

우리는 탐욕과 무능, 구태의연한 관료주의가 낳은 끔찍한 마찰을 역겨워하는 콜리슨의 마음을 이해한다. 그는 2001년 시 공무원이 제안하고 2003년 시민의 투표로 승인된 샌프란시스코 반네스 대로Van Ness Avenue의 버스 전용차선 프로젝트를 꼬집어 비판했다. 이 프로젝트는 시작되고 약 7600일이 지난 2022년 만우절에야 겨우 끝났다. 시 당국은 갖은 논란을 불러온 이 늦장 프로젝트에 대해 궁색한 변명을 늘어놓았다. 샌프란시스코 공공사업부 대변인은 "비 때문에 공사가 자주 중단되었다"고 주장했다. 마지막 10년의 공사 기간 동안 샌프란시스코 베이 지역이 대체로 끔찍한 가뭄으로 고통받았는데도 말이다.

우리는 〈빠른 목록〉에 오른 사례를 살펴보다가 콜리슨이 칭송한 많은 프로젝트가 성공한 궁극적 이유가 결정적 순간에 마찰 해결사가 일의 진행 속도를 늦추고 힘들고 비효율적이지만 필요한 일을 했기 때문이라는 사실을 발견했다. 마찰 해결사들은 적절한 때에 브레이크를 밟았다. 이후 최대한의 속도를 낼 때를 대비해서거나 장시간 빠르게 달리다가 생긴 문제를 해결하기 위해서였다.

목록 첫 번째 항목을 보자. "디 호크$^{Dee\ Hock}$는 90일 만에 (비자^{Visa} 카드의 전신인) '뱅크아메리카드^{BankAmericard}'를 출시해야 했다. 그는 그 일을 성공적으로 해냈다. 게다가 그 기간 동안 10만 명 이상의 고객을 등록시켰다." 그렇다. 1968년에 그 일은 빠르게 진행되었다. 하지만 이것은 이야기의 시작이지 끝이 아니다. 지금은 고인이 된 호크는 저서 《다수에서 하나로$^{One\ from\ Many}$》에서 1960년대 후반에 은행들이 잇따라 자체 신용카드를 개발하면서 약한 규제 아래 경쟁이 치열해졌고, 팽창한 신용카드 시장에 속임수와 비효율성, 불신이 가득하게 됐다고 설명한다.[20] 고객, 가맹점, 은행 모두가 더 이상 버틸 수 없는 지경에 이른 것이다. 뱅크오브아메리카$^{Bank\ of\ America}$의 경영진은 호크가 은행과 가맹점 간의 이해관계 충돌을 해결하고 협력을 이끌어내느라 애쓰던 2년 동안 그를 지지했다. 그 결과, 1970년에 독립 법인이 탄생했고 호크는 창립 CEO가 됐다.

지금의 '비자인터내셔널$^{Visa\ International}$'은 비자카드를 발급하는 금융기관들로 구성된 네트워크 조직이다. 그래서 비자카드는 발급 은행에 상관없이 모든 가맹점에서 사용이 가능하다. 각 은행은 공동의 결제 대행 기관을 통해 가맹점에 결제 대금을 지급하고 은행 간 거래를 청산하며 고객에게 카드 대금을 청구한다. 현재 1만 4900개 금융기관에서 발급한 39억 개의 비자카드가 8000만 개 이상의 가맹점에서 사용되고 있으며, 매년 14조 달러 규모의 거래가 이루어진다.[21]

호크는 은행들이 각자의 이익을 추구하느라 신용카드 업계는 물론, 관련된 모든 사람에게 피해를 입히고 있다는 사실을 파악했다. 그는 우리가 진단 목록에서 제안한 대로 마찰을 일으킬 때가 왔다는 것을 알았다. 은행과 가맹점 들은 신용카드 시장을 살리는 데 (방법은커녕) 무엇이 올바른 (혹은 잘못된) 일인지조차 알지 못했다. 호크와 동료들은 잠시 숨을 고르며 찬찬히 고민했다. 시장 구성원들의 협력과 조정, 헌신이 필요했기에 시간을 들여 해법을 찾아야 했다. 보편적 규칙과 사업 프로세스 안에서 구성원들의 협력을 끌어내기 쉽고, 합의를 어기거나 변경하기는 어려운 해법이어야 했다.

마찰 해결사는 액셀과 브레이크를 재빨리 오가는 마찰 변속 기술에 능해야 한다. 즉, 빠르게 움직이며 위험을 감수하다가도 다음 순간 속도를 늦추고 위험한 실수를 피하는 기술을 갖춰야 한다. 최정예 특수부대 네이비실Navy SEALs에 관한 우리의 사례 연구는 신병들에게 6개월간 '지옥 주간'을 포함해 극한의 훈련을 시키는 건 단순히 신체적으로 적합한 사람을 가려내기 위함이 아니라 노동이 애착으로 이어지는 심리 기법을 활용해 대원들 사이에 극도의 충성심과 신뢰, 유대감을 형성하기 위한 것임을 보여준다.[22]

6개월의 시련을 견뎌낸 신병의 약 20퍼센트는 건물, 다리, 차량 폭파와 총격 살인이 필요한 때와 실수(무고한 살인이나 상해, 엉뚱한 목표물 파괴, 불필요한 위험)를 피하기 위해 잠시 멈춰야 할 때를 순간적으로 판단하는 (매우 자랑스러운) 능력에 따라 선발된다. 지치고 다친 상태에서 목숨을 건 사투를 벌어야 하는 상황, 가장 가까운 동료가 옆에서 죽어가고 있는 상황 같은 매우 혼란스러운 상황에서 이런 능력이 필수적이기 때문이다.

네이비실은 패트릭 콜리슨의 '야심 찬 일을 함께 재빨리 이뤄내는 조직'이라는 정의에 꼭 들어맞는다. 네이비실은 2011년 오사마 빈 라덴Osama bin Laden 사살 작전, 2012년 소말리아 해적에게 납치된 인도주의 활동가 제시카 뷰캐넌Jessica Buchanan과 폴 하겐 티스테드Poul Hagen Thisted 구출 작전(네이비실은 단 한 명의 사상자도 없이 납치범 9명을 몇 분 만에 전원 사살했다)을 비롯해 수십 건의 기습과 구조 작전을 수행했다. 네이비실의 트레이드마크인 무자비한 효율성은 6개월의 훈련 덕분이라고 할 수 있다. 적절한 선발 과정과 훈련이 없었다면, 네이비실 대원들은 꾸준한 훈련과 예행연습을 견딜 수 없었을 것이고, 임무에 필요한 능력, 즉 치밀한 계획 수립 능력과 (전투 중에 생각할 때와 행동할 때에 대한) 올바른 판단능력도 갖추지 못했을 것이다.

… 05

5단계 전략

How Friction Fixers Do Their Work

"내 일의 절반은 조직 설계고, 나머지 절반은 치료입니다." 워크숍에 참가한 CEO 산드라Sandra의 말이다. 산드라처럼 자부심 가득한 마찰 해결사들은 두 방식으로 사람들을 돕는다. 바로 '예방과 치료'다. '예방'은 조직에 크고 작은 변화를 일으켜 옳은 일은 하기 쉽게 잘못된 일은 하기 어렵게 만드는 것으로, '조직 설계'를 뜻한다(이는 마찰 해결사의 핵심 임무다). '치료'는 마찰이 불러온 문제, 즉 '증상'에 대처하는 것이다.

마찰 해결사는 자신과 주변 사람들의 정신건강을 지키고 의욕을 북돋는다. 그 덕분에 사람들은 불량 시스템 속에서도 살아남아 결함을 고칠 용기와 끈기를 갖게 된다. 또한 마찰 해결사는 사람들을 진흙탕을 헤쳐 나갈 가장 좋은 길, 혹은 덜 험난한 길로 안내해 마찰로 인한 상처에 맞설 수 있게 돕는다. 더 나아가, 다른 사람들을 대신해 지루한 업무를 처리하거나, (합리적이든 불합리적이든) 각종 요구와 방해에 대응하며, 때로는 부당한 대우를 감내하는 충격 흡수자의 역할도 떠맡는다.

다시 말하자면, 팀이나 조직의 모든 구성원이 마찰 문제를 남의 일로 치부하지 않고 자기 위치에서 자기 능력으로 자기가 할 수 있는 일을 할 때 골칫거리는 줄고 피해는 최소화된다. 자신이 가진 영향력의 크기가 어떻든 누구나 리더가 되어 고객, 시민, 동료 혹은 상사가 마찰 문제에 대처하는 것을 도울 수 있다. 다만, 예방과 복구에는 증상에 대처하는 것보다 더 많은 영향력이 요구된다. 인내와 끈기는 물론이고 말이다.

이 장에서는 마찰 해결사가 하는 일의 단계를 설명한다. 마찰 원뿔 안에 있는 사람들을 돕는 데 필요한 영향력의 정도에 따라 5단계로 구성되는데, 아래 세 단계는 마찰로 인한 문제를 줄이는 데 중점을 둔 방법으로 **재구성**reframing, **안내**navigating, **보호**shielding이다. 위 두 단계는 마찰 문제를 예방하고 치료하는 방법으로, **부분 설계 및 수리**neighborhood design and repair와 **전체 설계 및 수리**system design and repair이다.

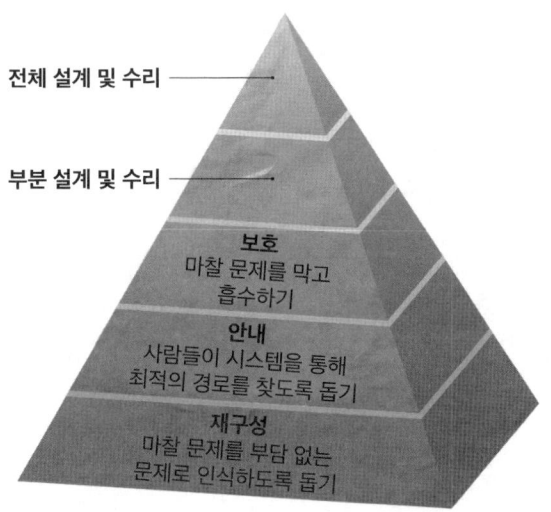

도움 피라미드

| 1 |

1. 재구성

마찰 해결사의 일에는 사람들의 감정을 돌보는 것이 포함된다. 조직 생활에는 (적어도 지금 당장은) 제거하기 어렵거나 불가능한 장애물이 많고, 이로 인해 느끼는 좌절감도 크다. 그래서 '재구성'이 도움 피라미드의 맨 아래에 위치한다. 마찰 해결사는 이 방법을 통해 즉각 개인의 정신건강과 의욕, 사회적 유대를 강화해 자신과 동료, 고객을 위로할 수 있다. 황당한 규칙, 관료주의, 이런저런 갑질에 시달릴 때는 물론, 필요한 절차나

요건, 그에 따른 기다림으로 발생한 짜증과 분노, 두려움을 다스리는 데도 도움을 준다. 물론 뛰어난 마찰 해결사는 잘 설계된 시스템이 제일 좋은 해결책이며, 그런 시스템 안에서 직원과 고객이 무력감과 체념이 아니라 안심과 안정을 느끼고 존중받을 때 업무가 더 효율적이라는 사실을 잘 알고 있다.

이 단계에서 마찰 해결사의 기술은 인지행동치료사의 방법과 비슷하다. 인지행동치료는 환자가 도전과 좌절을 덜 충격적이고 위협적인 것으로 '재구성'하거나 '재평가'하도록 돕는다. 현대 인지행동치료의 아버지라 불리는 정신과 의사 에런 벡Aaron Beck이 1950년대에 이 치료법을 실천하며 널리 알렸다.[1] 이후 2000건 이상의 연구에서 불안 및 우울증, 기타 정신건강 문제를 치료하는 데 인지행동치료가 효과적임이 밝혀졌다. 치료사는 환자에게 힘겨운 경험과 걱정을 긍정적인 관점에서 재구성하고 자신과 타인을 위해 더 건설적으로 행동하도록 요구한다. 재구성 혹은 재평가에는 (위협과 위험에 대해 최악의 결과를 예상하는) 파국적 사고와 같은 부정적이고 왜곡된 사고방식을 알아차리고 피하는 법 배우기, 불쾌한 경험 가운데서도 비교적 괜찮은 면에 집중하기, 지금의 부정적 상황과 실패가 전적으로 자신의 책임은 아니라는 사실을 받아들이기, 난장판 속에서도 웃을 수 있는 여유 찾기, 당장의 실패와 어려움도 결국 사라질 일시적인 문제라는 것을 알기 등이 포함된다.

캘리포니아주의 작은 도시 벌링게임에서 부동산 중개업을 하는 루마나 자빈Rumana Jabeen은 수십 년째 미국 내 매출 상위 1퍼센트에 속하는 능력자다. 로버트 서튼도 자빈에게 중개를 의뢰했는데, 그때 서튼은 집을 파는 데 따르는 온갖 번거로움에 기겁한 고객을 진정시키기 위해 자빈이 재구성 기법을 능숙하게 활용하는 모습을 보았다. 고객이 매매에 필요한 서류 작업, 집수리, 적정 판매가 정하기, 그 밖의 다른 귀찮은 일들 때문에 겁먹을 때면, 자빈은 "고객 대부분이 집 매매가 걱정했던 것보다 쉬워서 깜짝 놀라는데, 당신도 그럴 것"이라며 위로한다. 또 '이 또한 지나가리라' 방법, 즉 심리학자들이 '시간적 거리 두기'라고 부르는 기법을 사용한다. 고객이 매매 과정에서 예상치 못한 놀라움과 좌절에 맞닥뜨릴 때마다, 몇 달 후 집이 팔리고 나서 되돌아보면 지금 괴로운 일들은 사소하게 보이리라는 사실을 일깨워주는 것이다. 그때가 되면 왜 그런 별것도 아닌 일에 흥분했는지 웃을 것이며 결국 모든 일이 다 잘 풀릴 것이라고 말하면서 말이다. 서튼도 똑같은 과정을 거쳤다.[2]

심리학자 엠마 브루엘만 세네칼Emma Bruehlman-Senecal과 오즐렘 에이덕Özlem Ayduk의 상호 연결된 6개의 연구는 자빈의 방법에 힘을 실어준다. 세네칼과 에이덕은 사람들이 (파경이나 낙방 같은) 나쁜 일이 일어났을 때 (가까운 미래가 아니라) 먼 미래의 감정에 집중하면 걱정, 두려움, 불안, 분노, 죄책감을 덜 느낀다는 사실을 발견했다.³ 뛰어난 마찰 해결사는 사람들로 하여금 시간 여행을 상상할 수 있는 인간의 능력을 활용하도록 이끈다. "세월이 약이다"나 "지나고 보면 다 추억이다" 같은 말이 진부하게 들려도, 우리 마음을 달래주는 것만은 부정할 수 없다.

스탠퍼드대학교의 제니퍼 아커Jennifer Aaker와 나오미 바그도나스Naomi Bagdonas가 저서 《유머의 마법》에 썼듯, 고통스러운 상황을 어이없고 황당하며 우스꽝스러운 상황으로 바꿔 생각하면 정서적, 신체적 피해가 줄어든다. 유머라는 관점으로 바라볼 때 사람들은 긴장에서 벗어나 문제를 덜 위협적인 것으로 받아들인다. 또, 어이없는 상황을 보며 함께 웃을 때 유대감은 더욱 깊어진다. 사람들은 같이 웃어주는 이들 덕분에 자신이 홀로 고통받는 약한 존재가 아니며, 문제는 자신이 아니라 시스템이라는 사실을 깨닫는다.⁴

우리는 처음 마찰 프로젝트 워크숍을 시작하며 "무엇 때문에 힘든가요?"라는 질문에 쏟아진 농담 섞인 푸념에 깜짝 놀랐다. 지금은 같은 질문을 던진 후, 넘쳐흐를 블랙 유머와 아우성을 기대한다. '이메일 감옥', '회의사會議死', '미칠 정도로 불투명한 프로세스', '트렌드광狂', '해맑은 해고', '허풍쟁이 상사', '규칙 괴물', '미치광이 관리자', '리더쒭', '나는 좌절감 생산 공장에서 뺑이치고 있습니다', '내가 들은 거절이 벽돌이라면 탑도 쌓을 겁니다', '돌려 말하기의 대가', '헛소리 판매업' 등 끔찍하면서도 웃긴 수백 가지 말을 외쳐대길 기다린다. 이런 유머 덕분에 사람들은 좌절과 고통을 털어놓고, 서로를 정서적으로 지지하며, 때로는 함께 뭉쳐서 마찰을 제거하거나 문제를 바로잡을 힘을 얻는다.

2. 안내

도움 피라미드의 두 번째 단계는 길잡이 역할이다. 즉, 시스템 자체를 바꾸지 않고도 동료, 친구, 고객, 시민이 가장 빠르고 가장 보람 있고 가장 저렴하고 가장 평온하고 가장 재미있고 안전한 방법을 찾도록 안내하는 것이다. 여기에는 11장에서 다룰 '끈적이gunk people'를 피하는 방법도 포함된다. 끈적이란 '일터의 감시꾼'으로 조직이 매끄럽게 돌아가는 데 방해가 되는 존재이다.

경영학자 케이티 드첼스Katy DeCelles와 칼 아퀴노Karl Aquino는 직장 내 감시꾼을 동료와 고객을 불신하는 사람, 그럴 권한이 없는데도 자신을 '판사, 배심원, 정의의 전달자'로 여기는 사람이라고 정의한다. 둘의 설문조사에 따르면, 미국 직장인의 42퍼센트가 '일종의 이상한 권력 행사'를 하며 '규칙이나 규정을 100퍼센트 준수하지 않는 사람을 감시'하는 사람들과 일한 적이 있다고 답했다.[5] 감시꾼은 사소한 규칙 위반을 가지고 동료를 지적하거나 처벌하고 험담하는 자신의 행동을 당연시한다. 이를테면, 동료의 2분 지각이나 어지러운 책상을 보고 그냥 넘어가지 않는다. 또는 인사팀 관리자로 하여금 "당신이 옆 칸막이 상자에서 휴지 한 통을 가져간 모습이 목격되었다. 제삼자가 당신이 휴지를 훔쳤다고 신고했다"라고 해당 직원에게 말하게끔 유도한다.6

마찰 해결사는 동료, 고객, 시민이 감시꾼이나 끈적이를 알아보고 피할 수 있도록 돕는다. 그리고 관료주의와 기타 장애물을 피해 신속한 일 처리 방법을 알려주는 데 자부심을 느끼는 '매끌이grease people'(11장에서 다룬다)에게로 안내한다. 한 기술기업 임원들에게 직장 내 감시꾼 연구에 관해 설명하자, 몇몇 임원이 신입사원들에게 "인사팀의 샌제이Sanjay를 피하라"고 충고해준 이야기를 들려줬다. 샌제이는 모든 규칙을 문자 그대로 따르라고 주장하며 '직원들의 인생을 힘겹게 만드는' 감시꾼이었다. (임원들 말로는 샌제이가 강요하는 규칙 중에는 회사가 아니라 그가 직접 만든 것도 있었다.)

안내원의 좋은 예는 3장에 나온 친절한 교통관리국 직원이다. 그는 시스템을 바꿀 수는 없었지만 복잡하고 까다로운 시스템을 사람들이 헤쳐 나가도록 도와주었다. 즉 서튼을 포함해 50여 명의 방문객이 신속하고 원활하게 업무를 볼 수 있도록 도와주었다. 미리 필요한 양식을 제공하고, 각 창구에서 어떤 서류가 필요한지를 안내하고, 7개의 창구 중 어느 창구로 가야 하는지를 알려주었다. 심지어 기다릴 만한 적당한 위치도 안내해주었다. 일부 방문객에게는 (자신이 건네준) 양식을 작성해 비치된 접수함에 넣기만 하면 줄 서서 기다릴 필요가 없다고 설명했으며, 다른 방문객에게는 기다리느라 시간을 낭비하고 있다고 전했다. (자동차 소유를 증명하는 '분홍색 서류'가 없는) 한 방문객에게는 추가 서류가 필요하다고 알려주었고, (사망 후 40일의 대기 기간이 지나지 않아 돌아가신 어머니의 자동차 소유권을 아직 얻지 못한) 누군가에게는 관련 업무를 보려면 좀 더 기다려야 한다고 일러주었다. 또 (여권 갱신 업무를 원하는) 잘못 찾아온 방문객에게는 그 일이 DMV의 업무가 아니라고 설명해주었다.

어떤 시스템은 너무 복잡해서 전문 안내인을 고용해야만 하는 경우도 있다. 샌프란시스코에서는 주택이나 상업 건물의 리모델링 허가 절차가 얼마나 복잡하고 힘든지 58쪽짜리 '허가 신청' 안내문서에 "시의 허가 승인 절차는 매우 어려운 행정 절차 중 하나"라고 떡하니 적혀 있다.[7] (이 절차를 감독하는) 샌프란시스코 도시계획위원회의 전前 위원장 마이르나 멜가르Myrna Melgar조차도 뒷마당에 정자를 짓기 위해 허가를 받는 방법을 알아낼 수 없을 정도였다. 대부분의 샌프란시스코 시민에게 유일한 대안은 시간당 200달러 이상의 수임료를 받는 '허가 전문가'를 고용해 그 사람이 허가 신청서를 정해진 곳에 제출하거나 필요하다면 신청서를 고치며 하루를 보내도록 하는 것이었다.

이러한 관행은 다수의 샌프란시스코 공무원이 승인 절차를 신속히 처리하는 대가로 뇌물을 받는 등의 부패로 이어졌다. 불법적으로든 합법적으로든 지불할 돈이 없는 시민은 이 복잡한 미로를 통과할 수 없었다. 불평등과 불공정이 만연했다. 제이슨 유Jason Yu에게 일어난 일이 그 예다. 2019년, 유는 건축가를 고용해 미션 디스트릭트에 있는 아이스크림 가게의 리모델링 계획서를 제출했다. 하지만 2021년에 그는 건축가와 변호사 비용으로 20만 달러가 넘는 빚을 져야 했다. 그동안 매달 월세 7300달러도 지불해야 했다. 건축 허가를 받기까지 넘어야 할 장애물은 아직도 15개나 남아 있었다. 결국 유는 2021년 4월 꿈을 접었다.[8] 이 비극의 부분적 원인은 그에게 허가 전문가를 고용할 여유가 없었던 데 있다.

멘토는 신입사원이 복잡하고 혼란스러운 직장생활을 헤쳐나가도록 돕는 필수적 요소다. 그래서 조직 내 공식적인 멘토링 프로그램이 있거나, 비공식적으로 멘토와 멘티 관계가 형성된다. 변호사, 엔지니어, 교도관, 군인 등 여러 직업 분야의 신입을 대상으로 한 연구에 따르면, 1명 이상의 자상하고 현명한 내부자로부터 지도와 지원을 받은 신입은 '업무 만족도 및 성과 향상, 근속 기간 증가, 신체 건강 및 자존감 향상, 긍정적인 업무 관계, 조직에 대한 강한 헌신, 직업적 동기 강화, 전문적 역량 증가, 직업적 인정 및 성공'을 경험한다.9

브래드 존슨Brad Johnson과 진 앤더슨Gene Anderson이 미 해군 장교 55명과 상급 부사관 94명을 대상으로 한 연구는 한 명 혹은 여러 명의 현명하고 든든한 멘토가 얼마나 유익한지를 보여준다. 건강한 관계를 발전시킨 사람은 그렇지 않은 사람보다 해군에 남을 가능성은 물론, 보호와 지지를 느낄 가능성, 마지막으로 성공적인 경력을 쌓을 가능성이 더 높았다. 숙련된 멘토는 멘티를 향한 수용과 격려, 정서적 지원과 상담을 통해 마찰 해결의 '치료' 과정을 담당한다. 한 해군은 "멘토 덕분에 감정을 조절하고 자신을 성찰하는 법을 배웠다"고 말했다. 연구 대상자들은 미 해군에서 직업적 경력을 쌓기 위해 위험을 피하고 올바른 길을 택하는 데 멘토의 건전한 조언이 얼마나 효과적인지를, 또 자신의 영향력을 사용하여 (형편없는 과제, 까다로운 동료와 상사들 등) 멘티의 성공을 방해하는 장애물을 제거하고 멘티가 배우고 발전할 기회를 만들어주는 멘토의 존재가 얼마나 중요한지를 강조했다.

한 장교는 이렇게 말했다. "요즘 신병들에게는 경력을 올바른 방향으로 이끌어주는 안내자가 필수적입니다. 그들은 목표가 어디인지 알려주고 그 길을 벗어나면 경고해줄 '바다의 아빠'를 원합니다!" 또 다른 장교는 "멘토는 자신의 경험을 통해 멘티를 가르치기 때문에 멘티의 시행착오와 실수를 줄여줘 더 효율적인 학습이 가능하게 한다"라고 말했다. 연구에 따르면, 훌륭한 멘토는 해병들에게 미 해군의 두터운 관료주의를 우회하는 방법을 가르치며, 강력한 직업적 인맥을 구축할 수 있도록 적절한 사람들을 소개하고, 멘티가 좋은 직책이나 업무를 얻도록 돕는다. 한 장교는 자신의 멘토가 "자신이 가야 할 길이나 방향을 보여주었다"고 말했다. 또 어떤 장교는 멘토 덕분에 핵심 기술을 배우고 해군 지휘 계통에서 훌륭한 평판을 쌓을 수 있었다며, "눈에 띄는 문제가 발생할 때마다 내가 해결 과정에 참여해 눈도장을 찍을 수 있도록 멘토가 도와주었다"고 밝혔다.

3. 보호

다른 사람들을 위해 마찰을 흡수하고 막아내는 일은 종종 재구성이나 안내보다 더 큰 용기와 희생이 요구된다. 보호는 마찰 문제의 증상에 대한 대처지만, 때로는 예방 및 치료법이기도 하다. 그래서 도움 피라미드에서 안내보다 높은 단계에 있다. 사람들이 안전감을 갖고 일에 집중하기 위해 보호가 필요한 상황은 조직 시스템이 제대로 작동하지 않는다는 증거다. 반대로, 방해나 모욕을 받지 않고 자유롭게 일할 수 있도록 사람들을 보호하는 업무 환경과 조직 설계는 건강한 조직의 핵심 특징이다.

사회학자 제임스 톰슨James Thompson은 1967년에 출간된 고전적 저서 《조직행동론Organizations in Action》에서 조직의 핵심 업무를 수행하는 사람들을 '보호'하는 일은 리더가 '반드시 해야만 하는 기본적인 일' 중 하나라고 주장했다.[10] 리더의 임무 중 하나는 고충이나 비난을 예방하거나 이에 맞서며, 모호하고 상충되는 요구에 명확한 기댓값을 세우는 것이다. 그래야 사람들이 상부의 어리석은 행위는 물론, 업무 방해, 혼란과 짜증, 시간 낭비를 부르는 일로부터 보호받아 업무에 집중할 수 있다.

'완충 역할buffering'은 관리 업무의 일상적 구성 요소다. 헨리 민츠버그Henry Mintzberg가 고위 경영진을 오랫동안 관찰해보니, 경영진은 수십 혹은 수백 개의 예정된 회의나 긴급회의에 참석하고 정보 요청에 답하며 크고 작은 문제와 기타 방해 요소를 처리하느라 매일 쉴 새 없이 일했다. 그들은 다른 직원들을 위해 그런 일을 했다. 민츠버그는 "언젠가 어떤 이가 반쯤 농담 삼아, 관리자는 다른 직원들이 업무를 끝낼 수 있도록 방문자를 관리하는 사람이라고 정의했다"고 썼다.[11]

그런데 매우 건강한 조직일지라도 꼭 필요한 이 인간 방패 노릇이 일상적 노력을 넘어서기도 한다. 소프트웨어 개발자이자 애자일 코치 맷 데이비슨Matt Davidson은 작업 중간에 갑자기 우선순위가 계속 바뀌는 적대적이고 스트레스가 많은 업무 환경에서 일상적인 분쟁으로부터 사람들을 보호하는 관리자를 "똥 막는 우산"이라고 표현했다.[12] 이런 끔찍한 일터에는 핵심 업무를 수행하는 직원에게 필요한 것이 무엇인지 전혀 모르면서 터무니없는 요구를 해대는 상사가 존재한다. 그래도 운이 좋다면 위에서 쏟아지는 요구들을 막아주는 우산 같은 상사를 만난다. 그 덕분에 직원들은 맡은 업무를 무사히 수행할 수 있고, 무능한 고위직 때문에 고통받지 않는다.

어리석은 요구가 비 오듯 쏟아지는 조직에서는 우산 든 상사도 짜증이 나서 극단적인 조치를 취하기도 한다. 〈인크레더블〉과 〈토이 스토리〉 등의 영화 시리즈로 명성을 얻은 애니메이션 회사 픽사는 (수십 년간 픽사의 사장이자) 공동 창립자인 에드윈 캣멀과 (컴퓨터 애니메이션 영화 제작을 가능하게 한 기술 발명가) 앨비 레이 스미스Alvy Ray Smith의 보호가 없었다면 존재하지 못했을지도 모른다. 우리는 10년 전쯤 픽사에서 '훌륭한 상사는 상부의 멍청한 지시로부터 직원을 보호한다'는 내용의 강연을 했는데, 강연이 끝난 후 픽사의 오랜 직원인 크레이그 굿Craig Good이 캣멀과 스미스가 자신들의 자리를 구해준 이야기를 들려주었다.[13]

1985년, 굿은 픽사의 전신인 루카스필름Lucasfilm의 컴퓨터 사업부에서 일했다. 당시 팀을 이끌던 캣멀과 스미스는 회사의 현금 유동성 문제로 비용 절감의 압박을 받고 있었다. 사장 더 그 노비Doug Norby는 캣멀과 스미스에게 대규모 정리해고를 강요했다. 회사의 창립자이자 회장인 (영화 〈스타워즈〉 시리즈로 유명한) 조지 루카스George Lucas가 캣멀과 스미스의 애니메이션 영화가 시장에서 성공할 가능성을 낮게 본 것도 한 원인이었다. 캣멀과 스미스는 팀을 그대로 유지해야 성공적인 영화를 만들 수 있을 뿐만 아니라, 회사를 매각할 때도 팀의 가치를 높게 유지할 수 있다고 주장하며 반발했다. 굿은 당시 상황을 이렇게 설명했다. "사장이 컴퓨터 사업부의 해고 대상자 명단을 달라며 캣멀과 스미스를 괴롭혔지만 둘은 계속 그 말을 무시했습니다. 그러다 마침내 다음날 아침 9시에 명단을 가지고 사장실로 오라는 명령이 떨어졌죠."

캣멀과 스미스는 어떻게 했을까? "둘은 9시에 사장실로 가서 목록 한 장을 내려놓았습니다. 종이에는 두 개의 이름만 적혀 있었습니다. 에드윈 캣멀, 앨비 레이 스미스." 결국 사장은 정리해고를 포기했다. 몇 달 후 스티브 잡스Steve Jobs가 컴퓨터 사업부를 500만 달러에 인수했고, 캣멀과 스미스, 잡스는 함께 '픽사'를 창업했다. 둘의 용감한 행동은 수십 년이 지난 지금도 픽사에 여전히 영향을 미치고 있다. 굿은 직원들을 보호하려 자신의 자리를 걸었던 상사가 있는 회사에서 일한다는 사실을 자랑스러워했다.

낮은 지위의 사람들도 핵심 인력을 보호할 수 있다. 심지어는 최고위층도 이들의 보호를 받는다. 보호는 안내원, 비서, 경비원, 공항의 게이트 요원 등 일선 근로자의 주요 업무 중 하나이기도 하다. 사회학자 사라 아버Sara Arber와 루시앤 소여Lucianne Sawyer가 1000명의 영국 환자를 대상으로 진료실 접수원의 역할에 대해 실시한 설문조사에 따르면, 일부는 '책상 뒤의 용'[14]이 심술궂고 별 도움이 되지 않았다고 답했지만 대부분은 접수원이 유용하며 꼭 필요하다고 답했다. 심지어는 접수원이 당장 의사를 만나지 못하게 막는 경우에도 그랬다. 환자들은 의사가 진료를 제대로 보려면 접수원이 진료나 상담이 즉시 필요한 환자와 기다려도 되는 환자를 구분해줘야 한다는 사실을 잘 알고 있었다.

이런 문지기들은 다른 사람들이 업무를 수행할 수 있도록 항의나 불평을 대신 들어주는 '불만 접수자'의 역할도 겸한다. 폴 프리드먼Paul Friedman은 이들을 '골칫거리를 떠맡는 사람'이라고 정의한다.

불만 접수자는 조직의 피뢰침과 같다. 불평꾼이 제일 먼저 만나게 되는 사람이 이들이다. 이들의 업무 중 하나는 소속 부서의 제품이나 서비스에 대한 불만을 듣는 것이다. 비서, 고객 담당 이사, 학교 교감 등이 이에 해당한다. 직책이 무엇이든 불만 접수자는 고객이 보내는 초기 불만을 접수하는 소중한 역할을 수행한다.[15]

공항의 일선 직원들이 화난 승객들로부터 비난을 도맡아 받는 것을 생각해보라. 그들 덕분에 승무원이나 다른 직원들은 편하게 자신의 일을 할 수 있다. '일터의 감시꾼'을 연구한 케이티 드첼스는 비행기 탑승구에서 벌어지는 비행 전 분쟁도 자세히 조사했다. 케이티의 연구팀은 35개 공항의 117개 항공편에서 탑승구 직원을 향한 고객의 공격성 행위 131건을 관찰했다. 긴 줄이나 항공편 지연, 혼잡함, 우는 아기 때문에 스트레스를 받은 승객들은 큰 소리로 한숨을 쉬거나 주먹으로 책상을 두드리거나 소리치고 욕설을 내뱉는 경향이 높았다. 한 승객은 잃어버린 휴대전화를 찾으러 라운지에 갔다 올 동안 비행기를 잠시 잡아달라는 요청을 들어주지 않았다며 직원 옆으로 (직원을 겨냥하지는 않고) 커다란 물병을 던지기도 했다.[16]

여기서 마찰 해결사가 배워야 할 교훈은 의사, 조종사, 그 외 수백 가지 직업에 종사하는 사람들이 효율적이고 안전하게 일하려면 상대하는 고객, 시민, 동료가 어떤 사람들인지 구별하고 필요할 때는 이들을 달래가며 서비스를 제공하는 문지기 같은 사람이 꼭 필요하다는 것이다. 불평꾼이 터뜨리는 불만과 분노를 대신 받는 궂은일을 하는 사람들이 말이다.

4. 부분 설계 및 수리

도움 피라미드의 상위 두 단계를 차지하는 것은 적재적소에 적당한 양의 마찰을 일으키기 위해 영향력을 행사하는 일이다. 이 책을 쓴 주요 목표와 같다. 이 단계에 '재구성', '안내', '보호'라는 도움을 더하면 시스템의 부분적 또는 전체적 변화를 시작하고 지속하는 데 힘을 실을 수 있다는 사실을 염두에 두길 바란다. 또 영향력을 발휘해 (적어도 당장은) 해결이 불가능한 문제로 인한 피해를 줄일 수도 있다. 그러면 사람들은 그동안 그 문제를 고칠 수 있는 역량을 키우게 된다. 반대로 유지하거나 강화하고자 하는 좋은 마찰의 부작용을 완화하는 데 힘쓸 수도 있다.

 조직 전체보다는 일부를 설계하고 복구하는 편이 한결 쉽다. 크고 복잡한 조직의 경우라면 더욱 그러하다. 가령 마이크로소프트라면, 20만 명이나 되는 전 직원이 아니라 한 팀을 대상으로 작은 변화를 실시하는 편이 효과가 더 빠르다. 우리는 마이크로소프트의 학습 및 개발팀과 함께 일하는 동안, 관리자들이 팀 내에서 이런 작은 변화를 실천하는 모습을 목격했다. 코로나 팬데믹이 시작되고 약 1년 후인 2021년에 우리는 팀 내 30분 온라인 회의가 25분으로, 60분 회의가 50분으로 단축된 것을 알아차렸다. 팀의 관리자인 조시 니컬스Josh Nicholls는 이렇게 설명했다. "코로나 기간 마이크로소프트는 조사를 통해 (특히 회의가 줄줄이 이어지는 경우) 화상회의로 인한 피로도가 매우 높으며, 회의 사이 단 5분간의 휴식만으로도 행복도가 올라간다는 사실을 발견했습니다. 아웃룩Outlook의 새로운 기능을 이용하면 자동으로 회의를 5분 늦게 시작하거나 5분 일찍 마치도록 설정할 수 있습니다. 60분 이상인 회의의 경우 기본값은 10분이 됩니다."[17] 니컬스는 이 조치가 회사 전체에 의무적으로 적용되는 사항은 아니지만 "글로벌 학습 및 개발팀에서는 표준으로 간주하고 있다"고 덧붙였다.

니컬스의 팀이 한 조치는 마찰 해결사들이 매일매일 쌓아가는 작은 승리이다. 해결사들은 일하기를 한결 편하게 하고 사람들의 정신건강을 보호하기 위해 업무 환경을 끊임없이 개선한다. 혹은 일부러 부서 내에 작은 장애물을 추가하기도 한다. 적절한 장애물은 사람들이 목표에 더욱 다가가고 업무에 몰입하는 데 오히려 도움이 되기 때문이다.

(1장에서 만난) 우리의 동료 제러미 어틀리와 페리 클레번Perry Klebahn이 창업을 목적으로 하는 '런치패드LaunchPad(IT나 스타트업 분야에서 새로운 프로젝트나 사업을 시작하는 기반이 되는 시스템이나 플랫폼-옮긴이) 강좌'에서 학생들에게 건설적인 마찰을 겪게 했을 때도 같은 효과가 발생했다.[18] 이 수업에서 학생들은 단 10주 만에 실제 사업을 설계하고 출시해야 한다. 이 수업은 (모두가 '디 스쿨'이라 부르는) 스탠퍼드의 하소 플래트너Hasso Plattner 디자인 연구소에서 매년 가르치는 50여 개의 실습형 혁신 수업 중 하나이며, 스탠퍼드대학에서 진행되는 수천 개 수업 중 하나다.

어틀리와 클레번은 이 수업에 참여하는 학생들에게 다양한 장애물을 제시한다. 학생들이 뛰어넘어야 할 이들 장애물은 수업 철학과 목적에 맞게 설계된다. 바로 이 점에서 다른 수업과 다르며, 대부분의 수업보다 학생들에게 부담이 된다.

어틀리와 클레번은 매년 런치패드 수업의 지원팀 수십 개를 심사해 학생들을 선발한다. 여러 차례 인터뷰하고 초기 사업계획서와 비즈니스 모델, 제품, 서비스에 대한 프레젠테이션을 평가할 뿐 아니라, 두 교수의 사려 깊지만 때로는 혹독한 피드백에 대응하는 팀의 회복탄력성과 업데이트 능력도 살핀다. 어틀리와 클레번은 매년 10개 팀으로 수업을 시작하는데, 각 팀은 수업 기간 내에 신新사업을 개발해 출시해야 한다. 학생들은 빠듯한 일정 안에서 실험과 도전을 거듭해 결과를 내놓는 동시에, 사업 수요를 창출하기 위해 노력한다. 그 과정에서 학생들은 동급생의 솔직한 피드백을 받게 되며, 어틀리와 클레번, 방문 투자자, 다른 창업자들로부터도 피드백을 받는다. 10주간의 수업 중 6주차에는 '트레이드 쇼'가 열린다. 이때 150여 명이 디 스쿨을 방문해 신생기업의 프레젠테이션을 보고 학생 창업자들과 이야기를 나눈다. 방문자 일부는 투자자나 직원으로 합류하기도 한다. 처음 런치패드 수업이 시작된 2010년 이후, 100개 이상의 벤처기업이 설립되어 6억 달러 이상의 자금을 조달하고 수천 개의 일자리를 창출했다. 이중 50퍼센트 이상이 어떤 형태로든 생존해 있다. 렉시스LexisNexis가 인수한 정보 검색 및 분석 회사인 래블로Ravel Law, 남자다움을 중시하는 남성 고객에게 육포와 스크림쇼 칼 세트Scrimshaw Knife Kit가 담긴 선물상자 '원초적 굶주림을 위한 상자Primal Hunger Crate'를 보내는 맨크레이트Man Crates, 발달장애 성인의 생활을 도와주는 뉴로나브NeuroNav, 여성이 생리 기간에도 편안하게 회의실, 경기장 등에서 최고의 능력을 발휘하도록 돕는 탐폰 회사 시퀄Sequel 등이 그 예다.

엄격한 심사 과정과 힘든 과제에 더해, 학생들은 "한 번도 결석하지 않겠습니다", "학습량에 대해 불평하지 않겠습니다", "내 제품/서비스를 시장에 출시하겠습니다"와 같은 10개 항목이 적힌 서약서에 서명해야 한다. 대부분의 다른 스탠퍼드대 수업이 최소 한두 번의 결석은 물론 불평이 가능하고, 반드시 창업해야 할 의무는 없는 것과 대비된다. 어틀리와 클레번은 성공할 만한 스타트업과 서로를 지지해주는 10개 팀의 공동체를 구축하려면 잘못된 일은 하기 어렵게 만드는 환경이 꼭 필요하다고 믿었다. 그래서 학생이 서약서 사항을 어기면 곧바로 지적했고, 창업 노력이 부족한 학생에게는 수강 철회를 권고했다. 어틀리는 런치패드 수업이 큰 성공을 거둔 (학생들도 좋아한) 이유가 수업 기간에 그들이 쏟는 엄청난 노력과 장애물 극복 경험 덕분이라고 말한다. 그는 4장에서 소개한 '이케아 효과' 연구처럼, 노동이 애착으로 이어진다고 믿는다.

2022년 봄, 서튼은 거의 매주 런치패드 수업에 참석해 강의를 조금 도왔다. 그때 어틀리와 클레번은 노력이 부족하고 게으른 몇몇 학생에게 수업을 그만두는 게 좋겠다고 충고를 건넸다. 팀 활동이나 수업에서 주어진 몫을 다하지 않은 학생들이었다. 또 6주차 수업에서는 그날 저녁 기업 발표회에서 발표할 사업 계획서를 완성하지 못한 두 팀을 탈락시켰다. 이 발표회는 대중에게 공개되는 행사로, 실리콘밸리의 투자자와 창업자, 경영진, 엔지니어 등이 각 팀의 전시 부스를 방문해 해당 신생기업의 초기 사업계획과 프레젠테이션을 보고 (때로는 어려운) 질문을 던지는 자리였다.

우리는 2019년 런치패드 수업을 듣고 시퀄을 창업한 그레타 메이어Greta Meyer와 어맨더 캘러브리스Amanda Calabrese에게 이 도전적인 수업이 둘에게 끼친 영향을 물어보았다(메이어가 CEO, 캘러브리스가 COO의 역할을 맡아 2022년 초 500만 달러의 투자금을 유치했다). 메이어는 주저하지 않고 당시의 고생 덕분에 런치패드 수업을 사랑하게 되었다고 대답했다. 캘러브리스도 마찬가지였다. 이케아 효과 연구의 예측은 정확했다. 또 메이어는 힘겨운 과제는 물론, 어틀리와 클레번 교수, 동급생, 투자자, 고객들의 끊임없는 (그리고 때로는 고통스러운) 피드백 덕분에 캘러브리스와 자신이 서로의 장단점을 잘 알게 되었고, 강한 유대감을 형성할 수 있었으며, 결과적으로 함께 장애물을 하나씩 헤쳐 나갈 힘을 얻었다고 덧붙였다.[19] 2022년과 2023년, 둘은 이런 근성을 발휘해 FDA의 승인을 받기 위해 필요한 효과성과 안전성 입증 절차와 검토를 거쳤고, 2023년 8월 마침내 FDA의 승인을 받았다. 메이어와 캘러브리스는 득보다 실이 많은 것을 알기에 10년 전 엘리자베스 홈스와 테라노스의 직원들처럼 까다로운 FDA 절차를 우회하려 들지 않았다.

5. 전체 설계 및 수리

마지막 노력은 하나의 팀이나 부서 등 작은 부분에서의 지엽적인 변화가 아니라 조직 전체나 광범위한 부분에서의 마찰 문제를 해결하는 것이 목적이다. 우리는 이를 '전체 설계 및 수리' 작업이라고 부른다. 조직의 대부분 혹은 전체를 고치려면, 특히 조직이 크고 복잡하며 파벌로 가득 찬 경우라면 부분적 수리보다 더 큰 영향력이 요구된다.

시스템 변화는 종종 강력한 고위 경영진의 요구에서 비롯된다. 2013년, 드루 휴스턴과 최고경영진은 직원들의 의견 수렴 없이 1장에서 소개한 '회의 아마겟돈'을 드롭박스 전체에 선포했다. 1997년, 애플로 돌아온 스티브 잡스는 몇 주 뒤 (같은 날) 모든 사업부의 총괄책임자를 다 해고했다.[20] 7장에서 더 자세히 설명하겠지만, 잡스가 새로 임명한 고위 경영진은 바로 그

해에 판매 중인 컴퓨터 12종의 생산을 모두 중단하고 새로운 모델 4종을 출시했다.

윗선에서 시작되지만 조직 전체의 구성원이 만들어가는 시스템적 변화도 있다. 하와이퍼시픽헬스병원의 '쓸데없는 잡일 없애기' 캠페인도 처음에는 의료품질관리 최고책임자인 애슈턴 박사가 시작했다. 그러다가 모든 의사와 간호사가 함께 '멍청한 짓거리'를 찾아냄으로써 탄력을 받았다.

그래서 때로는 "마찰 해결 방식은 하향식과 상향식 중 어느 것이 좋은가?"라는 질문에 "둘 다"라고 답할 수밖에 없다. 7장에 나오는 대규모 제약회사 아스트라제네카의 푸시칼라 수브라마니안Pushkala Subramanian이 주도한 '100만 시간 캠페인Million Hours Campaign'은 두 가지 방식을 모두 도입해 직원들의 시간을 절약하는 데 성공한 사례다. 하향식 변화로는 25명이 넘는 수신자에게 '전체 회신' 버튼을 누르기 전 짧은 경고를 읽고 클릭하는 단계가 추가되었다. 이 작은 과속방지턱으로 직원들은 수천 개의 불필요한 이메일에서 해방됐다. 상향식 변화로는 대만과 태국 지사에서 시행한 '회의 없는 날' 같은 기업 전체에 걸친 현지의 '단순화 챔피언'들의 노력이 있다. 그 결과 아스트라제네카는 2017년까지 약 200만 시간의 노동 시간을 절약할 수 있었다.[21]

시스템의 모든 곳에서 같은 방식으로 같은 절차를 밟을 때 해결되는 마찰도 있다. 정해진 순서를 벗어나는 행위가 법을 위반하거나 파괴적인 혼란과 무질서를 불러오거나 생명을 위협하는 경우가 그러하다. 전 세계 비행기 조종사들이 사용하는 표준화된 비행 전 체크리스트가 그 예다. 이 체크리스트는 1930년대 B-17 폭격기의 추락사고를 계기로 만들어졌다.**22** 베테랑 조종사가 비행 조종 장치를 움직이지 않게 고정하는 '잠금 제어 장치'의 해제를 잊은 것이 사고의 원인이었다. 오늘날 모든 비행기 조종사는 동일한 체크리스트를 사용한다. 특히 보잉 787 드림라이너Boeing 787 Dreamliner 기종은 전자식 체크리스트가 설치되어 있어 중요한 점검 사항을 놓치는 경우가 없다. 통일된 체크리스트 덕분에 조종사와 부조종사, 승무원 간의 협력과 의사소통이 더욱 수월해졌다. 처음 비행하는 경우라도 언제 무엇을 해야 하는지 알 수 있으며, 필요한 단계를 빠뜨린 경우도 즉시 발견된다.

시스템 수리는 조직이 공유한 원칙과 목표 안에서 팀이나 조직 일부분이 자기 필요와 분위기에 맞게 용어, 도구, 지침을 맞춤화할 때 가장 효과적이다. 조 맥캐넌Joe McCannon은 2004년부터 2006년까지 약 12만 2000명의 환자를 피할 수 있는 죽음에서 구한 '10만 명 생명 구하기 캠페인'을 이끌면서 이 교훈을 얻었다.**23** 보스턴의 의료개선연구소가 진행한 이 캠페인은 미국 내 70퍼센트 이상의 병원에, 특히 환자의 상태가 예상치 않게 악화됐을 때 부르는 전문가인 응급 처치팀에 증거 기반의 의료 관행을 뿌리내렸다. 조는 큰 규모의 변화를 일으키고 싶을 때라도 완전히 새로운 악보를 배포하기보다는 그때그때 상황에 맞는 작은 변화를 시도하는 편이, 즉 기존의 악보를 완전히 바꾸지 않은 채 약간의 변주를 허용하는 편이 종종 더 낫다는 사실을 발견했다.[24]

조는 최고의 변화 전문가란 '현시점에서 다양한 방법을 찾아내는 일을 거의 놀이처럼 즐기는 사람'이라고 말한다. 그들은 원래의 '악보'가 효과 없다는 낌새를 챌 때마다 다양한 메시지와 도구, 인력, 제휴 관계를 이리저리 실험하며 '변주'를 한다. 그들은 하나의 이론이나 방법에 얽매이기를 거부한다. 지금 일이 잘 풀리고 있다고 해도, 그들은 지금까지의 방식이 앞으로의 성공까지 보장하지는 않는다는 사실을 잘 알고 있다.

노스웨스턴대학의 질리언 초운Jillian Chown은 캐나다의 한 대형병원을 대상으로 실시한 연구에서, 최고경영진과 변화 전문가가 외래 진료소 6곳에서 똑같은 절차의 일일 준비 회의를 도입하려 했을 때, 각 진료실이 이를 그대로 따르지 않고 약간의 변주를 더한 덕분에 각자에 맞게 회의가 유연하게 진행되었음을 발견했다.[25] 경영진은 입원 병동에서 시행되던 관행을 병원 전체에 도입하려 했다. 직원들의 협력과 의사소통이 매우 효과적으로 개선되었기 때문이다. 질리언의 설명에 따르면, "각 진료소 직원은 의무적인 통제 메커니즘에 따라 매일 아침 관리자와 15분 동안 그날의 일정을 논의해야 했다. 이 회의는 준비 일람표에 적힌 일련의 질문을 따라가며 매우 체계화되고 표준화된 방식으로 진행되었다." 이에 따라 모든 외래 진료소는 "오늘 환자나 가족, 혹은 직원에게 예상되는 안전상의 위험 중 가장 걱정되는 것은 무엇인가?", "오늘 축하해야 하는 사람이나 사건이 있는가?", "병원 재정에 흑자나 적자를 끼치는 요소에는 무엇이 있는가?" 등등 똑같은 질문에 답해야 했다.

변화 전문가가 6곳의 의료진과 사무직원, 관리자에게 이 방식을 교육한 후 시행을 강요하자, 구성원들은 반발했다. 그들은 변화 전문가가 제시한 질문들("힘든 점은 무엇인가?", "스트레스 요인은 무엇인가?", "하루 종일 무엇 때문에 바쁜가?", "시급히 해결해야 할 일은 무엇인가?")에 문제가 많다고 여겼다. 이들은 표준화된 일일 준비 회의는 진료소의 특수한 문제를 해결하는 데 적합하지 않으며, 진료소는 입원 환자를 위한 곳이 아니라 진료를 위해 잠시 방문하는 환자를 위한 곳이기 때문에 입원 병동과는 업무의 성격이 다르다는 점을 지적했다.

결국 6개 외래 진료소 직원들은 리더가 강요하는 표준화된 변화에 저항했다. 질리언의 연구에서 흥미로운 교훈은, 각 진료소가 자신들의 업무에 맞게 현지 맞춤형 해결책을 개발하여 대응했다는 점이다. 즉, 주어진 악보대로 노래하는 대신 약간의 변주를 더했다.

  3곳의 외래 진료소 직원들은 여러 시행착오를 겪으며 맞춤형 일일 준비 회의를 개발했다. 각 진료소는 일일 회의의 주최자와 참석자, 필요한 질문과 결정 사항에 관한 자체 지침을 시행했다. 반면 나머지 3곳은 자신들의 업무와는 맞지 않다고 생각해 일일 회의 관행을 아예 거부했다. 그중 2곳은 일일 회의 때문에 환자들의 대기 시간이 길어진다고 생각해 주간 회의로 대체했다. 한 의사는 "[다음 주를 준비하는] 금요일 회의에서 우리는 앞뒤로 발생한 주요 이슈를 살펴보고 같은 문제가 다시 생기면 어떻게 할지를 이야기했다"고 말했다.

  마지막 1곳은 회의를 완전히 포기했다. 근무하는 의료진이 매일 바뀌었기 때문에 직원 모두가 혹은 대부분이라도 모일 수 있는 시간을 찾기가 현실적으로 불가능했다. 그 대신 의사소통과 협력을 위해 '아이스크림 막대' 시스템을 고안해냈다. 환자들은 진료소에 들어오자마자 의료진 이름이 적힌 막대들을 받았다. 환자는 자신이 받은 막대에 이름이 적힌 의료진들을 만나면 됐다. 진료 후 의료진은 자기 이름이 적힌 막대를 수거했다. 받은 막대가 다 수거되면 환자는 돌아가도 되었다.

다섯 가지 함정:
문제의 발견과 해결로 가는 길목

| 2 |

우리는 당신의 삶에 존재하는 조직을 (그 조직을 만나는 모두를 위해) 조금 더 나은 혹은 훨씬 더 나은 곳으로 만드는 방법을 알려주려고 이 책을 썼다. 우리 모두는 우리 탓이 아닌, 막강한 장애물이나 갈등과 마주치곤 한다. 이 마찰들은 사소할 때도 있고 엄청날 때도 있다. 또한 이런 마찰에 끼칠 영향력이 거의 없는 사람도 있고 많은 사람도 있다.

물론 자신의 권한과 자원을 활용해 직원과 고객을 괴롭히는 시스템 대신 모두가 행복한 시스템을 설계할 수 있는 최고책임자라면 마찰 해결은 매우 쉬운 일일 것이다. 최고의 인재를 유치해 그들에게 돈, 승진, 명예 같은 강력한 특전을 제공할 수 있다면 더욱 그렇다. 그런데 놀랍게도 우리는 꽤 막강해 보이는 CEO에게서도 회사에 대한 자신의 영향력에 한계가 있다는 불만을 끊임없이 듣는다. 그들은 업무의 흐름을 막는 '심술쟁이' 중간 관리자, 뛰어난 인재를 품지 못하는 답답한 상황, 만족을 모르는 주요 고객, 시장 점유율을 잠식해오는 경쟁사, 사업을 방해하는 법과 규제 같은 장애물에 대해 불평을 늘어놓는다. 그리고 우리 대부분은 이들 업계 리더에 비하면 조직에 끼칠 수 있는 영향력이 매우 미미하다.

하지만 '도움 피라미드'는 이런 어려움이 우리가 아무것도 하지 않을 이유는 될 수 없다는 점을 보여준다. 우리는 모두 좋은 일을 할 수 있다. 마찰 해결사는 자신이 가지지 못한 것을 괴로워하거나 패배감을 느끼기보다는, 현재 자신이 서 있는 곳에서 자신이 가진 것만으로 변화를 시작하는 사람이다.

3부에서는 5개의 장에 걸쳐 각각의 마찰 함정을 자세히 다루며 각 마찰 문제를 해결하기 위해 필요한 요소를 선택하고 조합하는 방법을 소개한다. 필요하다면 제공된 방법을 조정해 각각의 요소를 더하거나 뺄 수 있다. 함정은 곧 해결로 가는 길목, 혹은 마찰 해결사의 개입 지점이라 할 수 있다. 당신은 바로 이곳에 노력을 집중해야 한다. 우리는 당신이 맞닥뜨린 고통이나 갈등을 해결하는 데 도움이 되는 전술과 도구, 방식, 절차를 제공할 것이다.

6장 '둔감한 리더'에서는 권력과 특권이 어떻게 높은 사람을 우둔하게 만드는지를, 그래서 그들이 옳은 일은 하기 어렵게, 잘못된 일은 하기 쉽게 만들면서 사람들을 미치게 하는지를 보여준다. 그리고 리더가 이러한 늪에 빠지지 않고 헤어 나올 방법을, 즉 권력 중독의 희생양이 되지 않는 방법을 자세히 설명한다. 좌절과 혐오에서 벗어나고, 권력을 쓸데없이 낭비하지 않으며, 비난과 악평을 피하는 방법도 알아볼 것이다.

7장 '더하기 병'에서는 복잡성을 줄이기보다는 더하는 방식으로 문제를 해결하는 인간의 성향이 조직 내에서 어떤 파급 효과를 불러오는지 설명한다. 무의미한 규칙, 관료주의, 비대한 행정 그리고 직원과 고객, 시민의 짜증나는 고통 등이 그 예다. 또 우리는 조직이 직원에게 퍼붓는 보상 제도가 이런 더하기 병을 어떻게 악화시키는지도 분석한다. 치료약은 뺄셈 사고방식의 습득과 실천이다. 우리는 마찰 해결사를 위해 뺄셈 도구 메뉴, 즉 필요한 절차와 게임, 뺄셈 전문가, 간단한 규칙, 제거 방법, 실천 요령 등을 제안한다.

8장 '끊어진 연결'에서는 해로운 갈등, 사악한 내부 경쟁, 조직을 약화하는 협력 부족의 원인과 그 해결책을 소개한다. 이 해결책에는 성공 사례 강연, 직무 이해 교육, 협업 체계 구축, 업무 인수인계 효율화 등이 포함된다.

9장 '독성 언어'에서는 조직 내에서 쏟아져 나오는 (대체로) 파괴적인 언어에 초점을 맞춘다. 우리의 일터와 정신을 어지럽게 하는 허튼소리와 의미 없는 말들, 집단 전용 특수용어, 뜻이 뒤죽박죽된 전문용어 등을 줄이거나 없앨 방안을 제시한다.

10장 '정신없이 밀어붙이기'에서는 리더가 거의 마찰을 일으키지 않을 때 발생하는 피해를 자세히 설명한다. 재정적 부채와 마찬가지로, 기술 부채(단기적 이익을 위해 완벽성을 포기하고 빠르게 기술 기능을 구현했을 때 발생하는 문제점-옮긴이)나 조직 부채

(조직 내에 누적된 문제점이나 미해결 과제-옮긴이)의 증가는 회사의 성장을 저해하고 때로는 회사 자체를 파괴한다. 여기서 우리는 앞을 보고 달려야 할 때와 속도를 늦추거나 멈춰야 할 때를 비교·분석한다. 이 장에서 우리가 제시하는 해결책으로는 제대로 된 출발을 위해 잠시 멈추기, 사람들의 생각을 자극하는 질문하기, 팀 재출발하기, 조직 생활에 리듬 주기, 제대로 마무리하기 등이 있다.

　마찰 해결사로서 우리 임무는 각 갈림길이 팀과 조직을 어디로 데려가는지를 파악하고, 그중 어떤 길이 제대로 된 순서로 일을 똑바로 해결하는 데 가장 도움이 되는지를 찾아내는 것이다. 우리는 지금 당장 (아니면 곧) 가장 큰 피해를 주면서 **동시에** (작게나마) 더 낫게 변화할 여지가 있는 함정부터 시작하기를 권한다. 사람들을 괴롭히는 함정이지만 무시할 수 있을 정도라면 당장은 내버려둬도 좋다. 그리고 혹시 시간과 에너지, 선의를 아무리 퍼부어도 넘어뜨릴 수 없는 풍차에 맞서고 싶은 인간적 유혹에 빠졌다면, 어서 빠져나오기를 바란다.

3부

다섯 가지 마찰 함정

THE FRICTION PROJECT

06

둔감한 리더

Oblivious Leaders

많은 미국인에게 새 차를 사는 일은 끔찍한 경험이다. 자동차 영업사원을 상대하는 일은 시간을 낭비할 뿐 아니라 불쾌할 때가 너무 많다. 새 차를 구입하는 소비자는 강압적인 영업사원, 지루한 기다림, 바가지, 기능·재고·가격·서비스와 관련된 거짓말에서 벗어날 길이 없다.

우리는 지난 몇 년 동안 제너럴 모터스General Motors, GM의 경영진과 이 난감한 문제를 해결하지 않는 이유에 관해 대화를 나눴다. 그들 역시 이 문제가 심각하다는 점을 인정했다. 그러면서도 회사 소속이 아닌 독립 영업사원을 탓하며, GM이 그들에게 행사할 수 있는 법적·재정적 권한이 제한적이라고 말했다. 하지만 이는 상황의 일부만을 설명한 주장이다. 이런 상황이 오랫동안 지속된 또 다른 이유는 포드Ford, 크라이슬러Chrysler, GM 등 전통적인 미국 자동차 제조업체의 리더들이 누려온 특권 때문이다. 적어도 50년도 더 전부터 자동차 회사의 리더들은 이 특권 덕분에 새 차를 구입할 때 실제 비용을 지불하지 않아도 되었다. 그들은 새 차나 중고차 가격을 협상해야 하는 불쾌한 경험조차 할 필요가 없었다. 게다가 GM의 경우, 기름값과 수리비까지 지원했다.

20년 전, GM의 미시간 본사에서 중간 관리자와 고위 간부들을 만났을 때 우리는 처음으로 이러한 특혜에 대한 이야기를 접했다. 그들은 반년에 한 번씩 자사의 신차를 제공받았다. (매달 관리비 250달러도 지원받았다.) '제품 평가 프로그램Product Evaluation Program, PEP' 명목으로 다양한 승용차와 SUV, 트럭 중 원하는 차량을 지원받았던 것이다. 고위 간부들은 캐딜락이나 코르벳 등 고급 차량을 선택할 수 있는 추가 특권도 누렸다. 새 차는 직장으로 배송되었고, '오래된' 자동차는 그 자리에서 바로 수거해 갔다.

PEP는 GM의 전前 전략가 롭 클라인바움Rob Kleinbaum을 비롯한 여러 전문가의 비판에도 수십 년 동안 유지되었다. 클라인바움은 PEP가 "즐거운 경험이었으며, 무료 휘발유와 10단계로 조절 가능한 열선 내장 시트가 장착된 쉐보레 서버번 SUV를 좋아했다"고 인정했다. 하지만 2009년, GM이 2008년에 300억 달러의 손실을 내고 500억 달러의 세금으로 구제받은 후에도 여전히 8000명의 사무직 직원에게 대폭 할인된 가격의 자사 차량과 무료 휘발유를 제공하고 있다고 지적했다. 그는 몇 년 전 GM이 막대한 흑자를 기록하던 시기에도 PEP가 GM의 악명 높은 폐쇄성을 강화하기 때문에 이를 중단해야 한다고 주장했다. 클라인바움은 PEP를 중단해야 "회사의 모든 구성원이 시장과 더 가까워지고 고객이 겪는 현실을 직접 체감할 수 있을 것"이라고 말했다.[1]

2022년 말 현재, PEP는 여전히 운영 중이다. 그리고 GM의 영업사원을 통해 새 차를 사는 일은 여전히 지옥 같은 경험이다(경쟁사도 마찬가지다). 최근 퇴직한 GM 임원과 접촉해 사실을 확인한 결과, 관리자와 임원들은 여전히 무료 차량뿐만 아니라 무료 주유와 수리 서비스까지 제공받고 있었다. 이 임원은 대부분의 대형 GM 건물에 무료 주유소와 현장 정비 시설이 갖춰져 있기 때문에 관리자와 임원들은 주유비를 아낄 수 있으며 일반 주유소나 대리점 서비스 부서를 방문하는 수고도 피할 수 있다고 덧붙였다.

이 전직 임원은 GM에서 근무하며 클라인바움과 마찬가지로 저렴하고 편리한 차량 제공 서비스와 무료 휘발유 혜택을 즐겼다고 털어놓았다. 하지만 그 역시 PEP가 오랜 동안 "회사에 끔찍한 피해를 입혔다"고 생각했다. 결정권자들에게 GM 자동차를 구매하고 유지할 때 겪는 스트레스는 덜어주었지만, 그 과정에서 배울 기회와 경쟁사의 (때로는 더 나은) 차량과 영업 경험을 접할 가능성을 빼앗아버렸기 때문이다.

GM은 자사 리더들에게 지나치게 매끄러운 환경을 제공했다. 그 결과, 리더들은 자사의 시스템과 고객 사이에 일어나는 나쁜 마찰과 자사 제품이 지닌 단점을 제대로 파악하지 못하게 되었다.

권력 중독의 징후
| 1 |

만약 당신이 동료나 고객보다 더 높은 권한을 가졌다면, 그들의 마찰 문제를 전혀 알지 못한 채 오히려 그들의 고통을 가중시킬 수도 있다. 그러니 권력 중독의 세 가지 징후를 주의해야 한다.

첫 번째 징후는 다른 사람들이 겪는 불편함, 굴욕감, 장애물에서 벗어나게 해주는 특권을 갖는 것이다. 심리학자이자 전前 NBA 선수 존 아메이치John Amaechi의 설명대로, 특권은 다른 사람들에게는 당연한 어려움과 곤경이 따르는 상황에서 불편을 겪지 않게 한다.[2] 특권이 있는 사람들은 종종 자신이 특권을 누리고 있다는 사실을 깨닫지 못하며 특권이 없는 사람들의 어려움과 불편을 알지 못한다.

그 대표적인 사례가 GM의 제품 평가 프로그램PEP이다. GM은 수십 년간 해외 자동차 업체와의 경쟁에서 고전해왔다. 최근 몇 년 동안에는 (회사 소유의 전시실만 있고, 고객은 온라인으로 자동차를 구매해야 하며) 오프라인 대리점도 없는 신생 전기차 회사 테슬라Tesla와의 경쟁에서도 고전을 면치 못하고 있다. 그런데도 수십 년 동안 GM의 고위층은 PEP을 누리며 차량 구매와 소유 과정에서 발생하는 불편함을 경험할 기회를 외면했다.

비슷한 사례로, 인터넷 및 케이블 TV 회사 컴캐스트Comcast는 일반 고객이라면 피할 수 없는 복잡한 전화 연결, 긴 통화 대기 시간, 가상 및 실제 상담원과의 쓸데없는 문자 채팅에서 일부 특권층을 보호해왔다. 2021년 초, 서튼은 일주일 동안 다섯 차례나 컴캐스트 고객센터에 전화를 걸어야 했다. 컴캐스트가 그의 서비스를 중단한 후에도 복구하지 않은 채 청구서를 계속 발송했기 때문이다. 이러한 괴로움을 털어놓은 서튼의 트윗이 컴패스트의 임원과 이사진의 눈에 띄면서, 서튼은 특혜의 존재를 직접 경험하게 되었다. 서튼은 (부사장 겸 최고고객경험책임자) 톰 카린샤크Tom Karinshak의 사무실에서 근무하는 리치Rich로부터 사과 이메일을 받았다.[3] 이어서 댄Dan이 전화를 걸어와 일종의 VIP 전용 고객센터 전화번호와 이메일 주소를 알려주었다.

서튼이 해당 번호로 전화를 걸자 두 번의 신호음 후 킴벌리Kimberly가 받았다. 그는 친절하고 신속하게 훌륭한 서비스를 제공했다. 킴벌리는 자신이 애리조나에 있는 소규모 개인서비스 담당 팀 소속이며, 이곳은 일반 고객이 겪는 불편에서 VIP를 (그리고, 보아하니, 회사가 달래고 싶은 불평꾼들을) 구해주고자 설치된 (듯한) 팀이라고 설명했다.

그 특별한 서비스는 분명 만족스러웠다. 하지만 컴캐스트가 일반 고객에게는 당연한 불편에서 자사의 리더들을 보호하기 위해 이러한 서비스를 운용하는 것은 잘못된 결정이다. 서비스가 형편없다는 악평에서 벗어나려 애쓰고 있던 당시 회사의 상황을 고려하면 더욱 그렇다. 2014년, 컴캐스트는 경쟁 케이블 회사보다 낮은 실적을 기록하며 미국 소비자 만족도 지수American Consumer Satistaction Index에서 최하위를 차지했다.[4] 형편없는 서비스로 언론의 뭇매도 맞았다. 존 브로드킨John Brodkin이 웹진 〈아스테크니카Ars Technica〉에 게재한 2022년 인터넷 서비스 제공업체 관련 '공포 이야기'의 주인공 역시 컴캐스트였으며,[5] 이 컴캐스트 사태(특정 지역에 인터넷 서비스를 제공한다고 광고한 후 실제로는 서비스가 불가능해 고객에게 설치비를 요구한 사례-옮긴이)를 비난하는 기사가 줄을 이었다.

우리는 톰 카린샤크가 VIP 전용 고객센터를 없애야 한다고 생각한다. 경영진이 일반 고객이 겪는 고통을 직접 경험해야만 자사 시스템의 문제를 정확하게 파악하고 그것을 고치고자 하는 동기를 갖게 될 것이기 때문이다.

조직 내 위계질서의 최상위층에 있는 리더는 중간 및 하위 계층 직원들이 겪는 수많은 불편에서 자유롭다. 대기업 CEO들은 개인 리무진을 제공받고 회사 전용기를 사적으로 이용하는 등 혜택을 누린다. 반면, 하위 직원들은 출장 시 직접 자동차를 운전하거나 가장 싼 항공권을 이용해야 한다. 베어스턴스Bear Stearns의 CEO 지미 케인Jimmy Cayne 6과 리먼브라더스Lehman Brothers의 CEO 리처드 펄드Richard Fuld 7는 2008년 금융위기로 회사가 파산할 때까지, 맨해튼 고층빌딩에 있는 직장에서 전용 승강기를 이용했다. 리더들은 이렇게 군중과 마주치지 않도록 보호받는다.

우리는 오랜 기간 여러 고위 경영진을 만나면서, 그들이 특권을 휘둘러 직원들에게 사소한 불편을 강요하고, 그 결과 자신들은 한없는 편안함을 얻는 모습을 보고 충격을 받았다. 예를 들어, 한 최고기술책임자CTO는 회사 식당에서 줄을 설 필요가 없었다. 비서가 점심을 가져다주었기 때문이다. 한 최고운영책임자COO는 언제든지 사용할 수 있도록 대부분의 시간을 비워두는 전용 회의실이 있었다. 반면, 그 회사의 기술자와 마케팅 담당자들은 종종 회의실이 부족해 며칠을 기다리거나 아침 일찍 또는 오후 늦게 회의를 잡아야 했다. 또, 한 CEO는 사무실이나 자택을 방문하는 '개인 전담' 의사를 두어 번거롭게 병원에 갈 필요조차 없었다.

물론 시간은 고위 경영진에게 귀중한 자산이다. 아마도 일반 직원들에게보다 더욱더 중요할 수 있다. 리더의 행동과 결정이 미치는 영향이 훨씬 크기 때문이다. 하지만 존 아메이치가 지적했듯이, 이러한 특권의 문제는 리더가 (평범한 사람이 겪는 불편을 인식하지 못한 채 결정한) 자신의 행동과 조직 설계로 수많은 직원과 고객이 치르게 되는 정서적·재정적 비용을 잘 모르거나 과소평가할 위험에 빠진다는 점이다.

권력 중독의 두 번째 징후는 자신이 권력자이며 조직의 내부자이기 때문에 조직에 관한 모든 중요한 정보를 당연히 알고 있다는 믿음이다. 학자들은 이를 '중심적 위치의 오류 the fallacy of centrality'라 부른다.[8] 이는 론 웨스트럼 Ron Westrum이 1950~60년대에 소아과 의사들이 아동 학대를 제대로 판별하지 못한 이유를 연구하는 과정에서 밝혀낸 개념이다. 당시 의사들은 제한된 자기 인식, 부모의 거짓말을 간파하지 못한 실수, 겁에 질린 아동의 침묵으로 인해, "부모가 자녀를 학대하고 있다면 내가 알았을 것이다. 내가 모르니 그런 일은 없었다"라며 잘못된 결론을 내렸다.[9]

권위 있는 리더들도 동료 및 고객과 교류하고 내부 보고서를 읽으며 숫자와 데이터를 검토하는 하루를 보내면서 이렇게 결론 내리곤 한다. "이곳은 내 조직이며 나는 세부 정보를 파악하며 하루하루를 보낸다. 그러므로 나는 여기서 일어나는 중요한 일을 다 알고 있다." 하지만 실제로는 조직에서 무엇이 더 어려워야 하고, 무엇이 더 쉬워야 하는지를 제대로 알지 못하거나 잘못된 결론에 도달하기 쉽다. 그러면서도 여전히 그 믿음을 고수한다.

이런 리더들은 뛰어난 성과를 내는 유일한 비결은 동료보다 더 열심히 일하는 것이며, 자신이 윗사람이고 모든 중요한 정보가 자신에게 들어오기 때문에 게으른 직원과 성실한 인재를 가려낼 수 있다고 확신한다. 하지만 한 유명 컨설팅 회사에서, 리더들은 장시간 근무가 (그리고 가족보다 일을 중요하게 여기는 태도가) 성공으로 가는 지름길이라고 **확신했고**, 누가 소처럼 열심히 일하고 누가 그렇지 않은지를 **안다고 생각했지만**, 이 두 가지 믿음 모두 사실이 아님이 드러났다. 맥마스터대학의 에린 리드Erin Reid가 이 회사의 직원과 100회 이상 인터뷰를 실시한 결과, 근무 시간을 줄였다고 대답한 컨설턴트, 특히 근무 시간 단축을 요청한 여성 컨설턴트가 리더들에게 불이익을 받았다는 사실이 드러났다.[10] 그런데 이 회사의 리더들은 실제로 장시간 일하는 컨설턴트와 (대부분이 남성인) 그렇다고 말만 하는 컨설턴트를 구별하지 못했다. 리더들은 이상적인 직원이라면 일주일에 60~80시간을 근무해야 한다고 생각했다. 하지만 정작 그들은 '놀고 있으면서도 겉으로는 회사가 사랑하는 일벌레'처럼 구는 직원을 구별하지 못했다. 주 40시간도 채 일하지 않는 한 컨설턴트를 가장 열심히 일하는 핵심 인재 중 하나로 평가했다. 리드와의 인터뷰에서 그 컨설턴트는 이렇게 말했다. "업무 통화는 밤낮으로 했죠. 하지만 실제로는 아들 곁에 있었습니다. 또 닷새 연속으로 스키도 탔습니다."

권력 중독의 세 번째 징후는 이기심이다. 자만심이 강한 사람은 자신이 다른 사람들에게 끼치는 피해를 신경 쓰지 않으며 특권이 없는 사람들의 어려운 처지에도 무관심하다. 캘리포니아대학교 버클리캠퍼스의 대커 켈트너Dacher Keltner는 저서 《선한 권력의 탄생》에서 기부, 조롱, 대화량, 협상 전략, 심지어는 과자를 나눠 먹는 일까지 다양한 주제를 다룬 수많은 연구를 통해 자신이 타인을 지배하거나 타인보다 더 힘과 권위가 있다고 느끼는 사람은 (1) 자신의 욕구 충족에 더 집중하고, (2) 타인의 욕구와 행동에 덜 집중하며, (3) 자신이 규칙에서 자유로운 듯 행동한다는 것을 알 수 있다고 말한다.[11]

이와 관련해 켈트너의 연구팀은 무례한 운전자에 관한 연구를 진행했다. 연구 보조원들은 버클리캠퍼스의 번잡한 교차로에 (눈에 띄지 않게) 서서 다가오는 차량을 5점 척도로 평가했다(예를 들어, 낡은 닷지 콜트Dodge Colt는 1점, 신형 벤츠는 5점으로 분류했다). 분석 결과, 저렴한 차를 타는 운전자의 8퍼센트만이 차례를 무시하고 다른 운전자를 추월한 반면, 고급 자동차 운전자는 30퍼센트가 이런 행동을 했다. 이어 연구원들은 복잡한 횡단보도에서 운전자가 보행자를 기다려주는지 아니면 법을 어기고 그대로 지나치는지를 관찰했다. 낡은 닷지 콜트 같은 자동차 운전자들은 단 한 명도 보행자를 무시하지 않았다. 하지만 벤츠 등 고급 자동차 운전자의 46퍼센트는 보행자를 무시하고 지나쳤다. 라스베이거스의 운전자 행동에 관한 비슷한 연구에 따르면, 소유한 자동차 가격이 1000달러씩 높아질 때마다 횡단보도에서 (우선권을 지닌) 보행자를 위해 멈출 가능성은 3퍼센트씩 줄어들었다.

요약하자면, 영향력이 있거나 그렇다고 생각하는 사람은 자신이 자기보다 낮은 위치에 있는 사람들에게 안기는 '불편함', 자신의 조직이 고객과 거래처에 떠넘기는 '불편함'을 알아차리지 못할 가능성이 크다. 조직의 모든 중요한 정보를 전부 알고 있다고 착각하기도 쉽다. 무엇이 쉬운지, 어려운지 그리고 무엇이 그래야 하는지조차 모르면서 말이다. 또한 이들은 규칙은 아랫사람들이나 지키는 것이지 자신에게는 적용되지 않는다며 자기중심적으로 행동할 가능성도 높다.

나쁜 소식은 이 세 가지 독성으로 인해 리더들이 조직에 만연한 마찰 문제의 원인과 해결책을 신경 쓰지 않게 된다는 것이다. 특히, 무심코 자신들이 그런 문제를 부추기고 있다는 사실조차 깨닫지 못한다. 좋은 소식은 권력 중독 징후를 알아차리고 피하며 극복할 수 있는 효과적인 대책이 존재한다는 점이다. 이 장에서는 리더의 둔감함이 불러오는 여섯 가지 결과를 자세히 들여다보고, 리더들이 스스로를 바로잡아 조직을 개선할 수 있는 방법을 소개한다.

둔감함의 결과

1. 확대 해석

리더는 종종 부하직원들이 변화를 거부한다고 불평한다. 한 CEO는 회사에서 혁신이 제대로 이루어지지 않는 게 '심술쟁이' 중간 관리자들 때문이라고 주장했다. 하지만 조직 이론가 제임스 마치James March의 관찰에 따르면, 문제는 오히려 그 반대일 때가 많다. 즉, 직원들이 리더의 '의도보다 더 강력히' 리더의 지시를 따르거나 상사가 생각지도 않은 (그리고 아마 바라지도 않은) 행동을 하면 상사가 기뻐할 것이라고 잘못 추측하는 경우가 잦았다.[12] 이러한 현상은 결과적으로 불필요한 마찰을 불러온다. 직원들의 돈과 시간이 쓸데없이 낭비될 뿐만 아니라 상사가 애초에 원하지도 않은 장애물을 고객과 거래처에 떠넘기기 때문이다.

한 임원은 아침 회의에서 CEO의 '블루베리 머핀이 없다'는 말 한마디가 어떻게 침소봉대되었는지를 우리에게 들려주었다. 그 CEO는 딱히 머핀을 좋아해서가 아니라 그냥 잡담 삼아 그렇게 말했다. 하지만 직원들은 CEO의 음식 취향을 지레짐작해, 이후 어디를 가든 그곳 책임자에게 지시를 내렸다. 이 CEO가 자신이 가는 곳마다 블루베리 머핀이 한 무더기씩 놓인 이유를 알게 된 건 몇 년이 지난 뒤였다.

모든 영장류 집단에서 낮은 계급의 개체들은 높은 계급의 개체들에게 더 많은 관심을 기울인다. 인간도 개코원숭이나 침팬지와 마찬가지다. 이 동물들은 무리 내 우두머리 수컷의 행동을 20~30초마다 확인한다.[13] 이렇듯 관심이 한쪽으로만 쏠리는 건 지배자가 내리는 보상과 처벌 때문이다. 그래서 인간 상사는 부하직원들이 자신의 모든 말과 행동에 얼마나 집중하는지, 직원들이 우두머리인 그를 기쁘게 하려고 얼마나 애쓰는지 제대로 알아차리지 못한다. 인류학자 데이비드 그레이버David Graeber는 "무력한 사람들은 사회 유지에 필요한 실질적 육체노동physical labor의 대부분을 수행할 뿐만 아니라 해석 노동interpretative labor의 대부분도 수행한다"고 말한다.[14]

몇 년 전 우리는 편의점 세븐일레븐을 연구하면서 경영진의 말이 황당하게 확대 해석된 사례를 목격했다.[15]

세븐일레븐은 미국 내 7000개 매장에서 고객 응대 서비스 개선을 목표로 수백만 달러 규모의 캠페인을 벌였다. 점원들이 고객에게 인사와 미소, 눈 맞춤, 감사의 말을 건네도록 하는 것이 핵심 목표였다. '미스터리 쇼퍼'들이 점원의 행동을 관찰해 평가했다. 평가 항목에는 관리자 및 직원 교육, 성과 지표, 피드백 시스템이 포함되었다. 친절한 직원을 '포착'해 25달러의 보너스를 지급하는 것부터 상금 100만 달러가 걸린 '감사 콘테스트Thanks a Million contest'에 이르기까지 다양한 보상도 마련됐다. 이 캠페인은 텍사스주 플라노의 운 좋은 매장 관리자 데브라 윌슨Debra Wilson이 TV쇼 〈거래를 합시다Let's Make a Deal〉로 유명한 사회자 몬티 홀Monty Hall의 진행 아래 100만 달러를 획득하며 막을 내렸다.

이 캠페인은 회사의 CEO가 세븐일레븐 매장에서 무례한 점원을 만났다고 불평한 데서 시작되었다. 직원들은 CEO가 매장 직원의 태도를 개선하기를 바란다고 지레짐작했고, 사장이 이 값비싼 캠페인에 만족할 것이라고 기대했다.

사실, CEO는 자신이 불평한 사실도 잊고 있었다. 몇 년 후, 이 캠페인의 배경을 알게 되자 그는 크게 당황했다. 그는 이 캠페인을 어마어마한 돈 낭비라고 생각했고, 즉시 중단하라고 지시했다. 회사의 자체 조사 결과도 그의 결정을 뒷받침했다. 대부분의 고객은 점원의 미소보다 신속한 구매 절차를 원했다. 매장 직원의 태도는 고객 만족도와 충성도, 구매량에 별다른 영향을 미치지 않았다.

경영진의 말은 사소한 부분에서도 지나치게 확대 해석될 때가 많다. 이를테면, 상사가 밤이나 주말에 이메일을 보내는 경우다. 로라 기어지Laura Giurge와 바네사 본스Vanessa Bohns가 '이메일의 긴급성 편향'에 관해 진행한 8개의 실험에 따르면, 근무 시간 외 이메일을 받은 직원은 발신인이 빠른 답변을 기다린다고 **확대 해석**하는 경향이 있다.[16] 스트레스와 번아웃을 불러오는 이런 문화는 널리 퍼져 있다. 미국의 회사원 50퍼센트 이상이 근무 시간 외에 업무 이메일을 보내거나 답장을 한다. 그리고 이메일을 받은 직원의 76퍼센트가 대체적으로 1시간 이내에 답장을 보낸다. 압박감은 윗사람으로부터 이메일이 올 때 특히 두드러진다. 우리가 만난 수십 명의 회사원들은 상사의 이메일은 특히 신경 쓰이며 바로 답장해야 한다는 압박감을 느낀다고 답했다. 권력, 지위, 온라인 행동에 관한 연구들도 이런 경향을 뒷받침한다. 하지만 좋은 소식도 있다. 긴급성 편향을 인식하고 있는 상사는 이를 완화할 수 있다는 것이다. 기어지와 본스는 발신자가 이메일에 "긴급한 문제가 아니니, 시간 날 때 처리해주십시오"라고 덧붙이기만 해도 수신자는 더 천천히 답장을 보내고 스트레스도 덜 받는다는 사실을 찾아냈다.

현명한 리더는 부하들이 자신의 의도보다 더 강하게 자신의 말에 반응한다는 점을 늘 염두에 둔다. 또한 자신은 이런 확대

해석을 눈치채지 못할 수도 있다는 점도 잊지 않는다. 그래서 그들은 무심코 어떤 말을 하거나 미완성된 아이디어를 편지로 쓰거나 화를 냈을 때면, 잠시 멈추고 이렇게 덧붙인다. "**신경 쓰지 마세요. 아무 뜻도 없는 혼잣말입니다.**"

2. 누적되는 피해

권력에 중독된 리더는 자신이 직원과 고객에게 가하는 사소한 (그리고 불필요한) 부담이 얼마나 복잡한 영향을 미치는지 제대로 알지 못할 수 있다. 특히, 마찰 원뿔 안에 사람이 많을수록, 그들이 오래 머물수록 리더가 미치는 영향은 더욱 커지기 때문에, 그 결과를 짐작하기가 더 어려워진다. 리더는 종종 원뿔 안의 사람들에게 자신이 주는 부담과 짜증, 소외감이 조직과 조직의 평판에 끼치는 피해를 눈치채지 못하거나 소홀히 한다. 혹은 아예 무시한다. 그리고 이런 피해는 누적되어 눈덩이처럼 불어난다.

이 책의 서두에서 우리는 스탠퍼드대 부총장이 보낸 당황스러운 이메일을 언급했다. 그는 (우리를 포함해!) 2000명이 넘는 교수에게 1266단어 분량의 이메일과 7266단어 분량의 첨부파일을 보냈다. 만약 부총장이, 혹은 그의 직속 팀원이 자신들을 우리의 시간을 관리하는 시간 관리자라고 생각했다면, 이메일에서 최소 500단어, 첨부파일에서는 수천 단어를 줄였을 것이다. 이 일화는 지금도 많은 일터에서 벌어지는 문제의 축소판이다. 권력과 특권은 리더의 눈을 가려 자신의 작은 행동이 쌓여 큰 영향을 미친다는 사실을 보지 못하게 한다. 게다가 리더는 자신이 다른 사람들에게 가하는 부담이 명백하게 증명되었을 때에도 오히려 피해자를 비난하는 경향이 있다. 더 많은 리더가 처칠이 '간결성' 메모에서 강조했으며 애슈턴 박사가 하와이퍼시픽병원의 '쓸데없는 잡일 없애기' 프로그램에서 실천했던 원칙, 즉 시간 관리자의 사고방식에 따라 행동한다면, 직원, 고객, 지역사회 구성원들은 더 많은 성과를 내고 좌절감과 소외감을 덜 느끼며 리더를 더 존경할 것이다.

영국의 소프트웨어 회사 디스트리뷰티드Distributed는 회의 시간을 15분으로 줄여 이런 효과를 얻었다. 공동 설립자 캘럼 앤더슨Callum Anderson은 이렇게 설명했다. "8명이 1시간 동안 회의를 하면 한 사람의 하루 근무 시간이 사라집니다. 이로 인한 상당한 인적 비용 손실을 고려할 때, 짧고 압축된 회의는 현명한 선택이라고 할 수 있습니다."[17]

3. 결정 기억상실증

과거에 우리는 경영팀이 어렵게 내린 결정을 반복해서 검토하고 뒤집는 CEO가 있는 (포춘Fortune 100대) 기업과 일한 적이 있다. 팀원들은 충분한 연구와 토론을 거쳐 최종 결론에 이르렀다고 믿었지만, CEO는 같은 과정을 계속 되풀이했다. 이를테면, 경영팀은 충분한 회의를 거쳐 판매 제품에 자사 이름을 넣기로 결정했다. 팀원 대부분이 이전 회의에서 같은 결정을 내렸다는 사실을 기억하고 있었다. 그럼에도 CEO는 마치 이전 회의에서 아무런 결론도 나지 않은 듯, 여러 차례 회의를 다시 열었다. 그는 새롭게 회의를 열 때마다 더 많은 자료와 의견, 토론을 요구했고, 매번 이전과 같은 결론을 올바른 선택이라고 결정했다.

이러한 상황은 사람들을 반복해서 같은 경로로 걷게 하며 시간을 낭비하게 한다. 또, 직원들은 점점 리더의 결정이 진심이 아닐 거라고 생각하게 된다. 직원들은 다른 계획을 세우는 일이 예상보다 오래 걸린다고 주장하며 일을 시작하지 않고 미적거리거나 하는 척만 한다. 어차피 상사가 결정을 뒤집거나 프로젝트를 취소할 것이라고 생각하기 때문이다. 이 대기업의 기술 및 제조 책임자들은 CEO가 기존 결정을 유지할 것이라고 믿지 않았다. 그래서 그들은 출시 과정을 일부러 늦췄고, 이 회사의 제품 대부분은 회사 이름과 로고가 찍히는 과정에만 최소 5년이 걸렸다.

리더가 끊임없이 최종 결정을 뒤집는 이유 중 하나는 자신과 팀, 조직에 대한 자신감이 부족해서다. 이런 리더는 모든 사람이 만족하는 결정은 없다는 사실과 예상치 못한 불미스러운 일이 몇 가지 일어날 수 있다는 사실을 받아들이기보다는, 조금만 불안해도 결정을 재고한다. 앞서 언급한 포춘 100대 기업의 CEO는 약간의 나쁜 소식에 예민한 반응을 보이고, '마지막으로 대화한 사람'에 따라 입장을 수시로 바꾸는 것으로 악명이 높았다. 변화와 노력의 과정 동안 한결같은 메시지를 유지하는 것이 성공으로 가는 길인데도 말이다.

결정 기억상실증의 또 다른 이유는 회사가 행동보다는 '공허한 말'에 상을 줘서다. 회사의 최고위 직책은 3장에서 다룬 10만 호 공급 캠페인을 괴롭혔던 속 빈 부활절 토끼 같은 리더들로 가득 차 있다. 어쨌든 그럴듯하게 들리는 결정을 내리는 편이 회사 전체에서 그 결정을 실행하는 데 필요한 작업을 수행하는 것보다 훨씬 쉽다. 이론상 훌륭해 보이는 결정이 실제 형편없는 것으로 밝혀지더라도, 경영진은 비판으로부터 보호받는다.

조직이 결정 기억상실증과 허울 좋은 말로 고통받고 있다면, 장기적인 해결책은 허풍쟁이보다 일꾼을 채용하고 그에게 보상과 승진을 선사하는 것이다. 속 빈 토끼를 쫓아내고 닭장의 우두머리를 칭송한 10만 호 캠페인 팀처럼 말이다. 물론 체계적인 변화를 실천하는 게 말처럼 쉽지는 않다. 특히 규모가 크고 오래된 조직에서는 더욱 그렇다. 하지만 마찰 해결사라면 공허한 말에 휩쓸리지 않고 자신의 현재 능력과 위치에서 실질적인 변화를 시도할 수 있다. 첫 번째 비결은 **결정만으로는 아무 것도 바뀌지 않는다는 점을 명심하는 것**이다. 결정은 사람들이 동의하고, 그 결정을 실행할 충분한 의지와 기술, 자원을 지닌 사람들에게 전달되고 받아들여질 때만 영향을 미친다. 다시 말해, 결정을 내리는 행동은 일의 시작이지 끝이 아니라는 점을 기억하고 사람들이 결정한 대로 행동하도록 해야 한다.

두 번째 비결은 **회의를 끝내기 전에 결정이 내려졌는지, 어떤 결정인지, 누가 실행할 것인지를 모든 참석자가 명확히 알고 동의하는지 확인한 후, 이를 공식적인 기록으로 남기는 것**이다. 많은 리더가 이 뻔한 충고를 따르지 않아 결정 사항, 찬반 의견, 실행 방식에 대한 오해를 불러일으킨다.

이제 이 기본적인 원칙을 아는 사람이 어떻게 행동하는지 보자. 1998년부터 2012년까지 넷플릭스 최고인재책임자였던 패티 맥코드는 인터뷰에서 "내가 넷플릭스에서 했던 가장 중요한 일은 경영진 회의를 마칠 때마다 '오늘 회의의 결론이 무엇인가요? 구체적인 결정이 있었다면 그것을 조직 내에 어떻게 전달할 건가요?' 하고 묻는 일이었다"고 말했다. 맥코드는 회의마다 임원들이 결정을 각자 다르게 기억하고 있다는 점을 발견했다. 맥코드가 회의를 마무리하며 질문하고 메모하는 과정을 생략했다면 사람들의 기억이 다 달라서 일이 원활하게 진행되지 않았을 것이다.

누군가가 "이 일에 5000만 달러를 쓰기로 결정했습니다"라고 말하면, 나는 "아닙니다. 우리가 결정한 것은 그 일에 5000만 달러를 쓸지 말지 고려해보는 것입니다"라고 바로잡습니다. 그러면 사람들이 "하지만 우리가 그들에게 말하지 않으면 정직하지 않은 것입니다"라고 대답하지요. 그럼 저는 "우리가 아직 결정하지 않았다고 말하면 됩니다. 거짓말이 아니지요. 그들이 왜 결정하지 않았냐고 물어보면, 결정을 내리기 전에 좀 더 알아볼 것이 있다고 대답하세요"라고 말합니다.[18]

우리는 이를 맥코드의 마무리 질문이라고 부른다. 이 질문 덕분에 그들은 혼란을 방지하고, 노력이 불필요하게 낭비되는 것을 막으며, 나중에 발생할 수 있는 당황스러운 상황을 예방할 수 있었다.

4. 쿠키 핥기

'쿠키 핥기'라는 용어는 친구나 가족이 쿠키를 먹지 못하도록 모든 쿠키를 핥아두는 약삭빠른 아이들 행동에서 비롯됐다. 영미권 사전 사이트 '어번 딕셔너리Urban Dictionary'에는 "실제로 행동하기 훨씬 전에 무언가를 '찜'했다고 말하는 행위"로 정의돼 있다.[19] 쿠키 핥기를 하는 사람들은 다른 사람들로부터 자원, 프로젝트, 결정을 가로챈다. 심지어 그 분야에 대한 전문

지식과 관심이 부족할 때도 그렇다. 마이크로소프트의 과거 기술지원 임원 스티븐 시노프스키Steven Sinofsky의 설명에 따르면, 전형적인 '마이크로소프트사의 언어Microspeak'는 스티브 발머Steve Balmer가 CEO로 일하던 시절 마이크로소프트가 제자리걸음을 한 이유 중 하나였다. "어떤 팀이 (회의에서 몇 장의 슬라이드를 보여주면서) 자신들이 먼저 생각해냈으니 그 분야를 선점했다고 주장하며 그 분야의 혁신을 주도하겠다고 나서는 식이었습니다." 그런 상황은 다른 사람들이 그 일을 할 수 없도록 막았다. 쿠키를 핥은 사람들이 정작 그 일을 하지 않을 때도 말이다. 시노프스키에 따르면 "기본적으로 각 팀은 기능 개발에 필요한 일정, 자원, 디자인, 구체적인 계획 등을 고려하지 않고 단순히 선언이나 지시만으로 그 분야를 독점하려 했다."[20]

쿠키 핥기는 조직 생활에서 흔히 볼 수 있는 행위이다. 사용하지도 않을 회의실을 예약하거나 먹지도 않을 거면서 케이크를 한 조각 잘라가는 행동처럼 말이다. 이렇게 다른 사람들의 접근을 차단하는 행위는 리더가 다른 일로 너무 바쁘거나 그 일을 우선순위에서 아래에 두면서도 자기가 하겠다고 고집을 부릴 때 더 큰 피해를 초래한다. 리더의 방관으로 업무는 지연되고 사람들은 미쳐가기 때문이다. 그러므로 **자신만이** 어떤 일을 제대로 할 수 있다고 착각해 그 일을 독차지한 뒤 정작 실행하지 않는 상황에 빠지지 않도록 주의해야 한다.

예를 들자면, 우리가 인터뷰한 한 여성 CEO는 모든 지원자를 직접 면접했다. 직원이 25명일 때는 합리적인 행동이었다. 하지만 직원이 500명이 넘었을 때는 그렇지 않았다. 그런데도 그는 여전히 채용 결정을 내리기 전 모든 지원자를 직접 면담해야 한다고 주장했다. 그의 빡빡한 일정에 면접을 끼워 넣는 일은 비서와 인사팀 직원들에게 엄청난 부담이 되었다. 게다가 주요 후보자들은 이 쿠키 핥는 사람과 면접 일정을 잡기도 전에 다른 일자리로 떠나버렸다. 결국 이 CEO는 1년이 지나서야 자신이 너무 바빠 모든 지원자와의 인터뷰가 불가능하다는 사실을 인정했다. 그러나 자신의 쿠키 핥기가 병목 현상을 불러왔다는 사실은 여전히 깨닫지 못했다.

5. 형식적 수용

리더 대부분은 이해관계자의 의견을 구해야 한다고 믿는다. 혹은 최소한 그렇게 말한다. 그 사람들의 의견이 올바른 결정과 실행을 위한 동기부여에 도움이 되기 때문이다. 그런데 일부 리더는 직원, 고객, 시민이 제안하는 아이디어를 무시하면서도 겉으로는 존중하는 척한다. 이런 형식적 수용은 사람들의 시간을 낭비하고 의욕을 떨어뜨린다. 리더가 조직을 더 나은 곳으로 만들 수 있는 방법을 모르거나 사람들의 감정을 신경쓰지 않는다는 메시지를 전달하기 때문이다.

어떤 리더들은 사람들의 맹목적 찬성을 끌어내려는 속셈으로 형식적 수용을 이용한다. 또 현장의 전통과 절차를 존중하기 위해 이러한 요식 행위가 필요하다고 생각하는 리더도 있다. 일부 리더는 의견이 고려되지 않는다는 사실을 알더라도 발언 기회가 주어지는 것만으로 리더와 직장에 대한 만족도가 높아질 것이라 믿는다. 하지만 조직 정의에 관한 연구에 따르면, 형식적 수용의 특징인 속임수와 무시는 직원과 이해관계자들에게 소외감과 분노를 불러일으킬 뿐이다. 다음은 형식적 수용이 낳은 부작용 사례다.

몇 년 전, 스탠퍼드대학의 동료 교수인 스티브 발리Steve Barley는 자신의 학과가 입주할 새 건물의 설계 과정에서 교수, 학생, 직원의 의견을 듣기 위해 구성된 관리자 위원회에 참여했다. 하지만 몇 달 후, 그는 좌절감에 빠져 위원회를 그만두었다. 관리자와 건축가가 대부분의 사무실을 개방형으로 설계하기로 이미 결정했기 때문이었다. 폐쇄형으로 설계됐다는 사무실조차 최소한의 시선 차단과 방음만 되는 수준이었다. 사용자들이 디자인 컨설턴트와의 인터뷰에서 강한 집중력이 요구되는 직업 특성상 사생활 보호를 최우선순위로 꼽았는데도 말이다. 발리는 개방형 사무실이 생산성, 만족도, 사회적 상호작용을 저해하고 전염병 확산을 촉진한다는 연구 결과를 제시하며 건축가의 결정을 바꾸려 애썼다. 그는 이렇게 말했다. "완전히 이

용당한 기분입니다. 그동안 내 말이나 주장은 전혀 고려되지 않았습니다. 초기에 컨설팅 회사가 조사해간 우리 요구가 하나도 반영되지 않았습니다." 위원회가 구성되기 전 이미 건물과 사무실 디자인이 대부분 결정되어 있었던 것이다.[21]

몇 년이 지났음에도 발리는 여전히 보답받지 못한 자신의 노력과 사람들의 집중력을 방해하는 개방형 사무실에 화를 냈다. 결국 그는 스탠퍼드를 떠나 다른 대학으로 자리를 옮겼다. 이 사건이 주된 이유는 아니었지만, 결정에 영향을 미쳤다고 우리에게 털어놓았다.

발리의 이야기가 주는 교훈은 이런 속임수를 써도 문제없으리라고 생각하는 리더는 바보들의 나라에나 살아야 한다는 것이다. 사람들은 그들의 헛소리를 꿰뚫어본다. 신뢰를 잃은 리더는 더욱 힘들게 일해야 할 것이다.

6. 선의의 배신

리더들은 형식적 수용 같은 부정직한 행동과는 대조적으로, 마찰 문제를 해결하려는 진지한 노력도 역효과를 불러올 수 있다는 사실을 잘 알지 못할 때가 많다. 달라이 라마는 이렇게 말했다. "도울 수 있다면 기꺼이 도와라. 도울 수 없다면 적어도 상황을 더 나쁘게 만들지는 마라." 하지만 안타깝게도 전문 지식과 권력을 가진 눈치 없는 사람들의 선의가 오히려 지옥으로 가는 문을 열 때가 있다. 의학 분야에서 의료 행위가 불러오는 피해를 뜻하는 '의원병醫原病'처럼 말이다. 가장 유명한 사례로는 조지 워싱턴의 죽음이 있다. 선한 의도를 가진 의사들 때문에 그의 사망이 앞당겨졌을 가능성이 크다. 어쩌면 그 의사들이 사망의 원인일 수 있다. 1799년, 의사들은 당시 최선의 치료법이라며 세균 감염을 치료하기 위해 워싱턴의 몸에서 약 2.4리터 이상의 피를 뽑아냈다.[22]

'걸어 다니며 관리하기management by walking around, MBWA', 소위 현장 경영에 관한 연구에 따르면, 이 경영 방식은 200년 전의 피뽑기 치료법처럼 득보다 실이 더 많다. MBWA는 얼핏 훌륭한 아이디어처럼 들린다. 리더가 일터를 방문해 직원들이 맞닥뜨린 어려움을 듣고 상황을 개선하려고 노력한다니 말이다. 1982년에 출간된 베스트셀러 경영서 《초우량 기업의 조건》의 공동 저자이자 경영의 대가 톰 피터스Tom Peters는 지금도 이 경영 방식을 장려한다. 2019년 우리에게 보낸 이메일에서, HP의 전직 임원 존 도일John Doyle은 1963년에 HP의 두 창업자 빌 휴렛Bill Hewlett과 데이브 팩커드Dave Packard가 영국의 생산 시설을 돌며 현장 직원들과 대화하는 모습을 보고 MBWA라는 용어를 만들었다고 알려주었다.[23] 당시 도일은 MBA 출신 직원들이 객관적 관점에서 수량적 데이터만 따져 HP의 생산 시스템이 망가지고 있는 건 아닌지 걱정됐다. 그는 휴렛과 팩커드의 행동이 해결책이라고 생각했다. 이후 도일은 HP의 연례 경영 회의에서 "우리는 MBA의 관점을 줄이고 MBWA의 관점을 더해야 한다. 관리자는 돌아다니며 직접 행동해야 한다"고 선언했고, 이 용어는 유행하기 시작했다.

하지만 경영학자 애니타 터커와 새러 싱어Sara Singer가 병원 19곳의 56개 의료팀을 대상으로 MBWA가 미치는 영향에 관해 18개월 동안 실험한 결과, MBWA는 평균적으로 성과 개선 노력에 부정적인 영향을 미쳤다. MBWA는 리더가 쉽게 해결할 수 있는 문제(예: 약을 준비하는 간호사에게 더 넓은 공간을 주는 문제)에는 성과를 보였다. 하지만 더 복잡한 문제(예: 실험 결과가 너무 느리게 나오는 경우)에는 오히려 역효과가 나타났다. 간호사들은 이런 복잡한 문제에 대해 상사와 정기적으로 면담하는 걸 시간 낭비라 느꼈다. 상황은 거의 나아지지 않고 오히려 상사에게 자신의 부족한 점만 부각하는 것 같다고 답했다. 간호사들은 상사가 잡담으로 직원들의 시간을 허비하기보다는 조직의 고장 난 시스템을 고치는 데 집중해야 한다고 호소했다.[24]

다만 터커와 싱어는 이 연구 결과가 리더들이 MBWA의 사용을 중단해야 한다는 의미는 아니라고 설명한다. 이어 "문제는 공룡과 같다. 그들이 작을 때는 다루기 쉽다. 하지만 내버려 두면 몸집이 커지고 위험해진다"고 덧붙였다.[25] 제조 환경 개선, 원자력 발전소 붕괴 같은 끔찍한 사고 방지, 수술 실수 감소에 관한 여러 연구에 따르면, 대부분의 커다란 문제는 '하나의 거대한 문제라기보다는 예측 불가능한 작은 문제들이 조합된 결과'라는 '스위스 치즈 이론Swiss Cheese Theory'으로 설명된다. 터커와 싱어는 심장 수술 중 피해를 입은 환자에 관한 연구에서 "불행한 사건은 하나의 '중대한' 문제보다는 '작은' 문제 여러 개가 동시에 일어났기 때문에 발생했을 가능성이 더 높다는 사실이 밝혀졌다"고 강조한다.[26]

이러한 이유로 두 연구자는 MBWA가 큰 문제는 해결하지 못하더라도 작은 문제를 해결하는 데 효과적이라고 본다. 더 넓은 관점에서 보자면, 쉽게 해결할 수 있는 문제를 우선적으로 해결하는 방식이 장기적으로 개선을 이끌어낼 가능성이 더 높다고 주장한다.[27] 작은 문제는 예방하기가 더 쉬우며, 큰 문제는 대개 여러 작은 문제가 예측이 불가능할 정도로 복잡하게 얽힌 결과이기 때문이다. 그러므로 마찰 해결사가 작은 골칫거리를 하나씩 해결해나가면 사소하고 번거로운 문제를 없앨 수 있으며, 나아가 해결이 어렵거나 불가능한 크고 압도적인 문제가 발생할 가능성도 줄일 수 있다.

둔감함 치료제

입을 닫고 귀를 열어라

우리는 권력 중독에 관한 강의를 할 때 사람들에게 "당신이 HIPPO라면 하마가 아니라 코끼리가 되세요"라고 말한다. 'HIPPO'는 '최고 연봉자high paid person'를 일컫는다. 보통 이 사람이 조직 내에서 권력이 가장 세다. 커다란 입과 작은 귀를 가진 하마는 권력을 휘두르며 자신이 우위에 있다고 느낄 때 남의 말을 듣지 않고 장황하게 떠들어대는 사람을 비유적으로 뜻한다. 권력자는 (특히 남성 권력자는) 대화를 독점하고 상대방의 말을 가로막는 경향이 있다.[28] 그리고 안타깝게도 입을 다물지 않는 리더일수록 조직에서 무엇이 어려워야 하고 무엇이 쉬워야 하는지, 무엇이 사람들을 미치게 하는지, 무엇이 효과가 있는지, 그리고 어떻게 문제를 해결해야 하는지를 배우기가 어렵다.

우리는 코끼리가 커다란 귀와 작은 입을 가졌다는 점에서 영감을 얻었다. 부디 내면의 하마를 잠재우시라. 한 부사장은 휴대전화 배경화면을 입을 크게 벌린 하마 사진으로 설정해 말조심을 해야 한다는 사실을 끊임없이 되새긴다.

우리는 두 가지 핵심 행동을 측정해 리더들이 HIPPO 문제를 찾아내 해결할 수 있도록 돕는다. 하나는 (다른 구성원 대비) 리더의 발언 시간이고, 다른 하나는 리더의 주장과 질문의 비율이다. 우리는 스탠퍼드대학의 동료 캐서린 벨시치Kathryn Velcich와 '회의 감사meeting audit'를 개발했다. 우리 학생들은 이 기법을 활용해 초기 단계 스타트업 회사 다섯 곳의 전체 직원회의를 평가했다. 회의는 매일 또는 매주 열렸으며, 보통 6명에서 18명의 직원이 참석했다. 학생들은 리더의 두 가지 핵심 행동을 측정하면서 회의가 진행되는 동안 참석자들의 에너지 수준을 평가했다.

한 초보 CEO는 직원 8명과 11분 동안 스탠드업 미팅(짧은 시간 동안 서서 진행하는 회의-옮긴이)을 진행하며 회의 시간의 50퍼센트를 자신이 발언하며 10개의 주장을 내놓은 데 비해 질문은 단 2개만 했다는 사실에 놀랐다. 그는 팀의 낮은 에너지 수준과(하지만 그가 질문을 던지자 에너지 수준이 치솟았다) 직원들이 (익명으로) 우리 학생들에게 이런 스탠드업 미팅이 시간 낭비라고 말했다는 사실에 당황했다. 학생들의 피드백은 새내기 CEO가 말을 줄이고 질문을 늘리도록 도왔다. 또한 가장 발언이 적었던 직원 5명에게 더 많은 관심을 기울이게 했다.

따라다니거나 따라 해라

리더들은 직원, 고객, 시민을 관찰하고 따라다니며 질문하는 과정에서 '따라다니기ride-along' 또는 '따라 하기shadowing' 방식을 사용한다. 일반적으로 이는 MBWA보다 더 깊이 관여하는 방식이다. 즉 단순히 주변을 둘러보는 것을 넘어 사람들과 대화하고 그들의 문제를 직접 체험해보는 것이다. 시간을 들여 사람들을 관찰하고, 그들과 대화하며, 조직의 망가진 부분 때문에 업무 수행에 어려움을 겪는 모습을 보면, 리더는 마찰 문제의 원인과 비용, 해결책에 대한 잘못된 생각을 바로잡을 수 있게 된다.

우리는 뉴욕시의 한 고등학교 교장을 만난 적이 있다. 그는 평소 학생들이 수업에 자주 늦는다고 비난했는데, 일주일 동안 몰래 학생들을 따라다닌 후 그 이유를 알게 되었다. 그가 따라다닌 한 학생은 지하층에서 수업을 들은 후 6층에 있는 다음 수업 교실로 5분 만에 이동해야 했다. 제시간에 도착하려면 이전 수업이 정시에 끝나야 할 뿐만 아니라 계단을 뛰어올라가야 했다. 하지만 교사들은 종이 울린 후에도 자주 학생들을 몇 분씩 붙잡아두었기 때문에 다음 수업에 늦지 않기란 불가능했다. 게다가 학생들은 교실 이동 중에 붐비는 화장실에도 들러야 했다.

교장은 자신이 지각생들을 지나치게 비난했다는 점을 깨달았다. 자신의 권력과 특권 탓에 학생들이 겪는 '불편'을 보지 못했다는 사실을 자각했다. 칭찬할 만하게도, 그는 책임지고 정시에 수업을 마치도록 교사들에게 권고했고 쉬는 시간을 5분에서 8분으로 늘렸다.

리더는 직원들의 업무 수행을 돕고, 가능하면 짧은 시간이라도 직접 그 업무를 해봄으로써 마찰 문제와 해결책을 더 깊이 들여다볼 수 있다. 디즈니 리조트와 디즈니 파크에서는 경영진이 정기적으로 '교차 근무'를 하며, (특히 바쁜 날에) 최전선 업무를 맡는다. 주차요원으로 시작해 (1만 2000명의 직원을 거느린) 플로리다 디즈니 월드 '매직 킹덤' 부사장으로 은퇴한 댄 코커렐Dan Cockerell도 마찬가지였다. 그는 디즈니에서 26년을 근무했다. 그는 교차 근무 동안 디즈니 캐릭터로 분장하고 방문객과 사진을 찍었다. 이전에 코커렐은 디즈니 올스타 리조트All-Star Resort를 운영하며 최고의 청소부와 나머지 청소부 사이에 큰 차이가 있음을 발견했다. 올스타 리조트에는 약 6000개 객실이 있었기에 이 차이는 매우 중요했다. 코커렐은 가장 솜씨 좋은 객실 청소부들, 그중에서도 '블랑카'와 2주를 함께 일하며 침대 정리와 방 청소를 도왔다. 휴식 시간에는 블랑카와 다른 청소부들과 대화를 나누었다. 그는 최고의 청소부들은 자신만의 시스템을 가지고 있다는 사실을 눈치챘다. 월요일에는 거울, 화요일에는 걸레받이, 수요일에는 환기팬을 청소하는 등 그들은 일정한 규칙을 정해 차례대로 청소했다. 코커렐과 경영진은 이 청소 시스템을 올스타 리조트의 다른 청소부들에게 소개하면서 "일을 더 수월하게 하고 싶지 않나요?"라고 제안했다.[29]

아랫사람을 존중하라

경영학자 세달 닐리Tsedal Neeley와 세바스찬 라이히Sebastian Reiche는 글로벌 기술 컨설팅 회사의 고위 임원 115명을 추적했다(이 임원들은 경험이 없는 국가에서 프로젝트를 판매하고 실행하는 업무를 담당했다). 닐리와 라이히는 최고 성과자로 평가받고 더 많이 승진한 리더들이 '부하직원을 존중'한다는 점을 발견했다.[30] 이들은 시간을 들여 직원들의 삶을 이해하고 위에서 군림하기보다는 '옆에서' 함께 일하며 직원들과 '사회적 거리'를 줄이고 그들의 신뢰를 얻었다. 또한 부하직원의 판단을 존중하고 권한을 위임해 그들의 기술적, 문화적 전문성에 경의를 표했다. 브라질 출신의 한 상사가 싱가포르인으로 구성된 팀에게 이렇게 말했다. "일을 바꿔서 해봅시다. 여러분이 저를 위해 일하는 것이 아니라, 제가 여러분을 위해 일하겠습니다."[31]

동남아시아에서 일하는 한 미국인 상사는 필리핀, 싱가포르, 태국, 말레이시아 시장 간의 미묘한 차이를 충분히 이해하지 못했고, 해당 시장의 핵심 요소도 잘 알지 못했다. 하지만 그는 각국 지사의 신뢰를 얻었고 그들의 제안대로 사업을 진행했다. 그 결과 관할 국가의 판매가 급증했다. 또 다른 미국인 상사는 큰 계약에 동의한 중국인 고객이 서명을 하지 않고 휴가를 떠나자 부하직원들에게 그를 찾아가 당장 서명을 받아오라고 지시했다(미국 고객에게 으레 그랬듯이 말이다). 하지만 중국인 직원들은 고객이 그런 행동을 사생활 침해이자 강요로 받아들일 거라며 반대했다. 직원들은 제발 자기네 말을 믿으라고 간청했다. 그는 맘에 들지 않았지만 팀의 의견을 따랐다. 고객은 휴가에서 돌아와 계약서에 서명했다.[32]

반면, 부하직원의 전문성을 존중하지 않은 리더들은 성과가 부진했다. 한 미국인 상사는 중국에서 일한 지 1년 만에 해고되었는데, 이는 현지 팀에 대한 신뢰 부족, 일방적 의사소통, 그리고 자만심("난 경력 많은 전문가야"라는 태도) 때문이었다.[33]

위계 구조를 유연화하라

닐리와 라이히의 연구가 주는 교훈은 부하직원의 의견을 따르는 경영진이 부하직원의 의견이나 판단을 무시하는 경영진보다 더 빨리 승진한다는 것이다. 권한을 나눠준 리더는 더 많은 권한을 받았다. 그러나 직원을 존중하고 위계를 '평준화'하는 것이 항상 옳은 건 아니다. 미시건대학의 린디 그리어Lindy Greer에 따르면 최고의 리더는 위계를 '유연하게' 다룬다. 그들은 권한을 위임할 때와 양보할 때, 자신이 물러나야 할 때를 알고 있다. 또한 명령하고 결정하며, 부하들에게 이견을 내세우지 말고 지시를 따르도록 해야 할 때도 안다. 그리어는 미 해군 특수부대 네이비실을 예로 든다. 작전 중에는 명확한 지휘 체계가 작동한다. 지휘관이 당장 철수하라고 명령하면, 반대의견을 내는 사람은 없다. 아무도 반박하지 않고, 명령을 따른다. 하지만 기지로 돌아와 임무 보고를 할 때면, 대원들은 말 그대로 계급장을 뗀다. 회의실에서는 모두가 평등하게 자기 의견을 말할 수 있다.[34]

그리어의 연구팀은 10개의 스타트업 회사를 대상으로 한 100시간 이상의 관찰과 60건의 인터뷰를 분석했고, 최고의 CEO들은 공고한 위계 구조와 평등한 위계 구조를 넘나드는 반면, 무능한 CEO는 위계 구조를 고정되고 불변한 것으로 취급한다는 사실을 발견했다.[35] 한 여성 CEO에게 회사의 위계 구조가 수평적인지 수직적인지 묻자 그는 이렇게 답했다. "둘 다에 해당해요. 모든 구성원의 의견을 수렴하는 수평적 구조 없이는 필요한 전문지식을 얻을 수 없습니다. 반면 모두가 한 방향으로 나아가기 위해서는 수직적 위계 구조도 필요하죠." 최고의 리더는 논쟁과 주장이 반복되거나 즉각적인 결정이 필요할 때 파괴적 갈등을 막기 위해 자신의 권한을 '작동'시켰다. 그리고 창의성, 문제 해결, 동의가 최우선 과제일 때는 위계 구조를 평준화했다.

그리어의 연구에서 얻어야 할 또 다른 교훈은 혼란과 실수를 피하려면 리더와 조직은 수직적 구조가 필요한 때와 수평적 구조가 필요한 때가 언제인지를 구성원들에게 명확하게 알려주어야 한다는 점이다. 네이비실은 수평적 구조가 필요할 때

계급장을 뗀다. 연구 대상이었던 한 스타트업 회사의 CEO는 모두가 발언하기를 원할 때는 축구공을 돌렸다. 공을 가진 사람에게는 발언할 권리가 있으며, 모두가 그 말을 들어야 했다.

불가피하고 유용한 위계질서와 피할 수 있고 쓸모없는 둔감한 리더
| 4 |

위계 구조의 최상위 구성원은 둔감하고 지나치게 자신만만하며 이기적인 경향이 있지만, 이는 예방할 수 있는 문제다. 위계 구조가 문제가 될 때는 직급이 지나치게 세분화되어 있고 터무니없는 규칙과 전통에 얽매어 있으며, 리더들이 권력을 고정된 것으로 인식할 때다.

이 때문에 많은 경영서 작가와 컨설턴트가 권력 차이와 위계 구조를 없애거나 적어도 모든 조직을 평준화하거나 직급을 타파해야만 효율성과 혁신을 얻을 수 있다고 주장하는지도 모르겠다. 경영의 대가 게리 해멀Gery Hamel이 "관료주의는 사라져야 한다", "하향식 의사결정 구조를 유지하는 한 조직의 적응력과 혁신, 참여도를 기대해서는 안 된다"라고 말했듯이 말이다.[36]

그러나 우리는 수많은 증거를 통해 위계 구조가 모든 생물 집단에서 나타날뿐더러 유용하다는 사실과 계급과 권력 차이가 적다고 해서 항상 좋지만은 않다는 사실을 안다.[37]

심리학자 뎁 그루엔펠드Deb Gruenfeld와 라라 티덴스Lara Tiedens가 지적했듯이, 계층 구조의 형태는 매우 다양하지만 모든 구성원이 지위와 권력이 평등한 집단이나 조직은 존재하지 않는다. 사람, 개, 개코원숭이 등 어떤 집단을 연구하든, 몇 분만 관찰하면 분명한 계층 구조를 파악할 수 있다.[38] 낯선 사람들끼리 만나도 리더와 추종자라는 위계 구조가 즉시 형성된다. 몇몇 조직은 구성원 사이의 권력 차이를 줄이고 계급의 수를 축소하려고 한다. 하지만 아예 없애지는 않는다. 그루엔펠드와 티덴스는 "위계질서가 존재하지 않는 조직을 찾으려 했지만 결국 찾을 수 없었다"고 말한다. 뉴욕의 실내악단 오르페우스Orpheus를 보자. 이 악단은 지휘자가 없는 것이 특징이다. 오르페우스는 연주곡마다 다른 단원이 '악장'을 맡는다. 하지만 오르페우스를 설립하고 26년 동안 이끌었던 줄리언 파이퍼Julian Fifer가 연주곡의 선택 등 프로그램의 성격에 대한 모든 권한을 가지고 있다.

그루엔펠드와 티덴스는 위계를 없애거나 서열이 불분명한 상황에서는 구성원들의 조직에 대한 헌신과 생산성이 떨어지고, 역기능적인 지위 경쟁이 나타나며, 조정과 협력이 어려워진다는 사실을 발견했다. 위계 차이가 거의 없거나 하향식 관리가 부족한 상황은 이것들이 지나치게 많은 상황만큼이나 해악을 초래할 수 있다. 2001년, 구글 직원이 400명에 이르렀을 때 공동 창업자 래리 페이지도 이러한 사실을 알게 됐다. 페이지는 중간 관리자가 거의 없던 옛날의 구글을 그리워하며 중간 관리자를 없앴다. 그러자 우리가 《성공을 퍼트려라》에서 언급했듯이, "100명 이상의 엔지니어가 경영진 1명에게 보고해야 하는 당황스러운 상황이 펼쳐졌고, 그 결과 좌절감과 혼란이 걷잡을 수 없이 퍼졌다. 중간 관리자 없이는 엔지니어들이 업무를 원활히 수행하기가 불가능했고, 경영진 역시 회사 상황을 제대로 파악하거나 영향력을 행사하기 어려웠다."[39] 결국 페이지는 모든 관리자를 다시 불러들였다. 이후 구글은 '옥시젠Oxygen 프로젝트(2008년 '중간 관리자[팀장]가 필요할까?'라는 의문에서 출발한 프로젝트-옮긴이)를 통해 수백 건의 선행 연구와 같은 결론을 얻었다. 숙련된 관리자가 직원과 팀의 성공에 필수적이라는 점을 재확인한 것이다.

따라서 위계 구조를 완전히 없애거나 수평적 구조가 더 낫다는 생각은 해답이 될 수 없다. 우리가 마찰 해결사로서 해야 할 일은 우리의 영향력이 미치는 사람들에게서 최고의 능력을 이끌어내는 데 가장 효과적인 상하관계를 구축하고 운영하는 것이다. 소프트웨어 회사 시트릭스Citrix의 전前 CEO 마크 템플턴Mark Templeton은 위계의 필요성과 사람을 대하는 방식의 차이를 설득력 있게 설명한다.

복잡한 상황을 관리하는 데 필요한 위계 구조와 사람들이 마땅히 받아야 할 존중을 혼동해서는 안 된다. 존중과 위계를 동일시하여, 지위에 따라 존중의 정도를 달리하는 조직은 결국 길을 잃게 된다. 위계는 복잡성을 관리하는 데 있어 필요악이긴 하지만, 개인에 대한 존중과는 별개로 여겨야 한다.[40]

팀이나 조직에서 최고의 지위에 있는 사람이라면, 영화 〈스파이더맨 SpiderMan〉에서 10대의 피터 파커 Peter Parker에게 삼촌 벤 Ben이 한 충고를 기억하길 바란다. 큰 힘에는 큰 책임이 따른다. 지위, 전문성, 명성 등 자신의 영향력을 활용해 권력 중독이 발붙일 수 없는 위계질서를 만들고, 구성원의 업무 수행을 도우며, 그들이 존중받는다고 느끼게 해야 한다. 그렇게 함으로써 자신의 마찰 원뿔이 다른 사람들에게 미치는 영향을 이해하고, 양보해야 할 때와 의지를 관철해야 할 때를 구별할 수 있을 것이다.

07

더하기 병
Addition Sickness

위대한 코미디언 고故 조지 칼린George Carlin은 말했다. "내 쓰레기는 물건이지만, 당신 물건은 쓰레기다."[1] 이 말은 우리 인간이 일터에 점점 더 많은 것을 추가하는 것을 거부할 수 없는 이유를 잘 설명해준다. 직원, 공간, 도구, 소프트웨어, 회의, 이메일, 슬랙 메시지, 규칙, 교육, 최신 유행에 따르는 경영 등 추가되는 건 끝이 없다. 우리는 우리가 무언가를 더할 때는 당연하고 꼭 필요하다고 생각하면서도 타인이 그럴 때는 번거롭고 불필요하다고 생각하는 경향이 있다.

심리학자들이 '자기 고양적 편향self-serving bias'이라고 부르는 이 편견[2] 때문에 우리는 우리 일을 더 수월하게 해주는 (하지만 타인의 일은 더 어렵게 하는) 새로운 절차나 양식, 규칙을 만드는 일을 정당화하거나 찬양한다. (아무도 사용하지 않는) 회의 예약 앱의 사용에 열광하거나, (팀의 규모가 이미 너무 큰데도) 팀원을 또 고용하거나, (아무도 좋아하지 않는데도) 자신이 소중하게 여기는 프로젝트를 위해 추가 회의를 소집한다.

엎친 데 덮친 격으로 인간에게는 "여기에 무엇을 더 추가할 수 있을까?"라고 질문하는 경향이 있다. "무엇을 뺄 수 있을까?"가 아니라. 서론에서 언급했듯이, 애덤스와 동료들이 진행한 20건의 연구에 따르면 '추가 편향addition bias'은 대학 개선, 원고 편집, 채소수프 조리법, 여행 계획 수정, 레고 만들기 등 모든 분야에서 해결책의 모습을 하고 등장한다.[3] 한 대학 총장이 학생과 교직원, 직원을 대상으로 대학 개선안을 모집했을 때, 11퍼센트만이 뺄셈 해결책을 내놓았다. 한 디자인 테스트에서 참가자들은 '은하제국군storm trooper(영화 〈스타워즈〉 시리즈에 등장하는 병사-옮긴이) 피규어 머리 위에 놓인 샌드위치 모양의 레고 블록 구조물을 벽돌을 올릴 수 있을 만큼 튼튼하게 개조하라'는 과제를 받았다. 가장 좋은 해결책은 레고 조각 하나를 제거하는 것이었다. 하지만 참가자 대부분이 여러 개의 조각을 더했다. 조각 하나당 10센트씩 벌금을 지불해야 했는데도 말이다.[4]

《빼기의 기술》[5]을 쓴 라이디 클로츠의 말처럼, 우리는 뺄셈 사고방식을 등한시하고 덧셈 사고방식에 본능적으로 빠져든다. 조직은 더하기 병을 승진이나 임금 상승 등으로 보상해 이를 심화시킨다. 빼기를 하는 사람들은 무시하거나 심지어 처벌한다. 큰 프로젝트를 시작하는 리더는 칭송받는 데 반해, 나쁜 프로젝트를 폐지하는 리더는 주목받지 못한다.

경제학자 로버트 E. 마틴Robert E. Martin이 1987년에 미국 공립 대학 137개를 대상으로 한 연구에 따르면, 당시 행정직원과 정규직 교수의 비율은 1대1이었다. 2008년이 되자 교수 1명당 관리자 2명의 비율이 됐다. 마틴은 "예산 집행자는 자신과 같은 행정직 직원을 더 많이 고용하려는 경향이 있다"고 그 이유를 설명했다.[6] 2021년, 앨리슨 울프Alison Wolf와 앤드루 젠킨스Andrew Jenkins가 영국 대학 117개를 대상으로 한 연구는 이런 행정 비대화가 오늘날 점점 더 심해지고 있으며, 특히 고액 연봉 관리자, 전문가, 임원 사이에 이러한 현상이 만연하고 있음을 보여준다.[7] 미국, 독일, 프랑스, 호주에서 실시한 최신 연구에서도 이들 국가의 대학이 같은 병폐에 시달리고 있음이 드러났다. 울프의 결론에 따르면 행정직원이 더 많이 고용되는 이유 중 하나는 행정직원의 채용에 (교원 채용보다) 감사가 덜 실시되기 때문이다.[8]

행정직원이 과도하게 많은 게 문제가 되는 건 단순히 경제적 이유만은 아니다. 대부분이 그렇듯이, 행정직원들도 자신의 존재를 정당화해야 한다는 압박을 느낀다. 그런데 그들의 관점에서 합리적이고 가치 있으며 실행 가능한 조직 변화란 교직원과 학생을 대상으로 하는 규칙, 절차, 양식, 교육, 평가 기준을 강화하는 것이다. 얼라이언스 맨체스터경영대학원의 국제경영학과장 티모시 드비니Timothy Devinney는 "대학이 오히려 조직 내 구성원의 능력을 억압한다"고 말한다. 지옥으로 가는 길은 좋은 의도로 포장되어 있다. 행정직원들은 마찰을 일으키면서도 대학을 개선하고 있다고 믿는다. 하지만 이런 마찰이 쌓이면서 결국 숨이 막힐 정도로 어처구니없는 결과를 불러온다. 티모시는 예전에 근무했던 대학의 행정부서에서 '핵심 성과 지표'가 담긴 엄청난 양의 스프레드시트를 보여줬을 때 공포를 느꼈다며 이렇게 말했다. "거기에는 110개의 목표가 적혀 있었는데, 각 목표마다 모니터링 담당자가 1명씩 배정되어 있었습니다."9

이런 현상은 경제학자 개릿 하딘Garrett Hardin이 쓴 유명한 논문 〈공유지의 비극The Tragedy of the Commons〉을 떠올리게 한다. 그는 모든 '목동'에게 개방된 목초지를 비유로 들어, 한 무리의 목동이 집단적 이익이 감소할 정도로 많은 가축을 풀어놓고도 저마다 자신의 가축을 더 풀고 싶은 개인적 동기를 지닌다고 주장했다.

개인은 자원이 제한된 세상에서 무제한적인 자원 활용을 강요받는 시스템에 갇혀 있다. 공용 자원의 자유로운 이용을 허용하는 사회에서 모든 개인이 자신의 이익만 추구하다 보면 파멸에 이른다.[10]

마찬가지로, 조직은 전체에게 해로운 마찰을 내놓는 개인에게 명성이나 돈, 흥미로운 업무 등 강력한 보상을 제공하는 경우가 많다. 반면 더하기 유혹을 뿌리치는 사람에게는 아무런 보상도 하지 않는다.

이는 분명 나쁜 소식이다. 하지만 다행히도 마찰 해결사가 이런 더하기 병에 맞서 싸울 수 있다. 뺄셈 사고방식을 적극적으로 활용하면 된다. 애덤스 연구팀은 사람들이 해결책을 고민할 때 잠시 생각을 멈추거나 빼기를 고려하도록 유도하면, 덧셈 사고방식에 사로잡히는 경향이 줄어든다는 점을 발견했다. 벤처 캐피털리스트 마이클 디어링Michael Dearing은 리더들에게 조직의 '편집장'이 되라고 주문하며 뺄셈 사고방식의 필요성을 강조한다. 디어링은 우리의 팟캐스트에 게스트로 나와 최고의 리더가 되려면 숙련된 편집자나 영화 편집감독처럼 사람들에게 산만함과 지루함, 혼란 혹은 피로를 주는 요소를 과감히 제거해야 한다고 주장했다.[11]

제거 대상 감별하기

| 1 |

먼저 무엇을 뺄지 정한 후 삭제해야 한다. 똑똑한 마찰 해결사는 '제거 대상 감별하기'를 하거나 캐스 선스타인이 말한 '찌꺼기 감사'[12]를 실행한다. 이런 정량적quantitative, 정성적qualitative 방법을 활용하면 파괴적 마찰의 발생 지점과 정도, 그로 인한 피해를 파악할 수 있다. 여기에 우리가 제시하는 일곱 가지 방법이 어떤 요소를 제거해야 할지 판단하는 데 도움을 줄 것이다. 그러나 모든 골칫거리를 분석하고도 빼기를 행동으로 옮기지 않는다면 이 과정은 시간 낭비에 지나지 않음을 기억해야 한다.

정리 대상 찾는 방법

1. '쓸데없는 일'을 찾아낸다

퓨처씽크FutureThink의 CEO 리사 보델Lisa Bodell은 이렇게 묻는다. "여러분을 좌절시키거나 효율성을 떨어뜨리는 규칙을 모두 없앨 수 있다면, 어떤 규칙을 없애고 싶나요?"[13] 비슷한 접근법을 바탕으로 하와이 퍼시픽헬스병원에서는 '쓸데없는 잡일 없애기' 프로젝트를 추진했다. 애슈턴 박사는 직원들에게 전자 의료기록 시스템에서 잘못 설계되었거나 불필요하거나 무의미한 요소를 찾아달라고 요청했다. 그 결과, 188개의 정리 대상을 찾아낼 수 있었다.[14]

2. 회의의 가치와 비용을 헤아린다

'회의 리셋'[15] 기법을 통해 아사나의 직원 60명은 각자의 정기 회의를 평가한 후, 필요성이 낮은 회의를 500개 이상 찾아냈다. 여기서는 사람들이 회의 준비에 쓰는 시간도 고려해야 한다. 경영 컨설팅 회사 베인의 분석에 따르면 주간 경영진 회의에만 연간 30만 시간을 소비하는 회사도 있다.[16]

3. 성과 측정에 따른 손실을 따져본다

직원 평가에 지나치게 많은 시간을 소비하느라 정작 본업을 수행할 시간이 부족하지는 않은가? 딜로이트Deloitte의 리더들은 조직이 성과 관리에 소모하는 시간을 집계한 결과, 양식 작성, 회의, 직원 평가에 연간 200만 시간을 낭비하고 있었다는 사실을 발견하고 충격을 받았다.[17]

4. 이메일 과부하의 원인을 파악한다

직장인은 평균적으로 근무 시간의 28퍼센트를 이메일을 처리하는 데 보낸다.[18] 당신도 이 정도인가(아니면 더 심한가)? 주고받는 이메일의 수와 길이, 수신인, 시간대를 분석하라. 정리가 가능한 부분이 있는가? 컨설팅 회사 바이나믹Vynamic의 이메일 정책을 참고할 수 있다. 직원들의 수면을 보장하려는 목적에서 시행된 '즈메일zzzMail'(영어권에서는 잠들었을 때 내는 소리를 'zzz'로 표현함-옮긴이)이라고 불리는 이 정책은 주중에는 오후 10시부터 오전 6시까지, 휴무일에는 하루 종일 직원 사이 이메일 발송을 금지하는 것을 골자로 한다. 긴급한 사안은 이메일 대신 전화나 문자 사용을 권장한다.[19]

5. 이용자를 관찰하고 인터뷰한다

시빌라의 연구원들은 매년 200만 명 이상의 미시간주 주민이 작성해야 하는 복지신청서[20]의 질문 중 불필요하거나 혼동을 일으키는 질문을 알아내기 위해 주민과 공무원을 대상으로 250시간 이상의 인터뷰를 진행했다. 또한 주민들이 신청서를 작성하고 설명하는 모습을 관찰했다. 그 결과 주민의 복지 수혜 가능성을 낮추는 걸림돌 수십 개를 찾아냈다.

6. 여정 지도journey map을 만든다

고객이 조직으로부터 정보나 서비스, 제품을 얻거나 구매하는 과정과 그 과정에서 고객과 직원이 느끼는 감정을 도식화한다. 우리 학생 엘리자베스 우드슨과 사울 거더스는 인터뷰와 직접 관찰을 통해 장애 아동의 가족[21]이 샌프란시스코의 사회복지기관인 '골든게이트지역센터Golden Gate Regional Center'의 서비스를 이용하는 과정이 얼마나 느리고 복잡한지를 시각화했다. 두 학생은 수많은 병목 현상을 발견했다. 특히, 부서 간 업무 전달 과정에서 오류가 빈번했다.

7. 완벽주의의 늪에 빠지지 않는다

존 갤Jon Gall은 저서 《시스템 바이블The System Bible》에서 완벽주의자의 역설을 설명한다. 복잡한 시스템에서 완벽을 추구하면 불완전해질 수밖에 없다.[22] 완벽에 대한 압박은 불필요한 노력과 일의 지연을 불러오며, 불완전한 프로토타입을 통해 배우는 과정을 방해하고 결국 절망을 낳는다. 할 가치가 있거나 타인이 요구하는 많은 일이 굳이 잘할 필요는 없는 것들이다. 혹은 갤의 주장처럼 때로는 대충 하는 것이 더 나을 때도 있다. 그런 의미에서 기준을 지나치게 높게 잡았거나 불필요한 열정을 과도하게 쓰고 있는 업무가 있는지 살펴보자.

소프트웨어 회사 아사나의 레베카 힌즈Rebecca Hinds의 여정은 끈기 있는 마찰 해결사가 어떻게 빼기를 활용하는지를 보여준다.²³ 그리고 이 장의 뒷부분에 동료들이 불필요한 일을 제거할 때 그가 어떤 도움을 주었는지가 소개된다. 우리는 그가 10여 년 전 스탠퍼드대학에서 석사과정을 밟고 있을 때 처음 만났다. 그 이후로 함께 일해왔다. 마찰 프로젝트를 진행하는 동안 스탠퍼드대 박사과정이었던 힌즈는 프로젝트 연구 조교이자 공동 저자로 활동했다. 그리고 현재 그는 실질적으로 활용 가능한 연구를 수행하는 아사나의 싱크탱크 '업무혁신연구소The Work Innovation Lab'의 책임자이며, 우리는 이 연구소 고문으로 활동하고 있다.

힌즈는 '드롭박스'에서 일하며 나쁜 회의에 관심을 가지게 되었고, 이 책의 1장에서 소개된 '회의 아마겟돈'에 대해 알게 되었다. 힌즈와 서튼은 2015년 잡지 〈잉크Inc.〉에 드롭박스 리더들이 직원들의 일정에서 정기회의 대부분을 없애고 몇 주 동안 새 회의를 추가할 수 없도록 한 방법에 관한 글을 실었다.²⁴

2022년, 힌즈는 아사나연구소를 설립하며 ('회의 아마겟돈'에서 영감을 받은) '회의 종식의 날Meeting Doomsday' 시험 프로그램에 참여할 동료 그룹을 모집했다.

모든 참가자는 48시간 동안 5명 이하가 참여하는 스탠딩 회의를 일정에서 삭제했고, 휴식 시간 동안 가치 있는 회의란 무엇인지를 숙고한 뒤, 어떤 회의를 제거, 수정, 유지할지 결정했다. 이 장의 뒷부분에서 자세히 설명하겠지만 이때 사용한 초기 '회의 수정 및 제거' 도구는 훗날 아주 유용한 도구임이 판명되었다. 우리는 힌즈와 함께 '회의 종식의 날'에서 얻은 교훈을 후속 진행한 '회의 리셋' 프로그램에 참여한 60명의 직원에게 적용해보았다. 그리고 사람들이 회의를 평가하는 정교하면서도 간단한 방법을 원한다는 사실을 확인했다. 우리는 참여자들에게 각 회의에 필요한 노력의 정도와 회의가 목표 달성에 기여한 정도를 3점 만점으로 평가해달라고 요청했다. 아사나 직원들은 1100개 넘는 스탠딩 회의 중 50퍼센트 이상을 가치가 낮다고 평가했고, 150개 이상을 많은 노력이 필요한 데 비해 가치가 낮다고 지적했다.

힌즈는 단순히 회의나 규칙이 사람들에게 좌절감을 주고 시간을 낭비하게 한다는 점만 밝혀낸 게 아니었다. 곧 소개하겠지만, 그는 골칫거리를 제거하는 도구, 동료들이 아사나(및 그 제품)를 통해 자신과 고객에게 더 나은 경험을 제공할 수 있도록 설득하는 도구를 개발해냈다.

이러한 지식을 행동으로 옮기기란 쉽지 않다. 캐스 선스타인은 2009~2012년 버락 오바마 대통령의 고문으로 일하면서 '찌꺼기' 문제를 강하게 비판해왔다. 선스타인은 1995년 제정된 '서류 업무 감축법Paperwork Reduction Act, PRA' 연방 지침에 "문서 작업 부담이 가져오는 이득은 반드시 그 부담의 비용을 정당화해야 한다"는 점이 명시되어 있다고 전한다. 그러면서 《찌꺼기》에서 미국 정부가 이 기준을 통과하는 서류 업무를 선별하기 위한 시스템적 노력을 기울이지 않는다고 지적했다.[25] 미국 관리예산처[OMB]의 2017년 보고서에 따르면, 연방 지침에도 불구하고 "미국인들이 매년 연방 정부 문서 작업에 114억의 시간을 소비한다." 이는 모든 시카고 주민 270만 명이 매주 40시간씩 문서 작업을 한다고 가정할 때 1년이 지나도 작업을 끝내지 못할 정도의 시간이다.

다행히 관료주의를 개선하려는 노력이 조금씩 진행되고 있다. 2022년 4월, 미국 OMB의 셜랜더 영[Shalanda Young] 국장과 도미닉 만치니[Dominic Mancini] 차장은 미국 정부 기관이 시민에게 주는 유해한 부담을 줄이는 방법을 메모 형태로 소개했다.[26] 이 메모는 오랫동안 비난받아온 '서류 업무 감축법'에 힘을 실어주었다.

선스타인은 이 주목할 만한 메모를 칭찬하는 글을 자신의 트위터[27]에 올렸다. 돈 모이니한[Don Moynihan]과 파멜라 허드[Pamela Herd]도 뉴스레터 플랫폼 섭스택[Substack]에 글을 올리며 같은 반응을 보였다. 정부 기관이 국민에게 안기는 행정적 부담을 연구하는 모이니한과 허드는 이 메모가 양식 작성에 걸리는 시간을 측정하도록 지시할 뿐만 아니라 양식 작성에 필요한 정보를 수집하는 시간, 기관을 방문해 줄 서서 기다리는 시간, 정보가 프로그램에 적합한지 알아보는 데 낭비하는 시간까지 계산하도록 요구한 점을 높이 평가했다. 둘은 특히 이 메모가 기관으로 하여금 설문 작성, 데이터 제출, 양식 기입 등 정보 수집 과정에서 응답자가 겪을지도 모르는 인지적 부담이나 불편, 스트레스, 불안을 평가하도록 권고한다는 점에 깊은 인상을 받았다. 이 새로운 지침은 정부가 국민에게 주는 행정적 부담을 인식하는 데 있어 주목할 만한 진전이다.[28]

  OMB의 메모에는 행정적 부담을 줄이기 위해 공무원이 할 수 있는 해결책이 40가지 이상 간략하게 소개되어 있다. 대부분은 이미 검증된 방법이며, 앱을 통해 이용자에게 '안내자 navigator'를 제공하는 것 등이 있다. 이는 우리가 5장에서 소개한 방법으로, 복잡한 시스템에서 사람들이 원하는 것을 얻도록 돕는다. 그 밖에 필요한 대면 인터뷰를 전화 또는 영상통화로 대체할 것, 법령이 요구하지 않는 경우 서명 요건을 폐지할 것, 재인증 간격을 연장할 것 등 간단한 것도 있다. 이 해결책들은 대면 인터뷰, 직접 서명, 잦은 재신청 등 빼야 할 대상을 구체적으로 지목한다. 물론 해결책의 나열만으로는 충분하지 않다. 실행으로 옮기지 않으면, 모두 공허한 말일 뿐이다.

빼기 도구

| 2 |

뺄셈 사고방식의 실천과 전파에 도움이 되는 일곱 가지 도구를 소개한다. 아래에 설명한 요약본을 활용해 다양한 도구를 조합하고 그 효과를 실험해볼 수 있을 것이다. 이를 통해 마찰 문제 해결에 적합한 포트폴리오를 구성하고 지속적으로 조정해 도움을 얻길 바란다.

조직의 파괴적 마찰을 발견하고 제거하는 방법

1. 간단한 빼기 규칙[29]
돈 설Don Sull과 캐시 아이젠하트Kathy Eisenhardt의 책 《단순한 규칙 Simple Rules》[30]에 바탕을 둔 규칙이다. 사람들이 조직에서 제거해야 하는 것에만 집중할 수 있도록 돕는 지름길 전략이다. 아주 간단하다.

2. 빼기 의식
업무 생활의 오랜 일부였던 사람이나 장소, 관행을 없애거나 잃었을 때 일어나는 모든 변화를 기념하기 위한 말과 행동이다. 이때의 말과 행동은 간단할 수도 복잡할 수도 있지만, 실천하는 사람들에게 의미를 부여하고 위로와 지침, 더욱 강한 사회적 유대를 제공한다.

3. 빼기 전문가
조직 내에서 생활이나 업무를 최대한 쉽고 단순하며 즐겁고 가볍게 유지하는 역할을 맡은 사람이나 팀을 의미한다. 권한과 기술, 시간, 돈을 활용하여 적절한 빼기(혹은 더하기)를 실행한다.

4. 빼기 게임

먼저 업무의 진행을 늦추거나 사람들을 괴롭히는 조직 내 장애물이 무엇인지 혼자 브레인스토밍한다. 그런 다음, 동료들과 함께 '뺄 대상'에 관해 의견을 나누고 제거할 대상을 하나 이상 선택한 후 대략적인 실행 계획을 세운다. 빼기 게임은 30분 만에 끝날 수도 있고, 파괴적인 마찰을 제거하는 경우에는 몇 달이 걸릴 수도 있다.

5. 회의의 개선 및 폐지 도구

사람들이 나쁜 회의를 찾아내고 없애는 데 도움이 된다. 필요한 회의의 경우에도 이 방법을 사용해 회의의 길이와 횟수, 참석자를 줄일 수 있다. 또한 참석을 요청받았지만 시간 낭비라고 느끼는 사람에게는 불참할 권리를 부여한다.

6. 정화

조직 내 결함을 제거하려는 깊이 있고 집중적이며 신속한 노력이다. 때로는 철저히 권위적인 방식으로 진행되기도 하다.

7. 빼기 운동

조직 전체에 뺄셈 사고방식을 확산하려는 노력이다. 구성원의 참여를 독려하며 다양한 방면에서 지속적으로 이루어진다. 직원, 고객, 파트너, 공동체 구성원에게 가해지는 불필요한 부담을 제거하는 전체적 변화 또는 부분적 변화를 이끌어내기 위해 사람들을 교육하고 보상을 제공한다.

추신: 애초에 불필요한 것을 더하지 않는 사람들을 칭찬해야 한다. 쓸데없는 일을 늘리기 싫어하고 꺼리는 사람들의 소중함을 잊어서는 안 된다. 그들 덕분에 빼기의 번거로움에서 벗어날 수 있으니 말이다.

간단한 빼기 규칙

《단순한 규칙》에서 돈 설과 캐시 아이젠하트는 '주의 집중 방식과 정보 처리 방식의 단순화를 통해 시간과 노력을 절약하는 지름길 전략' 덕분에 얼마나 많은 리더와 직장이 이득을 얻었는지를 증거와 함께 설명한다. 앞서 나온 OMB의 메모에 제시된 대면 인터뷰와 직접 서명의 폐지 같은 규칙은 이해와 적용이 쉽고, 많은 사람의 삶을 개선한다는 점에서 지름길 전략의 좋은 예다.

또 다른 간단한 빼기 규칙은 조직의 핵심 가치를 4개 이상 나열하지 않는 것이다. 그리고 생생한 이미지를 활용해 가치를 묘사하는 것이다. 예를 들어, 비영리단체를 운영한다면 '우수한 모금 활동'이라고 선전하는 대신, 기부자가 친구와 이웃에게 "기부가 지금까지 내린 최고의 결정 중 하나였다"고 전한 이야기를 내세우는 게 더 효과적이다. 소수의 생생한 가치 목록은 직원과 고객, 그 밖의 이해관계자에게 공동의 목적의식을 불러일으키며, 결과적으로는 헌신과 협력을 북돋는다.

펜실베이니아대학의 앤드루 카튼Andrew Carton과 공동 저자들은 캘리포니아에 있는 151개 병원의 심장마비 환자들을 대상으로 연구를 진행하며, 간단한 빼기 규칙의 효과를 확인했다. 4개 이하의 가치를 생생한 이미지와 함께 내세운 병원의 환자는 30일 이내에 추가 치료를 위해 재입원할 가능성이 훨씬 낮았다.³¹ 이는 치료의 질을 나타내는 주요 지표이다. 카튼의 연구팀은 62개의 가상 팀을 구성해 새로운 장난감을 디자인하는 실험을 진행했고, 마찬가지 결과를 얻었다. 팀원들은 장난감을 디자인하기 전에 회사의 가치를 숙지했고 그 가치와 '일치'하는 디자인을 해야 한다는 지시를 받았다. 7명의 어린이로 구성된 '전문가 패널'은 소수의 생생한 가치를 지닌 회사가 디자인한 장난감에 더 열광했다.

'절반의 규칙'은 우리가 가장 좋아하는 간단한 빼기 규칙 중 하나이다. 우리는 이 규칙을 《빼기의 기술》을 쓴 라이디 클로즈로부터 배웠다. 이 규칙을 이용해 사고 실험을 해보자. 머릿속으로 맡은 업무, 회의, 이메일, 문서, 보고서 등을 떠올린 후, 그중 50퍼센트를 없앤다. 그리고 남은 50퍼센트를 다시 줄인다. 서튼은 클로즈와 함께 쓴 글에서 학계의 리더들에게 이 규칙을 기관 운영에 적용하라고 권했다. 예를 들어, 대부분의 대학은 교수 채용이나 승진 심사 과정에서 권위 있는 전문가와 학생들의 추천서를 최소한 10건 이상 요구한다. 때로는 25건 이상을 요구하기도 한다. 서튼과 클로즈는 이 경우 절반의 규칙만으로는 충분하지 않다고 주장한다. "5건도 많다. 또한 추천서의 글자 수도 500단어 이하로 제한해야 한다."³² 이런 제약은 결정에 아무런 해도 끼치지 않는다. 오히려 추천서 작성자, 평가자 그리고 매년 이 절차를 따르도록 수천 시간씩 잔소리를 해야 하는 관리자의 부담을 덜어준다.

빼기 의식

생일 축하, 일일 기도, 일요일 가족 식사, 장례식. 이것들은 모두 하나의 의식^{ritual}이다. 되풀이되는 삶의 행위나 중요한 변화를 기리는 행동은 대체로 사람들에게 소중한 의미를 지니며, 위로와 나아갈 방향을 제공하고 사회적 유대를 강화한다.

우리는 상호작용 디자이너^{interaction designer}인 쿨샷 오제닉^{Kursat Ozenc}과 협력해 학생과 경영자들이 빼기 의식을 포함해 다양한 의식을 배우고 개발할 수 있도록 도와왔다. 오제닉과 마가렛 하간^{Margaret Hagan}은 저서 《일을 위한 의식^{Rituals for Work}》에서 '기존 전략이나 역기능적 관행에서 벗어나기 위해 과거의 방식을 쓸어내는' 의식을 여럿 소개한다.[33] 차량 공유 회사 집카^{Zipcar}는 데스크톱 환경에서 벗어나 '모바일 우선^{mobile-first}' 전략을 시행하기 위해 의식을 활용했다. 직원들은 오래된 데스크톱 컴퓨터를 대형 망치로 부수는 행동을 통해 추상적인 경영 지침을 보다 생생하고 직관적인 방식으로 받아들였다.

싫어하는 동료가 해고당하면 사람들은 안도와 함께 불편한 감정을 느낀다. 오제닉과 하간은 이런 경우를 위해 '퇴사자를 애도하는 이별 의식'[34]을 만들었다. 이 의식은 이렇다. 팀원들이 함께 모여 퇴사한 동료에 대해 꼭 **기억하고 싶은 점**을 전부 작성한다. 그 다음에는 **잊어버리고 싶은 점**을 메모한다. 각 팀원은 좋았던 점 중 하나를 선택해 자신도 그것을 실천하겠다고 다짐한다. 마지막으로 모든 메모를 태우거나 잘게 찢어 다 파기한다. 온라인으로 작성했다면 파일을 삭제한다.

아네트 카일Annette Kyle은 1990년대 텍사스주 시브룩에 있는 셀라니즈코퍼레이션Celanese Corporation의 베이포트 터미널Bayport Termianl에서 나쁜 전통을 없애는 데 '빼기 의식'을 능숙하게 활용했다. 카일은 제프 페퍼와 로버트 서튼의 책 《생각의 속도로 실행하라》에 등장하는 영웅 중 하나다. 이 책에는 선박, 바지선, 트럭, 철도가 드나들며 매년 30억 톤의 화학물질을 싣고 내리는 터미널의 책임자가 된 카일이 이끈 '혁명'이 소개되어 있다.[35] 카일이 책임을 맡았을 당시, 베이포트 터미널은 스케줄 지연과 부실한 운영으로 업무 성과가 형편없었고, 직원들은 자신감을 잃고 의기소침한 상태였다. 터미널은 매년 수백만 달러의 벌금을 지불하고 있었다. 하역 작업을 하려는 선박이 도착했을 때 직원들이 준비되어 있지 않으면, 선박 대기 시간당 최대 1만 달러의 '체선료demurrage fee'가 부과되었기 때문이다.

카일은 베이포트 터미널에서 '혁명'을 추진하며 성과 측정 지표를 바꾸었다. 새로운 장비 도입, 작업 흐름 개선, 불필요한 직책 폐지도 잇따라 추진했다. 그는 직원들이 기존의 나쁜 업무 방식을 버리고 새로운 철학과 행동을 이해하고 받아들이도록 도우려고 극적인 의식을 거행했다. 그는 고위직 사이에 '특권 의식이 있어서는 안 된다'는 점을 강조하기 위해, 어느 날 아침 직원 60명을 한자리에 모았다. 그리고 책임자 사무실이 불도저에 의해 철거되는 모습을 지켜보게 했다. 카일은 철거된 건물에서 가져온 자신의 큰 녹색 책상을 경매에 부치며 이렇게 말했다. "나는 큰 책상 뒤에 앉아 있으면 안 됩니다. 나는 가능한 한 팀의 목표에 기여해야 합니다." 또한 나쁜 관행이 죽었다는 것을 강조하려고 철거된 사무실에 있던 물건을 소나무 관에 넣었다. 여기에는 '배는 계획대로 오지 않는다'라고 쓰인 표지판도 포함됐다. 이 표지판은 선박(그리고 바지선, 트럭, 철도 차량)의 도착을 미리 준비할 필요가 없다는 옛날 사고방식을 보여주는 물건이었다.

상황은 1년도 안 되어 눈에 띄게 진전됐다. 1994년에는 250만 달러에 달하던 체선료가 1996년 상반기에는 1만 달러로 급격히 줄어들었다. 카일의 혁명 전에는 트럭이 도착하고 적재하는 데 평균 3시간이 걸렸지만, 혁명 이후에는 90퍼센트의 트럭이 1시간 이내에 적재를 완료했다.

빼기 전문가

'리더는 편집자처럼 행동해야 한다'는 마이클 디어링의 조언은 모든 문제를 혼자 해결해야 한다는 뜻이 아니다. 리더는 알맞은 사람에게 권한, 부하직원, 변화를 위한 자금을 제공할 수 있다.

소셜 미디어 관리 플랫폼 '훗스위트Hootsuite'의 CEO 라이언 홈스Ryan Holmes의 사례를 살펴보자. 2015년, 회사의 기술 담당 이사 노엘 풀렌Noel Pullen은 한 고객에게 15달러 상당의 회사 티셔츠를 보내려고 했다. 그런데 승인 절차가 지나치게 많아 티셔츠 한 장을 보내는 데 200달러가 들었다. 이에 풀렌은 번거로운 절차는 집어치우고 직원들이 알아서 티셔츠를 발송할 수 있도록 해달라고 회계팀과 마케팅팀을 설득했다. 홈스의 말대로 "최악의 시나리오라고 해봤자, 훗스위트 티셔츠가 몇 장 세상에 나돌아 다니는 것뿐이었다."

홈스는 풀렌이 티셔츠 문제를 해결한 방식이 마음에 들어 그를 '나쁜 시스템의 황제czar of bad systems'로 임명했다. 이는 마찰 문제를 고아 문제로 만들지 않도록 막는 역할이었다. 1장에서 이야기했듯이 고아 문제는 많은 직장에 만연한 병폐다. 홈스는 이렇게 지적했다. "나쁜 프로세스는 종종 권력 공백 속에 숨어 있다. 이때 일선 직원은 변화를 일으킬 권한이 없고, 고위 경영진은 이런 문제를 외면하거나 다른 사람이 해결해야 할 문제라고 생각한다."[36]

그러나 훗스위트에서는 직원들이 자신이나 상사의 권한을

넘어서는 고장 난 프로세스로 어려움을 겪을 때면, 풀렌이 직무나 소속에 상관하지 않고 나서서 직원의 업무가 수월할 수 있도록 도와주었다. 풀렌은 나쁜 정책과 업무 병목 지점을 추적하려는 목적으로 내부 그룹(Bad Systems@Hootsuite)을 만들었다. 이에 대해 홈스는 "간단한 포인트 시스템을 바탕으로 해결할 문제의 우선순위를 정하고, 나쁜 프로세스로 영향을 받는 사람의 수를 그 문제를 해결하는 데 필요한 예상 시간과 비교해 평가한다"고 설명했다. 그 결과, 훗스위트는 직원과 고객의 시간 낭비를 막고, 회사의 프로세스를 불평하는 사람의 수를 줄일 수 있었다.

홈스는 잘못된 시스템을 찾아내고 제안을 검토하며 어떤 문제를 해결할지 선택하는 일을 도와줄 사람들을 모집했다. 똑똑한 빼기 전문가의 전형적인 행동양식이다. 빼기 전문가는 단독으로 활동하기보다 다른 빼기 전문가들과 협력한다. 하와이퍼시픽헬스병원에서 애슈턴 박사가 했던 것처럼 말이다. 시빌라도 미시간주의 끔찍한 복지신청서 양식을 수정할 때 공무원들의 도움을 받았다. 또한, 이 장의 뒷부분에서 소개하겠지만, 푸시칼라 수브라마니안의 팀이 아스트라제네카에서 단순성을 확장한 방식도 이와 비슷하다.

빼기 게임

우리는 저서 《성공을 퍼뜨려라》³⁷를 쓰면서, 잘 운영되는 조직일수록 시간과 돈을 낭비하고 직원들을 미치게 만드는 장애물과 끈질기게 맞서 싸운다는 사실을 깨달았다. 우리는 이 교훈을 사람들이 실제로 적용할 수 있도록 도울 목적으로, 100개 이상의 조직과 함께 '헬프 센터' 워크숍에서 '빼기 게임'을 진행했다. 이 워크숍에는 블룸에너지의 최고경영진 8명, 신용조합의 경영진 100명, 넷플릭스 필름의 포스트프로덕션 직원 150명, 대형 로펌 파트너 300명, 마이크로소프트 경영진 400명, 스탠퍼드대학 직원 60명 등이 참여했다.

우리는 참가자들에게 홀로 브레인스토밍을 시작해보라고 권한다. "당신이 속한 조직의 운영 방식을 떠올려보십시오. 불필요하게 좌절감을 주는 요소가 있습니까? 일터에서 주의를 산만하게 하는 것이 있습니까? 한때는 유용했지만 지금은 방해가 되는 것이 있습니까?" 일부 조직을 대상으로는 추가적으로 "회사의 시스템적 문제 중 여러분의 영향력 안에 있는 장애물을 떠올려보라"고 한다. 이후 참가자들은 작은 그룹으로 나뉘어 각자 떠올린 장애물에 대해 10분 정도 토론하고, 빼기가 가능한 대상에는 어떤 것이 있는지 브레인스토밍한다. 마지막으로 관심을 유지하기 위해 뺄 대상을 몇 개 정하고 대략적인 실행 계획의 개요를 작성한다. 장애물 제거 책임자와 필요한 협력자를 선정하고, 이런 변화에 반대할 가능성이 있는 사람이나 팀도 적는다.

여러 그룹이 게임에 참여하는 경우, 각 그룹은 대변인을 한 명씩 선정해 선택한 빼기 대상과 실행 계획을 발표한다. CEO나 그 외 영향력 있는 리더가 동석했을 경우에는, 그들에게 토론 도중에는 듣기만 하고 마지막에 발언하도록 요청한다. 때로 배려 깊은 고위 경영진은 우리가 요청하지 않았는데도 대화를 방해하지 않으려고 게임 도중 스스로 방을 떠나기도 했다.

우리의 제안을 바탕으로 각 그룹은 다양한 빼기 대상을 선택했다. 어떤 그룹은 (이메일 500단어 이하로 유지하기 같은) 실용적인 아이디어와 (인사팀 해체 같은) 엉뚱한 아이디어를 함께 선택했다. 또, 어떤 그룹은 제거하기 쉬운 목표(예를 들어, 사무실에서 사용하지 않는 유선 전화기)와 제거하기 어려운 목표(예를 들어, 이사회에서 세세한 부분까지 간섭하는 두 명의 멤버)를 동시에 골랐다.

어떤 그룹은 즉각 행동에 나섰다. 소프트웨어 회사의 관리자 25명과 함께 진행한 게임에서, 한 부사장이 즉시 이메일을 보내 문제가 있는 프로젝트를 중단하고 주간 팀 회의를 격주로 변경하라고 지시했다. 또 서론에서 이미 소개했지만, 한 금융 서비스 회사의 CEO가 관리자 80명에게 일주일 안에 각자 제거할 대상 2개를 정하고 한 달 안에 이를 실천했음을 증명하라고 지시했다. 실천한 사람에게는 5000달러의 보너스를 지급했다. 그 결과, 관리자들은 실적이 낮은 제품 라인 종료, 회의 축소, 불량 공급업체와의 계약 종료 등 수백 가지의 개선을 실천했다.

한 글로벌 의료 대기업의 법률 고문(최고 변호사)은 회사의 출산 및 육아에 관한 사규가 거의 100개에 달해 관리자와 직원은 물론, 정책을 담당하는 인사 담당자들조차 혼란스러워하고 있다고 밝혔다. 1년 후, 그는 '빼기 게임'에서 영감을 얻어, 인사 담당 책임자에게 정책을 검토하고 통합하게 했다. 회사는 관련 조항을 거의 50퍼센트나 줄였다.

하지만 '빼기'를 이야기하면서도 실행에 옮기지 않는 그룹도 있었다. 그들은 대화와 불평할 기회는 반겼지만 아이디어를 실행할 여유나 힘, 동기가 부족했다. 사소하거나 모호한 목표만 들먹이는 그룹도 있었다. 특히 진실을 말했다가 상부로부터 견책이나 강등, 심지어 해고까지 당할 수 있는 심리적으로 안전하지 않은 직장에 다니는 사람들이 그랬다. 이 게임의 목표는 가능한 한 많이 빼기 대상을 찾아내고, 그중 실현 가능한 몇 가지 목표에 집중하는 것이다. 하지만 현실에서는 제안된 목표의 상당수가 무시되거나 잊힌다. 건강한 조직조차도 예외는 아니다.

회의의 개선 및 폐지 도구

밥슨대학의 롭 크로스$^{Rob Cross}$ 교수는 지난 20년 동안 회의 참석과 이메일 발송 등 협업 업무가 적어도 50퍼센트 이상 폭증했다고 밝혔다.[38] 특히 2020년 코로나 팬데믹 이후, 원격 회의나 하이브리드 회의(온·오프라인으로 동시에 이뤄지는 회의 방식-옮긴이)의 확산으로 협업 업무 부담이 심화되었다. 310만 명의 사무직을 대상으로 한 하버드 경영대학원의 연구에 따르면, 팬데믹 이후 회의 횟수는 15퍼센트 증가했다.[39]

몇몇 조직은 빼기 전략을 활용해 이런 경향에 맞섰다. 아사나연구소의 레베카 힌즈가 소수의 마케팅팀 직원과 함께 진행한 한 달짜리 '회의 종식의 날' 실험 프로그램이 대표적인 사례다. 앞서 설명했듯이, 회의 종식의 날 첫 번째 단계는 '회의 감사'로, 직원들은 자신의 일정을 점검해 유익하지 않은 정기 회의를 골라냈다. 두 번째 단계에서는 향후 이틀간의 일정에서 5인 미만의 회의 일정을 모두 삭제했다. 이들은 며칠 동안 '깨끗한 일정표'에 따라 근무한 후 스스로의 회의 감사에 따라 유익한 회의만 되살렸다.[40]

직원들은 회의 몇 개는 완전히 없앴고 몇 개는 빈도를 줄였으며 대다수는 소요 시간을 단축했다. 30분짜리는 15분으로, 60분짜리는 45분으로 말이다. 이 프로그램의 효과는 놀라웠다. 힌즈는 참가자들이 한 달에 평균 11시간을 절약했다고 보고했다. 마케팅팀 직원 프란체스카는 이 실험 프로그램에 참가하기 전에도 자신의 일정이 '최상의 상태'라고 생각했는데, 실험 후 한 달에 32시간을 절약하는 성과를 거뒀다. 그는 회의 종식의 날 프로그램의 최우수 참가자가 됐다.

우리는 힌즈와 함께 아사나의 마케팅팀 직원을 대상으로 '회의 리셋 프로그램'을 진행했다. 그 결과, 직원 한 명당 한 달에 평균 5시간을 절약할 수 있었다. 회의를 취소한 것이 결정적 요인이긴 했지만(총 절약 시간의 37퍼센트에 해당한다), 회의의 횟수와 시간을 줄인 것과 직접적인 프레젠테이션과 대화 대신 서면으로 된 의사소통을 더 많이 활용한 것도 영향이 컸다(총 절약 시간의 63퍼센트에 해당한다). 우리가 회의 리셋의 단점에 대해 묻자, 힌즈는 이렇게 답했다. "대부분의 참가자가 회의 재설정 프로그램과 그로 인한 시간 절약을 긍정적으로 받아들였습니다. 다만, 일부 참가자는 동료들과 관계를 맺는 데 회의가 큰 역할을 한다고 생각했기에 가치가 낮은 회의를 없애는 데 우려를 나타냈습니다."

물론 이보다 더 나은 회의 개선 및 폐지 방법이 있을 수 있다. 혹은 자체적인 해결책을 찾을 수도 있을 것이다. 하버드대학의 경제학자 레슬리 펄로Leslie Perlow는 한 소프트웨어 회사에 합류해 연구를 진행했다. 이 회사의 기술자들은 자주 만나 협업했는데 오히려 이것이 업무에 방해가 되었다. 프로젝트를 제때 끝내려면 야근과 주말 근무가 불가피했다. 펄로는 '조용한 시간'의 도입을 권유했다. 즉 하루 두 번, 오전 8~11시와 오후 3~5시를 방해 금지 시간으로 정하게 했다. 그 결과, 오전의 조용한 시간 동안 생산성이 59퍼센트, 오후의 조용한 시간 동안에는 65퍼센트 증가했다.[41]

    기업용 소프트웨어 회사 세일즈포스^{Salesforce}가 2021년과 2022년에 시행한 '비동기 주간^{async week}' 실험에서 영감을 얻을 수도 있다. 이 실험에 따라 1만 명 이상의 직원이 회의 없는 일주일을 실천하려 노력했다. 물론 단점도 있었다. 직원 중 13퍼센트는 자신의 업무 특성이나 업무 스타일상 회의가 필요하기 때문에 전반적으로 더 오래 일해야 했다고 답했다. 16퍼센트는 디지털 방해 요인이 증가하면서 오히려 업무가 더 어려워졌다고 보고했다. 어떤 직원들은 서면으로만 의사소통하느라 중요한 뉘앙스를 놓쳐 실수가 발생했다고 밝혔다. 이런 문제의 예방책으로 세일즈포스의 직원들은 신중한 계획 수립, 기대치의 명확한 전달, 회의가 꼭 필요한 사람들에게는 예외 허용하기 등의 방식을 도입했다. 2022년 6월, 세일즈포스의 일부 대형 사업부는 분기별로 비동기 주간을 실시하기로 결정했다. 이 기간 동안, 고위 경영진부터 독립적인 업무를 수행하는 비非관리직 직원까지 모든 직원이 한 주간 회의를 전부 취소했다. 단, 교육 관련 회의, 중요한 비즈니스 회의, 고객 회의는 그대로

진행했다.[42]

정화

'정화'는 강력한 리더가 조직의 망가진 부분을 제거하려는 목적으로 집중적이고 심도 깊은 노력을 기울일 때 일어난다. 이는 1993~2002년 IBM을 이끌었던 루 거스너[Lou Gerstner]와 1997년에 애플로 복귀한 스티브 잡스의 유명한 회생 전략 중 하나였다. 거스너의 첫 번째 조치 중 하나는 애비 콘스탐[Abby Kohnstamm]을 마케팅 책임자로 고용한 것이었다.[43] 당시 콘스탐은 혼란스러운 상황과 마주해야 했다. IBM의 대형 사업부는 자체적으로 광고 예산을 운영하며 각자 다른 광고 대행사와 슬로건, 로고, 마케팅 전략을 사용했다. 이는 고객의 혼란과 예산 낭비를 불러왔다. 거스너는 IBM의 최고경영진 35명을 한 회의실로 불러들였다. 벽에는 각 부서의 광고, 제품 포장 사진, 마케팅 자료가 모두 걸려 있었다. 콘스탐이 브랜드와 제품 포지셔닝의 대실패를 한바탕 되짚은 후, 거스너가 말했다. "우리는 이보다 더 잘할 수 있습니다." 콘스탐은 즉각 모든 광고 대행사를 해고하고 대부분의 광고를 중단했다. 그리고 IBM 브랜드의 통일된 목소리를 구축하기 위해 오길비앤매더[Ogilvy & Mather]에게 일을 의뢰했다.

스티브 잡스는 (1985년에 쫓겨났다가) 1997년에 애플로 돌아온 뒤 처음 몇 주 동안 방대한 제품 라인업을 조사했다. 그는 수익성이 낮고 애플과 어울리지 않는 제품을 찾는 데 집중했다. 그는 (소비자는 물론이고) 직원들도 퍼포마^{Performa} 3400, 4400, 5400 제품을 포함해 다양한 매킨토시 컴퓨터의 차이점을 정확히 모른다는 사실을 알게 되었다.[44] 뉴턴^{Newton}(휴대용 장치)과 핍핀^{Pinppin}(게임기) 등 다른 애플 제품도 이익을 내지 못하는 상황이었다. 이후 채 1년도 지나기 전에 잡스는 기존 제품의 생산을 모두 중단했다. 그리고 비즈니스용 데스크톱과 노트북, 소비자용 데크스톱과 노트북 등 오직 4개만으로 새로운 매킨토시 컴퓨터 라인업을 구성했다.

  IMB의 마케팅 실패와 애플의 어지러운 제품 라인업은 비슷한 원인에서 비롯된 결과였다. 분산 경영은 각각의 책임자에게 더하기 권한만 주고 다른 사람의 더하기 권한을 막을 권한은 주지 않는다. 하딘이 주장한 '공유지의 비극'이 반전된 사례라고 볼 수 있다. 각 부서는 새로운 캠페인이나 신제품 출시에 보상을 받았다. 하지만 무분별한 추가는 고객의 혼란과 예산 낭비라는 결과를 불러와 결국 IMB과 애플 전체에 해를 끼쳤다. 경영 전문가들은 종종 거스너나 잡스처럼 '지휘와 통제'를 강하게 휘두르는 리더를 비판한다. 그러나 망가진 조직을 살리려면 때로는 그런 리더가 필요하다.

빼기 운동

'빼기 운동'은 조직 내 대다수 혹은 모든 구성원이 참여하는 지속적인 노력이다. 거대 제약회사 아스트라제네카가 효율성을 키운 방식에 관한 스탠퍼드대학의 사례 연구를 살펴보면, 이 운동이 다양한 빼기 도구를 융합하는 방식을 알 수 있다.[45] 푸시칼라 수브라마니안은 2015년 회사에 '단순화 증진 센터 Center for Simplification Excellence'를 설립하며 이 운동을 주도했다. 이 센터는 임상 실험과 환자 진료 시간을 더 많이 확보하기 위해 직원들에게 일주일에 30분을 돌려주자는 '100만 시간 도전'을 시작했다. 그 결과 6만 명의 직원이 2년 동안 200만 시간 이상을 절약했다고 추산된다.

수브라마니안 팀은 IBM이나 애플과 달리 아직 위기에 처하지 않은 아스트라제네카에서 거스너나 잡스처럼 하향식 접근 방법을 사용하면 역효과가 날 것이라고 판단했다. 2011년부터 2016년까지 매출과 이익이 꾸준히 감소하고 있기는 했지만 말이다. 또 아스트라제네카는 분산형 기업이어서, 각 지역의 리더는 본사의 지시를 수정하거나 거절할 수 있는 상당한 권한이 있었다. 그래서 수브라마니안 팀은 일방적으로 지시를 내리는 대신 '선수-코치' 접근 방식을 택했다. 회사 전체를 대상으로 몇 가지 핵심 도전을 시행하긴 했지만, 성과는 전체 시스템과 지역 시스템의 작은 변화들이 축적된 결과로 나타날 것이라고 기대했다. 직원 대부분은 의무감에서가 아니라 자발적으로 동참했다. 수브라마니안 팀은 해결책이 각 지역 상황에 맞춰 조정될 거라고 믿었다. 수브라마니안은 이렇게 말했다. "세상의 굶주림을 해결하려 들지 말고, 코끼리를 한 입씩 나눠 먹는 것부터 시작해야 합니다."

아스트라제네카 신입사원들은 회사 노트북을 지급받기까지 며칠씩 걸렸다. 이런 상황은 생산성 감소를 불러왔고 의심과 냉소주의가 자리 잡는 씨앗이 되었다. 수브라마니안 팀은 인사팀, 채용 관리자, IT 리더들과 협력하여 모든 나라의 모든 직원에게 출근 첫날 노트북과 즉각적인 기술 지원을 제공하는 프로그램을 시작했다. 또, 회사 차원의 노력으로 노동 시간을 수천 시간 줄였다. 이를테면 아웃룩에 설정한 기본 회의 시간을 30분에서 15분으로 변경했다.

수브라마니안 팀은 웹사이트와 워크숍, 전문 코치를 지원해 전 직원이 직원이나 고객의 좌절 요인을 파악하고 이에 맞는 현지 맞춤형 해결책을 찾아 실행하도록 했다. 그 결과, 지역별로 수백 가지의 개선이 이루어졌다. 멕시코 지사의 IT팀은 서류 작업을 절반으로 줄여 연간 690시간을 절약했다. 대만과 태국 지사는 회의 없는 날을 도입했다. 일본 지사의 직원들은 각자 한 가지씩 업무를 단순화하여 전체적으로 연간 5만 시간을 절약했다. 2017년 5월 17일, 회사는 '세계 효율성의 날World

Simplification Day'를 개최해 2년 만에 200만 시간을 절약한 성과를 축하하며, 기업 전체에 시간 절약 사례를 공유했다.

2017년 12월, 수브라마니안와 고위 경영진은 또 다른 빼기 결정을 내렸다. '단순화 증진 센터'를 없애기로 한 것이다. 처음부터 수브라마니안의 목표는 자신의 역할이 더는 필요 없게 되는 것이었다. 그의 팀원들도 그동안 열정적으로 일한 만큼 지쳐 있었고 이제 새로운 도전을 할 때였다. 수브라마니안은 빼기 운동이 추진력을 잃을까 봐 걱정되었지만, 이제 이 운동을 유지하는 것은 회사의 리더와 부서장 그리고 직원들의 몫이라고 생각했다.

추신: 애초에 불필요한 것을 더하지 않는 사람들을 칭찬해야 한다

중국의 철학자 노자老子는 이렇게 말했다. "아무것도 하지 않으면 하지 못하는 일이 없게 된다(무위이무불위無爲而無不爲)." 똑똑한 마찰 해결사는 불필요한 것, 과도한 것, 파괴적인 것을 처음부터 더하지 않는다면 나중에 빼야 할 필요도 없다는 점을 결코 잊지 않는다.

스탠퍼드대학의 동료 교수 페리 클레번과 제러미 어틀리는 런치패드 수업에서 '불필요한 것을 더하지 않기'를 핵심 철학으로 삼았다.⁴⁶ 5장에서 설명했듯이, 2010년부터 지금까지 이 수업을 들은 학생들은 100개 이상의 회사를 설립했고, 이

중 50퍼센트 이상이 존속하고 있다. 클레번은 창업을 준비하는 학생들에게 한 번에 하나 또는 몇 개의 구체적인 프로토타입만 실험할 것과 고객이 원하는 제품은 예측 불가능하다고 생각할 것을 가르친다. 이 말은 고객 입맛에 맞게 끊임없이 제품이나 서비스를 개선해야 한다는 뜻이다. 물론 회사를 세울 만큼의 충분한 장기 수익을 창출해야 한다는 점도 간과해서는 안 된다.

그래서 클레번과 어틀리는 다른 창업 전문가나 투자자가 회사 설립에 필수적이라고 설교하는 많은 단계를 건너뛰거나 미루라고 가르친다. 예를 들어, 많은 창업 전문가가 제품이나 서비스, 재무 모델, 목표 시장, 관련 경험을 구체적으로 설명하는 상세한 사업 계획서를 작성하라고 조언하는 반면, 클레번과 어틀리는 그런 문서 작업 대신 3~5분짜리 짧은 발표를 반복적으로 연습하도록 지도한다. 잠재적 투자자와 직원, 고객은 일단 어떤 회사인지를 알고 싶어 하기 때문이다. 또, 둘은 꼼꼼한 사업 계획은 쓸모가 없거나 때로는 해롭다는 생각에서 전략적 '무활동inaction'을 지도한다. 회사의 제품(과 목표 고객)은 거의 틀림없이 지속적으로 변할 것이기 때문이다. 클레번과 어틀리는 창업자는 완벽한 계획을 세우느라 시간을 낭비하기보다는, 그 시간을 프로토타입을 완성하고 테스트하며 배우는 데 더 효과적으로 활용해야 한다고 강조한다. 또한 노동은 애착으로 이어진다는 심리적 원리 때문에, 창업자들이 초기 아이디어가 나쁘더라도 비합리적으로 집착할 가능성이 높다는 점도 지적한다.

사업 계획서에 대해 부정적 시각을 지닌 사람은 클레번과 어틀리뿐만이 아니다. 메릴랜드대학의 데이비드 커시David Kirsch가 이끈 700개 스타트업을 대상으로 한 연구에 따르면, 사업 계획서의 품질과 벤처 캐피털 자금 유치 가능성 사이에는 아무런 연관성이 없다.[47] 경제학자이자 《사업 계획서는 불태워라Burn the Business Plan》[48]의 저자 칼 슈람Carl Schramm은 아마존, 애플, 페이스북, 마이크로소프트가 사업 계획을 세운 적이 없다며 "경험적으로 볼 때 사업 계획은 불필요하다"고 주장한다.

요컨대, 사람들에게 부담을 주고 결국에는 시간 낭비(혹은 더 나쁜 것)임을 깨닫기 전에 잠시 행동을 멈추고 "아무것도 하지 않는 건 어떨까?"라고 자문해보기를 권한다.

옳지만 힘들고
비효율적인 것들을 위한 길 닦기

| 3 |

우리는 마찰 프로젝트를 시작할 때, 조직 생활의 대부분이 가능한 한 빠르고 쉬워야 한다고 믿었다. 하지만 그것은 잘못된 생각이었다. 이제 우리는 진정한 아름다움은 빼기에 있다고

생각한다. 빼기는 우리 마음을 맑게 해주며, 어렵고 비효율적이며 복잡하고 괴롭지만 옳은 일에 집중할 시간을 준다.

불필요한 방해 요소와 스트레스 요소를 제거하면 훌륭한 일을 하고 만족스러운 삶을 사는 데 필수적인 깊은 인간관계를 형성할 수 있는 여유를 갖게 된다. 그렇다. 낯선 사람들로 이루어진 팀이라도 충분한 훈련과 역할에 대한 명확한 이해가 있다면 신속하게 '이성적 신뢰'를 형성할 수 있다. 이를테면, 항공사 승무원이나 응급실 의사, 간호사들은 서로 모르는 사이일지라도 각자의 역할을 정확히 알고 있기 때문에 함께 맡은 일을 훌륭히 수행한다. 물론 최고의 성과는 협력자들이 오랜 시간 함께 일하며 여러 실패와 성공을 겪은 끝에 형성된 깊은 '감정적 신뢰'[49]에서 비롯되지만 말이다.

새로운 회사를 창업하거나 제품을 개발하는 일, 혹은 수술이나 브로드웨이의 뮤지컬 공연처럼 협력이 필수적인 상황에서는 자주 함께 일하며 감정적 신뢰를 쌓았을 때 더 좋은 성과를 거둘 수 있다. 물론 시간이 지나며 정체될 위험도 있기 때문에 새로운 피가 필요할 때도 있다. 하지만 그러기까지는 보통 상당한 시간이 걸린다. 그리고 몇몇 꾸준한 관계는 결코 그 불꽃을 잃지 않는다. '오마하의 현인' 워런 버핏Warren Buffett과 동료 투자자 찰리 멍거Charlie Munger는 1965년부터 함께 일하기 시작했는데, 거의 60년 동안 계속해서 놀라운 재정적 성과를 기록

했다.⁵⁰

빼기는 또한 창의적인 작업의 특징상 불가피한 시간 소모와 실패, 정신적 피로와 산만함을 위한 길을 닦아준다. 2장에 소개한 코미디언 제리 사인필드가 〈하버드비즈니스리뷰〉와의 인터뷰에서 "효율적이라면 잘못된 방식으로 작업하는 것이다. 올바른 방식은 힘든 방식이다"라고 말한 이유도 여기에 있다. 효율적인 방법에는 나쁜 아이디어의 초기 차단 등이 포함된다. 효율적인 방법이 오히려 창의성을 죽인다는 사인필드의 믿음은 수많은 연구가 뒷받침한다. 특히, 팀이나 조직의 실패율을 줄이려는 시도는 오히려 비효율적이라는 연구 결과가 많다. 심리학자 딘 키스 사이먼튼Dean Keith Simonton의 연구에 따르면, 가장 창의적인 사람들은 가장 높은 성공률을 기록한 사람이 아니다. 피카소, 레오나르도 다빈치, 물리학자 리처드 파인만Richard Feynman 등 역사적으로 유명한 천재들은 평범한 동료들보다 많이 성공한 만큼 **많이 실패했다**. 작곡가, 예술가, 시인, 발명가, 과학자 등 사이먼튼이 연구한 모든 직업 분야에서 동일한 결론이 나왔다. 가장 성공한 창작자는 가장 실패한 사람인 경우가 많았다!⁵¹

또한 빼기는 사람들이 속도를 늦추고 좋은 규칙을 만들 여유를 준다. 효과적인 규칙 혹은 '실용 행정'에 관한 연구에 따르면, 가장 좋은 규칙이 반드시 가장 단순하고 짧은 규칙은 아니다. 레이샤 드하트-데이비스Leisha DeHart-Davis가 미국 중서부의 4개 도시에서 실시한 연구는 규칙이 미묘한 부분과 핵심 세부 사항까지 명확하게 작성되었을 때 공무원과 시민에게 가장 효과적이라는 사실을 보여준다.[52] 시민들은 예외나 다른 해석의 여지를 허용하지 않는 보다 명확하고 종합적인 규칙이 공정하다고 여겼다. 한 공공사업부의 비서는 거리의 제설 순서를 세부적으로 명시한 도시 제설 정책이 자기 동네의 눈이 아직 치워지지 않았다고 화를 내는 시민을 상대하는 데 도움이 되었다고 설명했다. "시민들에게 시市의 절차를 설명하며 그들이 차별당하는 것이 아니라는 점을 보여줄 수 있었기 때문이다."[53]

드하트-데이비스의 연구에 따르면, 실용 행정의 또 다른 장점은 규정을 집행하는 시 공무원이 속도를 늦추고 시간을 들여 시민에게 불편함과 비용이 발생하는 이유를 설명하는 데 있다. 불만을 품은 주민에게 규정을 차근차근 설명하는 건물 관리자처럼 말이다. 사람들은 매년 많이 일어나는 아이들의 수영장 익사 사고를 막기 위해 뒷마당의 수영장 주변에 울타리를 설치하는 일이 중요하다는 것을 이해하고 나면 더 이상 불평하지 않는다.[54]

결론적으로, 4장의 마찰 진단이 제시한 질문들, 즉 무엇을 더할지, 언제 속도를 늦출지, 복잡성이 필요한 곳은 어디인지,

무엇을 불가능하게 만들지 등의 질문만큼이나 무엇을 뺄지, 언제 속도를 높일지, 간단함이 필요한 곳은 어디인지, 무엇을 더 쉽게 만들지를 아는 것도 중요하다. 따라서 이 장의 마지막 조언은 앞서 나온 조언과 내용이 정반대다. 당신과 당신의 마찰 해결사 동료는 '좋은 마찰 검토'와 함께 '좋은 덜어내기 검토'도 실천해야 한다. 그러니 스스로에게 이렇게 질문해보자. "여기서는 어떤 것을 아주 간단하고 쉽고 신속하고 저렴하게 만들어야 할까?"

끊어진 연결

Broken Connections

- 한 암 환자가 자신의 종양 전문의에게 변비와 소화 불량 증상을 호소하며 (암과는 무관하지만) 자신의 비정상적인 뇌 스캔 결과가 너무 걱정된다고 털어놓았다. 하지만 주치의는 그의 호소에 해결책은커녕 조금의 동정심도 보이지 않았다. 진료 후 의사는 자신의 진료팀에 이렇게 보고했다. "특별한 이상은 없습니다. 암 치료는 잘 진행되고 있습니다."

이 종양 전문의와 레지던트, 같은 팀의 간호사와 행정 담당자는 암 치료만을 자신들의 업무로 한정했다. (처방된 화학요법의 부작용 등) 환자의 전체적 건강은 무시했다. 그들은 자기 전문 분야가 아닌 증상의 치료를 환자의 몫으로 떠넘겼다.
- 또 다른 암 환자는 병원의 두 부서에서 진료 예약을 해야 했는데, 한 부서에서 다른 부서의 예약을 잡거나 확인하는 일은 불가능했다. 그래서 그는 힘든 몸을 이끌고 병원 내 이곳저곳을 고통스럽게 돌아다녀야 했다. 환자복을 입은 채 눈물을 흘리면서 말이다.
- 한 입원 환자는 14주 동안 힘들고 끔찍한 항암 치료를 받은 후 외래 치료만을 남겨둔 채 퇴원했다. 입원한 이래 처음으로 어린 아들을 안았고, 몇 분 동안 행복한 시간을 보냈다. 하지만 아내가 조심스레 물었다. "이제 어디서 뭘 해야 하죠?" 그제야 부부는 병원의 누구도 다음 치료 단계나 연락할 사람을 알려주지 않았다는 사실을 깨달았다. 결국 남은 치료 계획을 세우는 일은 아내의 몫이 되었다.

멜리사 밸런타인Melissa Valentine은 최첨단 암 전문 병원의 탄생 과정을 3년 동안 연구하며 이들 사례와 맞닥뜨렸다. 최고의 전문의를 고용한 이 암센터는 최첨단 시설을 갖추었으며, 환자 중심 치료를 내세우며 최신 기술을 도입했다.[1]

그러나 이 센터가 환자 중심이라는 가치를 실현하지 못하는 상황은 많은 조직이 시달리는 일련의 마찰 문제를 그대로 보여준다. 좋은 의도를 지닌 숙련된 직원이 많은 조직에서도 **협력 문제**는 발생한다. **조직 내 부서 간 의사소통과 협업, 행동 통합의 실패 때문이다.** 이는 기술자가 실제로 제작 가능한 디자인인지를 확인하지 않고 제조 부서에 해당 디자인을 넘길 때 실패가 발생하는 이유이기도 하다. 협력 문제 때문에 항공편 취소 정보가 일선 직원과 승객에게 전달되는 데 몇 시간이 걸린다면, 승객들은 대혼란을 겪을 것이다. 레스토랑에서도 마찬가지다. 좋아하는 요리를 주문했는데 주방 직원이 서빙 직원에게 재료가 없다는 사실을 알리는 데 45분이 걸린다면 손님은 분통이 터질 것이다.

이 장에서는 조직 안에서 지식과 행동이 제대로 통합되지 않는 원인과 해결책을 다룬다. 다른 파괴적인 마찰과 마찬가지로 협력 문제도 모두가 알지만 아무도 해결하려 들지 않는 고아 문제일 때가 많다. 앞서의 암 환자 사례에서도 두 진료 과목의 방문 예약과 치료 계획을 조정하는 일은 누구의 업무도 아니었다. 결국 복잡한 병원 시스템과 씨름하는 일은 환자와 가족의 몫이 되었다. 환자가 필요한 의료 서비스 제공자나 교통편, 재정 지원 등 필수 서비스를 찾는 과정에서도 병원은 거의 도움 되지 않는 정보만 제공했다. 그래서 환자와 가족들은 치료 과정에서 대부분의 일을 스스로 해결해야 했다.

한 환자는 치료 과정 동안 최소 50명의 의료 전문가에게 직접 연락해 예약을 잡고 자신의 상태와 필요한 치료를 설명하는 일이 얼마나 힘들었는지를 털어놓았다. 그는 "의사 13명에게 각각 연락해야 했어요. 마취과 의사는 제외하고요"라고 말했다. 환자는 의사 각각은 훌륭한 의료 제공자였지만 스스로 치료를 계획하고 조정하는 일이 너무 벅찼다고 말했다. 그리고 모든 전문가, 그들이 요구한 과거 치료 기록, 부작용, 보험 정보, 각자가 처방한 약 한 무더기, 예약 일정 등을 직접 관리하느라 "완전히 지쳤었다"고 덧붙였다.

환자들은 직접 나서서 센터를 설득해 마침내 이런 스트레스를 줄이는 조치를 이끌어냈다. 그들은 자신들이 겪어야 했던 까다로운 무급 노동을 '암 세금'이라고 불렀다. 이 암센터는 협력 문제가 만연한 조직이 공통적으로 보이는 두 가지 특징을 지니고 있었다.

첫 번째 특징은 **영향력 있는 사람들이 협력해야 할 사람들과 집단을 무시, 폄하하거나 심지어는 방해하기도 한다는 점**이다. 암 전문의는 자신을 암센터에서 가장 중요한 존재로 여기며 다른 과목 전문의의 업무를 부차적이거나 중요하지 않다고 혹은 완전히 필요 없다고 생각했다. 그들은 자신이 처방한 화학요법으로 인한 피로, 설사, 경련 등의 부작용을 '정상'으로 간주해 그런 증상을 치료할 전문의를 찾는 책임을 환자에게 넘겼다.

두 번째 특징은 **영향력 있는 사람들이 협력 문제의 해결책에 거의 관심을 기울이지 않는다는 점**이다. 센터를 설립한 경영진, 컨설턴트, 의사들은 부서 간 협업을 입으로만 외쳤다. 뇌종양, 유방암, 피부암 등 암 분야에서 강력한 진료팀과 부서를 만드는 데만 집중했고, 부서 간 협력을 돕는 방안에는 소홀했다. 심지어 환자에게 필요한 외부 전문가, 즉 사회복지사나 호스피스 간병인, 암 치료로 인한 부작용과 다른 건강 문제를 치료하는 심장 전문의와 방사선 전문의에 대해서는 논의조차 하지 않았다.

이 센터의 리더들은 병원의 비전을 담은 로드맵을 준비했다. 그들은 이 로드맵에서 센터가 최신 암 연구에 바탕을 둔 치료를 제공하기 때문에 환자가 최상의 치료를 받을 것이며, 센터가 주도하는 화학 연구를 통해 새롭고 더 나은 암 치료법이 개발될 것이라고 강조했다. 하지만 밸런타인은 이 로드맵에 '환자나 가족이 치료 과정에서 마주치는 여러 의료 및 비의료 전문가들과의 행정 업무'를 용이하게 하는 방안은 전혀 없다고 지적했다.

이처럼 다양한 업무와 부서에 속한 관련자들은 지식을 공유하지도 않고 협력 의지도 부족했다. 게다가 이들의 역할과 책임을 조율할 사람이 없었기에 환자를 위한 기본적인 협력조차 이루어지지 않았다. 이런 문제를 겪는 조직이 암센터만은 아니다. 우리 안에 내재된 편견, 조직의 설계 방식, 보상(과 처벌)

방식 때문에 많은 일터에 비슷한 마찰 문제가 퍼져 있다.

사람들이 협력을 소홀히 하는 이유
| 1 |

암센터를 이끈 사람들은 똑똑한 데다가 열심히 일했으며, 환자와 가족을 깊이 배려했다. 그런데 어쩌다가 자신들이 돕고자 했던 사람들에게 암 세금을 부과하는 시스템을 만들어내고 말았을까? 많은 조직이 협력 문제로 어려움을 겪는 이유는 무엇일까?

그 원인의 일부는 인간이 본래 가지고 있는 심리적 특성, 즉 인지 편향에서 비롯된다. 스탠퍼드대학의 칩 히스Chip Heath와 고故 낸시 스타우덴마이어Nancy Staudenmayer는 사람들이 조직이 구분한 역할이나 부서에만 집착하고 전체가 함께 작용하는 방식은 소홀히 하는 '협력 무시coordination neglect'를 저지르는 경향이 있음을 보여준다.[2]

히스와 스타우덴마이어는 협력 무시를 두 가지 유형으로 구분했다. 첫 번째 유형은 **업무 중심주의**Component focus로, 한 팀이나 부서의 구성원들이 자기 업무에만 몰두한 채 자기 일이 다른 사람들의 업무와 어떤 영향을 주고받는지는 등한시하는 경우다. 포드 자동차의 한 기술자는 자기는 자동차 구조 설계에 집착한다고 털어놓으며 "도로를 달리는 자동차를 봐도 (차의 기본 구조 외) 다른 부분은 눈에 들어오지 않는다. 내게 보이는 것은 서스펜션 막대가 위아래로 움직이는 모습뿐이다"라고 말했다. 그의 머릿속에는 자동차의 나머지 부분이나 포드의 다른 직원들은 사실상 존재하지 않았다. 암센터 의사들 역시 업무 중심주의에 빠졌다. 암 전문의는 환자의 종양만이 환자의 건강을 결정짓는 유일한 요소라고 생각했다.

히스와 스타우덴마이어가 지적했듯이, 업무 중심주의에 빠진 사람들에게 "전체 성과는 '개별 업무의 단순한 합산'이 아니라 특정 업무의 기능에 좌우된다."

개인의 전문성이 심화될수록 좁은 영역으로의 집중 현상은 더욱 두드러진다. 히스와 스타우덴마이어는 '지식의 저주'가 업무 중심주의로 인한 협력 부족을 어떻게 악화시키는지를 설명하면서, 전문가들이 자신의 지식을 너무 당연한 것으로 받아들이고 남들도 쉽게 이해할 것이라고 착각하는 사례를 제시한다. 전문가들은 해당 정보를 상식이라고 생각해(오랫동안 그 분야를 공부한 전문가들에게는 너무나 쉬운 정보이기 때문이다) 다른 직책이나 분야에 있는 사람들에게 전달하지 않음으로써 자신도 모르게 협력 문제를 일으킨다. 설령 정보를 전달하더라도 나름대로 쉽게 설명한다고 생각하지만 실제로는 상대방이 이해하기 어려운 경우가 많다. 조직 이론가 데보라 도허티Deborah Dougherty

가 연구한 '기술 전문가'들이 그 예다. 이들 기술 전문가는 모호한 용어를 남발하며 컴퓨터 디스크 드라이브의 사양을 설명해 놓고는, 제조 부서가 이를 그대로 구현하는 데 무리가 없을 것이라고 생각한다. 그들은 소비자의 요구를 정확히 반영했다고 믿지만 실제로는 전달 과정에서 중요한 요소가 많이 누락된다. 결국 최종 제품을 보고 기술자와 소비자 모두가 이렇게 외친다. "오, 이런! 우리가 원한 건 이런 게 아니에요."[3]

전문가들은 또한 자신의 전문 지식을 바탕으로 다른 분야도 능숙하게 판단할 수 있다고 착각하는 경향이 있다. 그들은 다른 분야에 대한 자신의 이해를 과대평가하고, 다른 사람의 일을 단순하다고 여기며, 다른 분야 사람들의 열정과 실력을 폄하한다. 도허티의 연구에 따르면, 이러한 과신 때문에 기술 전문가들은 결함이 있는 제품을 설계하기도 한다. 그들은 한정된 기술적 지식만으로도 훌륭한 제품을 디자인할 수 있다고 확신했다. 그래서 생산직원이나 영업사원, 고객과의 대화나 의견 경청을 시간 낭비라 여겼다. 결국 자신들은 쉽다고 생각했지만 실제로는 까다로운 제품을 설계했고, 가격과 시장 규모를 충분히 고려하지 않은 채 최신 기술만 적용하면 상업적으로 성공할 것이라고 단정 지었다.

협력 무시의 두 번째 유형은 **부서 중심주의**Partition focus다. 이는 의사결정자가 조직을 훌륭한 부서로 구성하는 데는 관심을 기울이면서 부서가 함께 작동하는 방식에는 무관심한 경우다. 암센터 리더들이 세계 최고의 암 전문가들을 모으고 우수한 직원과 기술로 그들을 지원하는 데는 집착하면서도, 다른 부서나 전문가들과의 협력은 소홀히 한 사례가 이에 해당한다. 부서 중심주의는 제2차 세계대전 초기에 미 해군 리더들에게도 영향을 미쳤다. 역사학자 엘리엇 코헨Eliot Cohen과 존 후치John Hooch는 저서 《군사적 불행Military Misfortunes》에서 미국이 영국의 전략을 모방해 독일의 U보트 공격을 방어하려 했던 사례를 묘사했다. 당시 영국 전문가들은 수중 음파 탐지 기술과 구축함을 이용해 수송선단을 호위했다. 하지만 영국군에게는 효과적이었던 이 방법이 미국 해군에게는 무용지물이었다. 미 해군의 선박은 영국 선박보다 훨씬 더 높은 비율로 침몰했다.

두 나라의 행동에는 어떤 차이가 있었을까? 미국 리더들은 영국이 취한 또 다른 조치, 즉 사람, 장비, 정보를 통합하는 방법을 따르지 않았다. 영국은 정보 센터를 세워 선박과 비행기를 추적하고, 사진 정보를 수집하며 포로를 인터뷰하고 독일군의 메시지를 가로챘다. 정보 센터는 모든 영국 선박과 연결되어 있었고, 독일군의 공격을 피할 수 있는 경로 정보와 U보트를 찾아 침몰시키는 전술 정보를 신속하게 전달했다.

몇 달 동안 실패를 맛본 미 해군은 잠수함 전쟁에서 이 통합 역할을 수행하는 제10함대the Tenth Fleet를 창설했다. 같은 책에 나온 내용에 따르면, "제10함대가 창설되기 전 18개월 동안 미해군은 U보트 36척을 격침했다. 창설 후에는 6개월 동안 75척을 격침했다."4

영국과 미국 해군의 사례 그리고 나중에 살펴볼 암센터의 사례에서 배울 수 있는 교훈은 현명한 리더는 협력 무시를 예방하거나 바로잡을 수 있다는 것이다. 마찰 해결사는 동료들의 업무를 돕는 사람들에게 보상을 주는 조직을 세워 협력을 위한 무대를 마련한다.

기본 법칙: 친구를 적처럼 대하지 마라

| 2 |

어떤 규모의 조직이라도 작은 단위로 나누지 않으면 운영하기가 불가능하다. 조직은 구성원을 역할, 팀, 위치, 근무 시간, 부서에 따라 분류하지 않고서는 기능할 수 없다. 아주 작은 조직이라도 이러한 '분화'가 필요하다.

뉴스 앱을 개발한 스타트업 '펄스뉴스Pulse News'의 두 창립자 아크샤이 코타리Akshay Kothari와 안킷 굽타Ankit Gupta도 이 점을 직접 경험했다. 두 사람은 직원 수가 3명에서 8명으로 늘어난 후, 같은 공간에서 일하던 직원들 사이에 의사소통이 제대로 이루어지지 않아 다툼과 혼란이 잦아지기 일쑤였다고 회상했다.

이에 둘은 직원을 세 소규모 팀으로 나누었다. 이 분할 덕분에 각 팀은 방해받지 않고 업무에 집중할 수 있었다. 팀 사이의 소통과 협력을 위해서는 게시판을 통해 전 직원이 각 팀의 업무 진행 상황을 파악할 수 있도록 했다. 또 매일 오후 3시 30분에 각 팀은 전 직원을 대상으로 업무 진행 상황과 도움이 필요한 부분에 대해 짧게 발표했다. 혼란은 곧 가라앉았고 이 작은 회사는 더 나은 소프트웨어를 더 빠르게 개발할 수 있었다. 지속적으로 성장한 펄스뉴스는 2013년 링크드인에 9000만 달러에 인수되었다.[5]

그런데 펄스뉴스를 성장시킨 이 분리 전략이 나쁜 조직에서는 오히려 혼란을 야기할 수 있다. 심지어 좋은 조직에서도 불쾌한 부작용을 불러올 수 있다. 이는 '다른' 팀이나 부서, 직원을 적이나 경쟁자로 보는 인간의 본성 때문이다. 여러 실험에 따르면, 단순히 다른 색깔의 티셔츠를 입는 것 같은 사소한 차이조차 우리 무리가 더 우월하다는 생각을 불러일으키고, 다른 범주의 사람들을 경쟁자로 여기도록 유도한다. 그리고 보상을 분배할 때 '우리 편'에 (부당하게) 더 편중되게 한다.[6]

조직은 돈과 명예를 걸고 '너의 패배는 곧 나의 승리'라는 경쟁 구도를 만들어 이런 경향을 더욱 부추긴다. 즉, 동료를 무시하거나 악마화하며 협력하기를 거부하는 직원에게 보상을 주고, 동료의 성공을 돕는 직원에게는 오히려 벌을 주는 것이다.

2000~2014년 마이크로소프트의 CEO로 재직한 스티브 발머Steve Ballmer가 구축한 기업 문화와 보상 시스템은 특히 악명 높았다. 동료를 깎아내리고 험담하며 배신하는 직원에게 보상을 제공했기 때문이다. 한 엔지니어의 말에 따르면, "직원들은 일을 잘할 때만이 아니라 동료를 실패하게 만들 때도 보상을 받았다."7

2014년, 사티아 나델라Satya Nadella가 CEO로 취임한 직후, 우리가 마이크로소프트를 방문했을 때 직원들은 발머의 문화와 보상 시스템이 불러온 피해에 관해 솔직하게 털어놓았다. 당시 우리는 약 300명의 관리자에게 강연하며, (금융 서비스 회사) 베어드Baird의 CEO 폴 퍼셀Paul Purcell이 '고객, 동료, 회사보다 자신의 필요를 우선시하는 사람은 개자식'이라고 정의한 말을 인용한 슬라이드를 보여주었다. 그러자 뒷줄의 한 여성이 외쳤다. "지금 경영진 대부분에게 꼭 들어맞는 말이네요. 나델라만 빼고요." 강연장은 박수로 가득 찼다. 우리가 직원들에게 예를 들어달라고 요청하자, 한 관리자가 마이크로소프트 운영 체제가 최근 단종된 마이크로소프트 휴대전화보다 애플의 아이폰과 더 잘 작동하는 이유를 이렇게 설명했다. "우리가 애플이 아닌 서로를 적으로 여기기 때문입니다."

진단 질문

우리는 조직이 파괴적인 경쟁과 갈등을 겪고 있는지를 파악하고 이에 대한 해결책을 찾아내기 위해 가장 먼저 "이 조직의 슈퍼스타는 누구인가?"라는 질문을 던진다. 그리고 이어서 "그가 일도 잘하며 **동시에** 다른 사람을 도왔는지, 아니면 일은 잘하는데 동료들을 무시하고 깎아내리는지"를 묻는다. 동료를 도왔을 때 보상이 주어져야, 마이크로소프트를 비롯해 많은 조직을 병들게 했던 끔찍한 행동양식이 사라진다.

두 행동양식의 차이는 미국 축구의 전설 브랜디 채스테인Brandi Chastain이 노던 캘리포니아Northern California 걸스카우트 모임에서 한 이야기를 들으면 쉽게 이해할 수 있다. 채스테인은 1999년 여자 월드컵 결승전에서 결승골을 넣고 유니폼 상의를 벗어던진 장면으로 유명하다. 채스테인은 할아버지 덕분에 훌륭한 축구 선수이자 훌륭한 사람이 될 수 있었다고 말한다. 할아버지가 골을 넣으면 1달러를, 어시스트를 하면 1.5달러를 주었다면서, "패스를 받는 것보다 주는 것이 더 이득이었다"고 덧붙였다.

협업과 협력에 보상하라

2014년, 나델라가 마이크로소프트의 CEO가 됐을 때, 그가 발머로부터 물려받은 시스템은 직원 간 경쟁을 부추기는 '상대

평가stack ranking' 시스템이었다. 전 직원은 최고에서 최저까지 순위가 매겨졌고, 상위 20퍼센트가 보상의 대부분을 차지했다. 하위 10퍼센트는 능력에 문제가 없었어도 '최저 등급'을 받았다. 한 관리자는 이 제도를 '인격을 살해하는 경영'이라고 설명했다.[8]

나델라는 상대 평가를 폐지했다. 그는 기존의 방식, 즉 가장 똑똑한 사람에게 보상을 주는 전통적인 방식을 뒤집으려 애썼다. 보통 조직에서 가장 똑똑한 사람은 다른 사람들을 지배하고 자기 뜻을 강요하는 경향이 있기 때문이다. 그는 직원들에게 질문과 경청을 장려했다. 다 아는 척하는 사람이 아니라 '열심히 배우려는 사람'이 될 것을 제안했다. 그리고 '하나의 마이크로소프'라는 철학을 강조하며 회사가 독립적인 '영지의 연합'처럼 운영되어서는 안 된다고 강조했다. "혁신과 경쟁은 부서를 가리지 않습니다. 그러므로 우리는 부서 간 장벽을 뛰어넘어야 합니다."

나델라는 새로운 문화를 정착하기 위해 보상 시스템을 개편했다. 이제 회사의 슈퍼스타는 여러 부서 및 팀을 넘나들며 동료와 협력해 제품과 서비스를 만들어내는 사람이었다. 그리고 동료가 업무에서 성공하도록 도운 사람이었다. 발머 밑에서 승승장구하던 배신자들은 태도를 바꾸거나 자진해서 회사를 떠났다. 몇몇은 강제로 쫓겨나기도 했다.[9]

이런 변화와 나델라의 리더십 팀이 주도한 다양한 개혁 덕분에 회사 전체에서 협동과 협력이 활발해졌고, 이는 뚜렷한 발전으로 이어졌다. 2019년, '평판 연구소the Reputation Institute'는 페이스북과 구글 같은 거대 기술 기업은 평판이 크게 떨어진 반면, 마이크로소프트는 더 나은 제품과 서비스, 리더십을 인정받아 조사 대상 기업 중 가장 긍정적인 변화를 이룬 기업으로 선정됐다고 발표했다.[10] 2018년, 익명으로 기업 정보를 공유하는 플랫폼 글래스도어Glassdoor의 조사 결과, 마이크로소프트의 직원 95퍼센트가 나델라의 리더십을 긍정적으로 평가하는 것으로 나타났다. 2012년 발머가 받았던 46퍼센트의 긍정 평가와 뚜렷한 차이를 보였다. 마지막으로 나델라가 2014년에 CEO로 취임한 이후, 회사의 시가총액은 약 3000억 달러에서 2023년 가을 현재 2조 5000억 달러 이상으로 증가했다.

위계 구조의 유연화를 통해 나쁜 행동을 억제하라

마찰 해결사는 사람들이 동료를 적으로 대하는 것을 막기 위해 단순히 과감한 선언이나 보상책에만 의존하지 않는다. 그들은 상황이 전개되는 과정에서 지속적으로 영향력을 행사한다. 4장에서 살펴본 바와 같이, 린디 그리어는 현명한 리더는 위계 구조를 적절히 조정하는 방법을 알고 있으며, 언제 그 방법을 사용해야 하는지도 이해하고 있다는 사실을 발견했다.

그리어의 연구에 따르면, 숙련된 CEO들은 사람들에게 아이디어가 필요한 때와 토론 및 비판이 필요한 때를 구분하여 신호를 보낸다.[11] 그리어가 자문했던 한 의료 회사의 CEO는 11명의 경영진과 함께 진행하는 월간 회의를 회사가 추구하는 비전에 영감을 주는 이야기로 시작했다. 그리고는 마케팅 담당 최고책임자에게 마이크를 넘겼고, 최고책임자는 새로운 브랜드 로고를 최종 결정하기 위한 토론을 진행했다. 그는 모든 임원이 적극적으로 의견을 펼치도록 이끌었고, 참석자들은 앞 다투어 각종 사실과 제안, 걱정을 쏟아냈다. 한편 CEO는 회의실 뒤쪽으로 이동해 마지막 발언이 나올 때까지 침묵을 유지함으로써 자신의 영향력을 최소화했다.

다만, 그리어의 연구 대상 중 가장 뛰어난 CEO들은 부정적 상호작용이 일어나거나 시간 낭비라고 판단되는 경우에는 지체 없이 필요한 권위를 행사했다. 예를 들어, 한 CEO는 "의견 차가 개인적 감정 문제로 번져 논의의 진행을 방해하는 것 같네요"라고 말하며 다시 회의의 주도권을 잡았다. 현명한 리더는 이런 행동을 통해 구성원들이 올바른 행동양식과 협력을 위한 기본 규칙을 (바로 그 순간) 이해할 수 있도록 돕는다.

열정적인 동기가 지닌 힘도 잊지 말자

| 3 |

일단 사람들이 잘 지내려는 동기를 부여받았다면, 그다음 문제는 건설적인 에너지의 방향을 정하는 것이다. 사람들은 자신이 향하는 방향을 명확히 알고 이에 동의할 때 더욱 적극적으로 협력한다. 마찰 해결사는 이 목표를 감정적으로 '뜨거운 대의'로 전환해 사람들에게 힘을 불어넣는다. 특히 공분을 해소할뿐더러 긍지도 불러일으키는 목표는 멋진 해결책을 탄생시키고 이를 실천하는 동력이 된다. 이때의 해결책은 구체적이고 협력적인 노력을 요구한다. 앞서 살펴본 암 세금이 이 경우에 해당한다. 환자 활동가들이 암센터 리더들에게 병원이 환자들에게 스트레스를 더하고 있다는 사실을 설득력 있게 전달하자, 이에 깊이 공감한 병원 직원들은 환자 및 그 가족과 협력해 문제 해결에 나섰다.

직원들은 먼저 환자 활동가들이 겪은 어려움을 들었다. 환자들의 이야기는 암 세금에 대한 직원들의 분노에 불을 붙였고, 멋진 해결책을 개발하는 동력이 되었다. 한 태스크포스 팀은 매주 회의를 열어 '종양학 클리닉 팀의 구조를 환자 중심으로' 재설계했다. 초기에는 의사들이 연구 자금 조달, 연구, 진료 이외의 일에 정신을 뺏기는 것을 달가워하지 않았다. 한 암 전문의는 병동 간 환자의 병행 치료에는 관심이 없으며 그 일이 별로 중요하지 않게 생각된다고까지 말했다. 하지만 그처럼 완고한 태도를 보이던 의사들도 환자의 이야기를 듣고, 환자와 가족들을 직접 접하며 '치료 협력'에 관한 연구 논문을 읽은 후 태도를 바꿨다. 10개월 뒤에는 적극적으로 협력의 중요성을 강조하기에 이르렀다. 그는 "현재 시스템은 환자에게 지나치게 많은 부담을 주고 있다"며, 여러 진료과목의 의사들이 환자에 관한 "정보와 치료 계획을 원활히 교환할 수 있도록 시스템을 개편해야 한다"고까지 주장했다.[12]

협력 실패의 예방책 및 개선 방안
| 4 |

협력 문제를 줄이고 싶은 마찰 해결사라면, 새로운 해결책을 찾아 시험해보고, 알맞은 해결책을 사람들에게 전파하며, 알고 있는 방법을 꾸준히 보완하고 수정해나가야 한다. 이를 위해 여기에 도움이 될 만한 여섯 가지 해결책을 소개한다.

1. 사람들이 업무뿐 아니라 조직 자체에 익숙해지도록 하라

협력 문화를 확립하려는 마찰 해결사라면 신입사원에게 업무뿐 아니라 조직 전반에 대해 폭넓게 교육해야 한다. 신입들이 자기 업무가 다른 직원들의 업무와 어떻게 연결되어 있는지, 조직이 어떤 방식으로 운영되는지, 업무를 위해 시스템을 어떻게 사용해야 하는지를 익히게 한다. 이런 교육은 향후 발생할 수 있는 많은 문제를 예방하는 데 큰 도움이 된다. 이는 신입 소프트웨어 개발자를 대상으로 한 연구에서 밝혀진 사실이다.[13] 구글 같은 대기업 직원이든 비교적 자유로운 분위기의 오픈소스 소프트웨어 프로젝트 지원자든 마찬가지였다. 열심히 일하고 좋은 실적을 낸 개발자 옆에는 반드시 멘토가 있었다. 이 멘토들은 환영받는다는 느낌을 주고 다른 직원들의 업무를 설명해주며 그들의 작업이 조직의 더 큰 목표와 어떻게 연결되는지 보여주었다. 또한 올바른 협력 방식을 안내하고 조직 내 규범을 익히도록 도와줬다.

잘 설계된 새내기 교육 프로그램은 많은 동료 및 고객과의 미묘한 협력이 필요한 신입들에게 매우 중요하다. 하버드 경영대학원의 신입 교수진을 위한 오리엔테이션이 그 좋은 예다.[14] 우리는 현재 스탠퍼드대 교수이지만, 세계 최고의 MBA 수업을 제공하는 곳은 하버드경영대학원 HBS이라고 생각한다. 그곳 교수진은 테슬라와 일론 머스크, 오프라 윈프리, 머스크 Maersk, 블록체인에 대한 내기에 이르기까지 다양한 사례를 훌륭하게 가르친다. 대부분의 수업에서, 교수진은 날카로운 질문과 돌발 질문 cold call을 활용해 학생들이 단순한 사실을 넘어 사례의 미묘한 요인과 여러 가능성을 분석하도록 유도한다.

또 학생들의 의견을 즉석에서 정리해(대개 칠판에 적어) 학생들이 핵심 내용을 파악할 수 있게 한다. 이를테면, 일론 머스크나 오프라 윈프리의 입장에서 어려운 선택을 내려야 하는 상황을 가정하고, 각 선택이 가져올 미묘한 차이를 학생들이 이해하도록 돕는다.

우리는 HBS의 수업을 청강하며 교수가 90여 명의 학생들 앞에서 강의하면서 교실 전체를 휘어잡는 모습에 깊은 인상을 받았다. 모든 학생이 급우들이 경탄할 만한 대답을 하고 싶어 했고, 그만큼 수업에 온전히 집중했다. 교수가 학생의 모든 대답과 의견을 평가하는 만큼, 학생들은 의욕적으로 수업에 참여했다. 종종 성적의 50퍼센트가 수업 참여에 달려 있었다.

HBS의 학생과 교수진은 폐쇄된 환경에서 일하지 않는다. 대학원 과정은 모든 학생에게 최대한 유익하도록 설계되었으며, 이를 위해 신중한 협력이 이루어진다. 학생들은 스터디 그룹을 조직해 밤늦게까지 여러 사례를 분석하며 공부한다. 매년 HBS에 입학하는 900여 명의 MBA 학생은 재무, 리더십 및 조직 행동 등 필수 수업을 들어야 하는데, 이때 학생들은 10개 반으로 나뉘어 수업을 듣는다. 10개 반의 필수 수업을 담당하는 대여섯 명의 교수는 긴밀하게 협력한다. 각 교수는 동일한 순서로 동일한 사례를 가르치며, 수업 진행 방식을 논의하기 위해 정기적으로 회의를 갖는다. 이 회의에서 질문할 내용, 예상되는 학생의 대답, (학생들의 의견 요약을) 보드에 적는 방식 등을 정한다. 또, 교수진은 학생들과 정기적으로 면담을 진행하는데, 이때 선거로 뽑힌 각 반의 '대표'는 급우들의 의견을 모아 수업에서 좋았던 부분과 아쉬웠던 부분을 이야기하며 건의사항을 제안한다.

베테랑 HBS 교수진과 행정직원들은 신입 교수가 강의 요령을 익힐 수 있도록 적응 프로그램을 제공한다. 매년 HBS 신입 교수진 약 15명은 3일간의 START 교육 집중 코스를 이수해야 한다. 과거 강의 경험이 없는 초보 교수든, 다른 곳에서 경력을 쌓았든 관계없이 모든 신입 교수에게 이는 필수 과정이다. 우리는 한 교수와 이야기를 나누었는데, 그는 20년 전에는 신입 교수로서 배우는 입장이었고, 최근에는 교육 프로그램을 돕는 입장으로 참여했다. 그는 두 번 다 '감탄'을 금치 못했다고 털어놓았다. 신입 교수들이 복잡한 HBS의 문화와 시스템을 익힐 수 있도록 프로그램이 철저히 설계되어 있어서였다.

이 프로그램에는 학교의 구조, 예산의 출처와 집행 방식, 교수진과 학생들을 지원하는 다양한 부서와 직원들을 소개하는 관리직원의 강연도 포함되어 있다. HBS 베테랑 교수들은 신입 교수가 만나게 될 다양한 인물과 그들로부터 배움을 얻는 방법을 소개하고, 학생들의 피드백을 경청하는 것이 얼마나 중요한지도 강조한다.

첫 이틀 동안 신입 교수는 학생 역할을 맡는다. 그들은 소그룹으로 나뉘어 사례 토론을 준비하고, 이후 베테랑 교수로부터 돌발 질문 등을 받아 학생들이 겪을 일을 미리 맛본다. 셋째 날에는 신입 교수들이 직접 실습수업을 진행하는데, 베테랑 교수들이 이 과정을 녹화해 평가한다. 학기 중에는 매달 (신입) 동기 교수들끼리 모여 학생들의 피드백 활용, 고위 경영자 프로그램 내용 구성, 시간 관리 등 다양한 주제를 심도 있게 논의한다.

모든 경영대학원이 이처럼 강도 높은 오리엔테이션을 운영해야 한다고 주장하는 것은 아니다. 스탠퍼드대학을 비롯한 많은 대학에서는 협력에 대한 압력이 이렇게 강하지 않다. 하지만 조직 내 협력 부족으로 인해 어려움을 겪고 있다면, 신입 오리엔테이션 과정의 설계와 운영 방식을 꼼꼼하게 살펴보길 권한다. 신입 직원이 업무 초기에 어떤 일을 겪는지를 파악하고 어떤 점이 불편한지 직접 물어보라. 신입 직원을 가까이서 관찰하는 것도 좋은 방법이다. 그러면 신입 직원과 기존 직원 사이에 반복적으로 발생하는 실수를 발견할 수도 있다. 많은 경우, 신입 직원에게 누구와 협력해야 하는지, 시스템의 각 부분이 어떻게 맞물려 작동하는지를 아무도 가르쳐주지 않기 때문에 문제가 생긴다.

2. 시스템의 실제 운영자를 밀착 관찰하라

작가 마이클 루이스Michael Lewis는 투자은행의 실체를 폭로한 《라이어스 포커》, 2007년의 금융 붕괴를 다룬 《빅 숏》, 미국 질병통제센터보다 몇 달 앞서 코로나19 팬데믹을 경고한 공중보건 전문가들의 이야기를 담은 《세계 감염 예고》 등 베스트셀러를 쏟아냈다. 그는 거대하고 복잡한 조직의 작동 원리를 이해하고 싶을 때면 최고경영진이 아닌 중간 관리자와 일선 직원들의 이야기를 듣는다. 루이스는 최고위층에서 여섯 단계 아래에 있는 직원들이야말로 시스템을 실제로 운영하고 있으며 무엇이 문제인지 가장 정확히 알고 있는 진정한 전문가라고 말한다. 그는 이를 'L6 전략'이라고 부르는데, 이는 오바마 행정부 시절 미국 보건복지부의 최고기술책임자로 일했던 전직 소프트웨어 회사 임원 토드 박Todd Park으로부터 배운 용어다.[15]

루이스의 팟캐스트 '규칙 위반Against the Rules'에서 토드 박은 당시 정부의 간판 건강보험 법안인 '오바마케어Obamacare'가 잘못 출범되었을 때 이를 어떻게 바로잡았는지를 이야기했다. 2013년 10월에 공개된 관련 웹사이트(HealthCare.gov)는 미국인 수백만 명이 알맞은 건강보험을 검색하고 가입할 수 있도록 돕는 것이 목적이었다. 하지만 사이트는 지속적으로 다운되었고 오류가 속출했으며, 마우스 클릭에 반응하는 데 8초나 걸렸다. 사이트 수정 작업을 자원한 토드 박은 당시 정부 책임자들이 수정 방법은커녕 사이트 장애의 원인조차 모른다는 사실에 놀랐다. 토드 박은 아테나헬스Athenahealth의 공동 창립자일 때 배운 L6 전략을 사용했다. 6단계 아래의 직원을 만나기 위해 몇 달간 이 웹사이트를 구축한 계약업체를 찾아간 것이다. 그곳 직원들은 보안 프로토콜과 접근성 기능, 그 밖의 수백 가지 세부사항 등 웹사이트의 개별 기능을 직접 프로그래밍했기에 문제의 발생 원인을 정확하게 알았다.

그런데 웹사이트 응답 속도 등 전반적인 성능 문제를 담당하는 업체가 없었다. 이는 전형적인 고아 문제였다. 어떤 업체도 제대로 된 사이트 작동을 책임지지 않았다.

박은 이 계약업체를 6개월간 오바마 행정부 산하 혁신 펠로우로 근무해온 실리콘밸리 기술자들과 연결해주었다. 이 펠로우들과 정부 관료 그리고 계약업체는 수많은 갈등을 겪었다. 하지만 〈와이어드Wired〉의 보도에 따르면, 그럭저럭 서로를 존중하며 함께 사이트를 정상적으로 복구해냈다. 신중한 모니터링, 자동화된 테스트 및 버그 수정을 위해 **협력적이고** 체계적이며 상식적인 접근 방식으로 사이트를 정상화했다.[16]

꼭 여섯 번째 직급까지 내려갈 필요는 없다. 어떤 조직에서는 서너 단계만 내려가도 충분할 수 있다. 핵심은 직원, 고객, 공급업자 등 시스템 작동방식과 문제의 원인을 아는 사람을 찾는 것이다. 칼 리버트Carl Liebert는 이 전략을 가장 잘 실천하는 사람 중 하나다. 그는 (미국의 최대 피트니스 클럽 체인이었던) 24아워피트니스24 Hour Fitness의 CEO, (1300명 이상의 전·현직 미국 군인과 그 가족을 고객으로 하는 보험회사 및 은행인) USAA의 COO, (미국 최대 부동산 회사 켈러윌리엄스Keller Williams의 모회사인) KWx의 CEO를 역임했다.

리버트는 대기업을 효과적으로 운영하려면 '진짜 전문가'가 일하는 현장으로 직접 가야 한다고 믿었다. 그는 23세에 미 해군 함정의 보급 장교로 복무하며 이런 신념을 갖게 되었다. 그의 임무 중 하나는 해군 보급망을 통해 해군들에게 식량을 조달하는 것이었다. 장교와 부사관을 위한 식사는 따로 조리되었으며 가장 좋은 재료가 쓰였다. 하지만 리버트와 동료 장교들은 배의 사기와 전반적인 운명이 사병에게 제공되는 음식의 질에 달려 있다는 점을 잘 알고 있었다. 사병들은 리버트에게 자신들이 원하는 (그리고 원하지 않는) 음식과 음료를 알려주고 좋은 음식을 조달하는 것이 리버트의 임무임을 일깨워주었다. 리버트는 대부분의 식사를 장교 식당이 아닌 사병 식당에서 해결했다. 리버트는 그렇게 했기에 사병들의 불만과 칭찬, 제안을 들을 수 있었고, 음식을 직접 맛보며 사병들이 정말 원하는 식사를 마련하기 위해 노력할 수 있었다고 말했다.[17]

리버트는 홈디포에서 일할 때도 이 철학을 적용했다. 2002

년, 그는 매장 담당 부사장으로 채용되어 약 2000개 매장에 홈 인테리어 물품의 조달 및 유통을 관리하며 공급망의 현대화를 주도했다. 그의 모토는 '책상에서 배울 수 없는 것을 현장에서는 배울 수 있다'였다. 하지만 매장을 방문해 직원들과 대화하는 것만으로는 충분하지 않았다. 매장에서 주요 병목 현상은 배송 트럭이 도착하는 이른 아침에 발생했다. 새 상품이 도착하면 직원들은 컴퓨터 시스템에 등록한 후 포장을 풀고 선반에 진열해야 했다. 이 작업은 주로 자정에서 오전 7시 사이에 이뤄졌다. 리버트는 1년 반 동안 한 달에 한 번 자기 팀 기술자 몇 명과 자정에 맞춰 매장에 출근했고, 홈디포의 상징인 주황색 앞치마를 두르고 매장 직원들과 함께 7시간 동안 근무했다.

함께 밤샘 근무를 한 덕분에, 리버트는 배송 차질, 진열대 재고 부족, 높은 인건비 등 여러 문제의 원인과 해결책을 찾아낼 수 있었다. 예를 들어, 홈디포의 공급 업체 중 약 20퍼센트가 계속 수량이 미달된 공구나 페인트 상자를 매장으로 보냈다. 페인트 12캔이 들어 있어야 할 상자에 10캔만 들어 있는 식이었다. 매장 관리자들은 평가와 보상이 대부분 손해 관리, 즉 재고 분실 및 도난을 줄이는 데 달려 있다 보니, 자신의 잘못이 아닌 재고 분실로 불이익을 받고 싶지 않아 내용물을 일일이 확인했다. 불일치를 재고 시스템에 등록하는 데 몇 시간씩이나 걸린 것이다. 하지만 본사의 경영진은 이런 문제가 병목 현상을 만들고 시스템을 막고 있다는 사실을 전혀 인지하지 못했다.

리버트는 홈디포 직원 6000여 명의 시간과 돈이 낭비되고 있다고 지적했다. 게다가 고객이 원하는 상품이 제때 진열되지 않는 문제도 발생했다. 리버트는 이 사실을 안 후, 공급망 전반에 변화를 불어넣었다. 우선 내용물을 정확히 기록하도록 하고, 발생한 오류에 대해서는 공급업체에 책임을 물었다. 또한 관리자와 작업자 모두가 신뢰할 수 있는 재고 시스템을 구축해 상자를 일일이 열어 물건을 셀 필요가 없게 했다.

3. 멋진 이야기로 협력에 불을 지펴라

고인류학자 이언 태터솔Ian Tattersall은 스토리텔링 덕분에 인간이 인간다워졌으며, 진화 과정에서 다른 영장류보다 우위를 차지했다고 주장한다.[18] 이야기가 집단 지식을 담아 공유하는 데 있어 매우 섬세하고 효율적인 수단이기 때문이라는 것이다. 필리핀의 수렵·채집 부족인 아그타Agta족 300여 명을 대상으로 한 연구에서도 최고의 이야기꾼이 있는 마을이 경쟁 우위를 점하는 것으로 나타났다. 이야기는 개인에게 규범, 규칙, 기대에 관한 사회적 정보를 제공해 집단에 협력과 협동을 불러오는 듯하다.[19]

인류학자 대니얼 스미스Daniel Smith의 연구팀은 아그타족의 노인들로부터 '해와 달' 설화 등 89개 이야기를 조사했다. 해와 달 설화는 이렇다. 하늘을 비추는 (남자) 태양과 (여자) 달 사이에 다툼이 있었다. 싸움 끝에 달이 태양만큼 강하다는 것이 밝혀지자 둘은 임무를 나누기로 동의했다. 하나는 낮에, 하나는 밤에 일하기로 말이다. 스미스와 동료들은 아그타족 설화의 주요 주제가 대의를 위한 협동과 조화, 정의라는 점을 발견했다. 해와 달이 다툼을 멈추고 각자의 역할을 나누어 모두에게 이익이 되는 공정한 해결책을 찾았다는 이야기는 남성과 여성이 평등하다는 메시지를 전한다.

스미스의 연구팀이 아그타족에게 최고의 이야기꾼을 추천해달라고 하자, 부족 사람들은 125명(여성 60퍼센트, 남성 40퍼센트)을 숙련된 이야기꾼으로, 199명(여성 45퍼센트, 남성 55퍼센트)을 서툰 이야기꾼으로 평가했다. 이후 연구팀은 18개 마을에 (모두가 한 끼를 먹을 수 있을 만큼의) 쌀을 선물로 주고, 부족민들이 그 쌀을 독차지하는지, 서로 나누는지를 관찰했다. 실험 결과, 뛰어난 이야기꾼이 많은 마을일수록 주민들이 쌀을 더 많이 나누는 경향을 보였다. 마을에 함께 살고 싶은 사람이 누구냐는 질문에도 많은 사람이 뛰어난 이야기꾼을 선택했다. 더 나아가, 뛰어난 이야기꾼들은 서툰 이야기꾼들보다 평균적으로 더 많은 자녀를 두고 있었다. 이는 그들이 진화적으로 유리한 위치에 있다는 인류학자들의 주장에 힘을 싣는 증거가 되었다.

좋은 이야기는 현대 기업에서도 열정과 협동, 조화를 이끌어낸다. 허버트 졸리Hubert Joly가 베스트바이Best Buy의 CEO로 재직하며 경영 개선에 앞장섰을 때도 이야기는 중요한 역할을 했다. 졸리가 CEO로 취임했던 2012년, 베스트바이의 매출과 수익은 급감하고 있었고, 전문가들은 이 전자제품 체인의 몰락을 예견하며 부고 기사를 준비 중이었다. 그러나 졸리의 리더십 아래, 베스트바이는 5년 연속 매출 성장, 주주 수익률 250퍼센트 이상 증가, 온라인 매출 2배 증가라는 놀라운 성과를 이뤄냈다.[20]

졸리는 자신이 들려준 이야기가 베스트바이의 직원과 고객 그리고 직원과 경영진 사이의 유대감을 강화했다고 믿었다. 그는 플로리다에 사는 세 살배기 조던에 관한 이야기를 소개했다. 조던은 티라노사우루스 장난감을 특히 좋아해 자기 장난감을 "아기 공룡"이라고 불렀다. 그런데 어느 날 공룡의 머리가 떨어져 나가 조던이 몹시 슬퍼했다. 조던의 엄마는 베스트바이에서 똑같은 장난감을 발견하고 온라인으로 주문했고, 조던과 함께 매장으로 찾으러 갔다. 매장에 도착한 엄마는 매장 직원에게 공룡 의사가 필요하다고 말했다. 그 직원은 동료 직원을 불렀고, 둘은 조던의 머리 없는 공룡을 받아든 후 "몇 바늘만 꿰매면 됩니다"라고 말하고는 조던의 눈이 닿지 않는 카운터 뒤에서 '수술'을 진행했다. 그리고 잠시 뒤 조던에게 '치료

된' 공룡을 건넸다(부서진 티라노사우루스를 새것으로 바꾼 것이었다). 조던은 기뻐서 소리를 질렀다.[21]

신경경제학자 폴 자크Paul Zak는 이러한 종류의 이야기가 바람직한 행동을 강조하고, 때로는 영웅적이기까지 한 행동을 두드러지게 보여주며, 감탄을 자아내 청중을 몰입하게 만든다고 설명한다.[22] 좋은 이야기일수록 듣는 사람을 등장인물의 세계로 이끌어 동일한 감정을 공유하게 하고, 이야기꾼과 청중의 뇌파를 동기화한다. 졸리의 티라노사우루스 이야기를 들은 베스트바이 직원들은 자연스럽게 이야기 속으로 빠져들었고, 자신들도 그런 식으로 조던을 돕고 싶다고 느꼈다. 자신들 역시 힘을 합쳐 노력한다면 고객을 위해 마법을 부릴 수 있다는 사실을 깨달았다.

이처럼 좋은 이야기는 '오직 나'만을 생각하는 이기적인 행동이 아니라 협력과 조화를 이루는 데 필수적인 '도움 근육'을 활성화한다. 또한 사람들이 힘을 모을 때 어떤 일이 이뤄지는지를 보여준다.

4. 통합 담당 직원 및 팀을 꾸려라

핵심은 단절된 업무나 부서, 작업의 통합을 담당할 전문가를 조직에 배치하는 것이다. 암센터는 환자와 가족이 겪는 암 세금을 줄이기 위해 상부에서 관리하는 '케어포인트CarePoint 프로그램'을 도입했다. 이 프로그램의 관리자는 자신의 지식과 인적 네트워크를 활용해 환자가 불필요한 어려움을 겪지 않도록 조율하고, 문제가 생긴 환자와 가족이 도움을 요청할 수 있는 창구를 마련했다. 이 센터의 의료 책임자는 케어포인트 프로그램을 다음과 같이 설명한다.

> 케어포인트는 환자와 완화의학, 통합의학, 통증 관리, 지지 치료, 청소년 및 청년 프로그램, 생존자 지원, 사회복지, 심리종양학, 신경심리학, 영양, 영적 치료, 재정 상담, 번역 서비스, 장루 및 상처 치료, 유전학 및 유전체학 등 [암센터의] 여러 서비스 및 프로그램을 연결하는 단일 연락 창구 역할을 한다.[23]

멜리사 밸런타인의 설명에 따르면, 케어포인트 프로그램은 기대했던 만큼 암 세금을 줄이지는 못했는데, 이는 케어포인트 관리자가 직접적인 종양 치료를 제공하는 곳(즉, 암 치료 전문의)과 환자의 진료 일정을 조율하는 과정에서 거의 영향력을 행사할 수 없었기 때문이었다. 강력한 팀 리더들이 행정직원이 자신의 일정을 관리하는 걸 꺼린 결과였다. 하지만 케어포인트 관리자는 환자에게 다양한 보조 서비스를 소개하고 설명하며 예약을 돕고 조율하는 방식으로 실질적으로 암 세금을 줄였다. 특히 여러 전문가의 지원이 필요한 환자에게 더욱 세심한 노력을 기울였다. 이런 환자와 가족에게 암 세금이 더 가혹했기 때문이다.

암센터의 리더들은 케어포인트 프로그램이 만능 해결책이 아니라는 점을 인식하고 있다. 암 세금과의 싸움은 끝없는 두더지 잡기 게임과도 같다. 그래서 경영진, 행정직원, 의사, 간호사는 여전히 매달 환자 및 가족 자문 위원회와 만나 기존의 문제점과 새롭게 대두된 애로사항에 대해 해결책을 모색한다.

보통 이런 통합 업무를 맡는 사람은 전문가들 사이의 '제너럴리스트generalist(다양한 분야에 능통한 사람-옮긴이)'인 경우가 많다. 케어포인트 프로그램의 간호사는 도움을 요청할 적임자가 누구인지 아는 것은 물론, 암센터의 모든 부서에 관해 폭넓은 지식을 갖추고 있었다. 조직 내에서 여러 역할을 경험한 직원일수록 여러 요소를 조합하고 조율하는 능력이 뛰어난 경우가 많다. 서튼은 샌프란시스코 베이 지역 광역전철시스템Bay Area Rapid Transit(BART)의 관제센터를 방문한 적이 있다. 30년 넘게 BART에서 근무한 최고교통책임자 루디 크레스포Rudy Crespo가 센터에서 일하는 열두어 명의 직원이 현장 직원의 업무를 조정하는 방식을 설명해줬다. 이 센터는 열차 이동 관리, 보안, 전력 관리, 비상 대응 등의 업무를 담당했다. 서튼이 크레스포에게 그중 몇 가지 업무를 관리하는지 묻자, 그는 "전부 다"라고 답했다.[24]

5. 업무 흐름 단절을 해결하라

업무와 부서, 근무 시간, 시차가 다른 사람들 사이에 정보 교환이 원활하게 이뤄지지 않으면 혼란이 생길 수 있다. 암센터의 사례처럼, 사람과 부서 사이의 업무 흐름이 끊어질 때 고객은 끔찍한 상황에 놓인다. 하지만 각 부서의 직원이 함께 모여 서로의 업무를 공유하고 성공에 필요한 것이 무엇인지 알면 업무 흐름 단절은 해결된다.

조직 심리학자 칼 웨익Karl Weick은 미국 산림청 소방대원들이 화재 진압 중 겪는 정신적 부담과 혼란을 극복하는 데 도움이 되는 규칙과 루틴을 설명했다. 그중 하나는 '한낮에는 절대로 화재 진압 업무를 인수인계하지 않는다'는 규칙이다. 이는 1990년 애리조나주 페이슨에서 발생한 '듀드 화재the Dude Fire'에서 비롯되었다. 당시 소방대원 6명이 교대 도중 불길에 휩싸여 사망했다. 사건이 벌어진 때는 오후 1시로 기온이 섭씨 32.2도를 오르내렸고, 바람이 강해 불길이 눈에 띄게 확산되고 있었다. 이 사건 이후, 소방대원들은 '적은 바람, 높은 습도, 낮은 온도 덕분에 화재가 안정화되는' 밤에 근무를 교대한다.

소방 대장은 근무를 교대할 때 주요 사항을 전달한다. 이 방식은 다른 환경에 있는 마찰 해결사에게도 유용한 방법이 될 것이다. 화재가 발생했을 때, 교대하는 두 팀장은 다음 다섯 단계로 대화를 나눈다.[25]

1. 지금 상황은 이렇습니다.
2. 우리가 해야 할 일은 이렇습니다.
3. 그 이유는 이러합니다.
4. 주목해야 할 사항은 이러합니다.
5. 이제 말씀하실 차례입니다. (예를 들어, (a) 이해가 안 되는 사항, (b) 불가능한 사항, (c) 간과된 사항 등)

마지막 단계에서 두 팀장은 내용이 확실히 전달되었는지를 확인하고 잘못 전달된 사항이 있으면 바로잡아야 한다.

〈뉴잉글랜드의학저널〉에 9개 병원의 소아과 레지던트 875명을 대상으로 교대 근무 중 환자 인계 개선에 대해 진행한 연구가 소개됐다. 이 연구에서 새내기 레지던트들은 다음 근무 의사에게 환자 정보를 전달하는 방법에 관한 3시간짜리 수업을 들으며, I-PASS 방법을 배웠다.[26] I-PASS는 '질병 중증도illness severity, 환자 정보 요약patient summary, 다음 조치 목록action list, 상황 인식 및 대비 계획situational awareness and contingency planning, 인수자의 확인 요약synthesis by the receiver'의 첫 글자를 따서 만든 용어다. 레지던트들은 역할극을 이용해 이를 연습했고, 이후 6개월 동안 연구진은 근무를 교대하는 레지던트들을 모니터링하며 I-PASS 방법의 사용을 지속적으로 독려했다. 또한 데이터를 제공한 레지던트에게는 쿠키나 기프트 카드 등 작은 보상을 지급했다.

연구진은 I-PASS 교육 후 6개월 동안 각 병원에 입원한 1만 740명의 소아 환자를 추적 조사했다. 그 결과, 예방 가능한 의료 과실, 즉 인슐린 같은 필요 약물의 투여 누락, 잘못된 약물이나 용량 투여 등의 실수가 감소했다. (이러한 실수는 아이들에게 직접적인 피해를 입혀 추가 치료나 장기 입원이 필요한 합병증을 유발할 가능성을 높였다.) 전체적으로 예방 가능한 사고 발생률이 입원 환자 100명당 4.7건에서 3.3건으로 30퍼센트 감소했다.

6. 즉석에서 조율하라

마찰 해결사는 두 가지 생각 사이에서 균형을 잘 잡아야 한다. 하나는 불쾌한 사고를 방지하기 위해 노력해야 한다는 생각이다. 사람들이 잇따라 발생하는 비상사태 때문에 지치지 않고 시스템 장애가 일어날까 봐 겁내지 않는 직장을 만들기 위해 힘써야 한다. 다른 하나는 비틀스의 존 레논이 말했듯이, "계획대로 되지 않는 것이 인생이다"라는 생각이다.

경영학 교수 베스 베키Beth Bechky와 제라르도 오쿠이센Gerardo Okhuysen은 복잡한 업무 환경에서 정해진 '악보'에 따라 움직이던 팀이 예상치 못한 상황에서는 어떻게 '변주'를 하는지 연구했다.[27] 베키는 두 편의 영화, 한 편의 광고, 한 편의 뮤직비디오 현장을 관찰하며 심층 인터뷰를 진행했다. 이중 세 곳에서는 제작 보조로 일하기도 했다. 오쿠이센은 (고위험 수색, 인질 구출, 총격 전투, 군중 관련 사건에 투입되는 중무장 경찰 부대인) 경찰특공대SWAT 소속 경찰관 13명을 인터뷰하고 현장에서 그들의 행동을 관찰했다.

영화 제작진과 경찰특공대는 수없이 발생하는 예상치 못한 상황에서 "자신들은 미처 생각지 못한 일이 일어나리라는 것을 언제나 염두에 둔다"고 말하며, 당장 손 안에 있는 것을 재조합하고 재구성하며 신속하게 작업을 진행하는 데 자부심을 나타냈다. 영화 제작진은 대부분 처음 함께 일하거나 이전 프로젝트에서 몇 주 또는 몇 달 동안 짧게 일했던 지인들로 구성되는 경우가 많다. 총감독, 카메라감독, 의상감독 그리고 베키 같은 제작 보조 등 모든 사람이 임시직이었다. 반면 경찰특공대는 오랜 기간 함께 훈련하며 수십 개의 위험한 임무를 수행해온 사람들이었다. 하지만 두 경우 모두 비슷한 전략으로 예상치 못한 사건에 신속하고 창의적으로 대응했다.

이들은 먼저 잠정적 계획을 세운 뒤, 이를 바탕으로 움직이기 시작했다. 영화 제작진은 매일의 촬영 일정을 상세하게 계획했다. 경찰특공대는 누가 출구를 담당할지, 저격수를 어디에 배치할지, 나머지 팀원들이 언제 문을 부수고 돌격할지 등 각각의 역할을 나누는 상세한 계획을 세웠다. **하지만 예상대로 일이 진행되지 않아도, 각자의 역할과 팀이 조화를 이루는 방식**

을 깊이 이해하고 있었기에 능숙하게 그 자리에서 계획을 수정했다.

특히 **역할을 전환하는 방법**은 상황에 빠르게 대응할 때 큰 도움이 되었다. 역할 전환이란 갑작스러운 상황으로 생긴 중요한 빈자리를 다른 사람이 대신하는 것이다. 베키가 참여했던 한 현장에서는 항공 카메라 기사가 출근하지 않았다. 이에 촬영감독은 나머지 카메라 기사 5명 중에서 항공 카메라를 다룰 수 있는 사람에게 그 일을 맡겼고, 2명을 다른 카메라로 이동시켜 빈자리를 채웠다.

루틴을 재구성하는 것도 즉석에서 마련 가능한 방편 중 하나다. 계획된 순서나 방법이 예상대로 작동하지 않을 때 사용할 수 있다. 총으로 위협받고 있는 인질을 구출하는 어떤 임무에서 경찰특공대의 처음 계획은 명사수가 인질범을 단 한 발로 사살하는 것이었다. 하지만 총알이 빗나갔고, 인질범은 팀이 자기를 죽이려 한다는 사실을 즉시 알아차렸다. 이에 특공대 팀은 순식간에 작전을 변경했다. 오쿠이센의 설명에 따르면, '침투조'는 "대화로 시간을 낭비하지 않고 사전에 준비된 '급습'을 실행했다."

이 사례에서 마찰 해결사는 가능하다면 먼저 계획을 세우고 일을 시작하라는 깨달음을 얻을 수 있다. 그래야 일을 함께 할(악보 연주) 수 있고, 계획이 제대로 진행되지 않아도 즉흥적으로 대처(변주)해야 하는 상황을 빠르게 파악할 수 있기 때문이다. 또한 베키와 오쿠이센의 연구는 조직이 즉각적인 조정 능력을 키우고 싶다면 일이 잘못되었을 때 서로를 비난하기보다는 나아갈 방향을 제시하고 사람들을 격려해야 한다는 점을 강조한다. 경찰특공대가 사용하는 '장난감 상자' 전략을 활용하는 것도 좋다. 이는 현재 수중에 있는 인원, 전술, 도구를 면밀히 검토한 후 적절히 선택하고 조합하는 기술이다. 이를 통해 예상치 못한 돌발 상황을 미연에 방지할 수 있다.

조율할 일이 없으면 문제도 없다!

| 5 |

지금까지 조율이 중요하고 복잡하고 까다로울 때 어떻게 대처해야 하는지 집중적으로 살펴보았다. 그런데 조율할 일이 없는 환경을 만드는 것도 좋은 방법 중 하나다. 다음은 이를 위해 효과가 입증된 몇 가지 전략이다.

우리는 당신이 필요 없고, 당신도 우리가 필요 없다

이 전략은 사람이나 부서 간 상호의존성을 줄이도록 조직을 설계하는 방법이다. 1967년에 출간된 고전, 제임스 톰슨의 《조직행동론》은 **호혜적 상호의존**Reciprocal interdependence이 많은 노력이 필요한 일임을 보여준다.28 업무가 진행되는 동안 사람이나 팀, 부서 사이에 끊임없는 대응과 조정이 이뤄져야 하기 때문이다. 축구 경기가 좋은 예다. 선수들은 팀 동료와 상대팀의 패스와 슛에 따라 자신의 플레이를 계속 바꿔야 한다. 상대팀 선수 역시 이에 맞춰 플레이를 수시로 조정한다.

반면, **집합적 상호의존**Pooled interdependence은 그다지 노력이 필요치 않다. 이는 조직이 개인이나 부서의 독립된 개별 노동을 결합하거나 '모으는' 경우이기 때문에, 소통이나 협업이 거의 필요하지 않다. 올림픽에 출전한 체조팀 경기를 떠올려보면 알 것이다. 팀원들은 서로에게 조언과 지원을 아끼지 않지만, 팀 성적은 마루, 평행봉 등 개인 점수를 합산해 결정된다. 마찬가지로, 컨설턴트 로저 슈바르츠Roger Schwarz는 〈하버드비즈니스리뷰〉에서 "영업이 각자 독립적으로 이뤄지며 월별 개인 판매 수치의 합산이 팀 실적이 되는 시스템이라면, 그 영업팀은 집합적 상호의존에 따른 시스템이다"라고 설명했다.29

때로는 독립적으로 업무를 추진할 수 있는 직무나 부서를 구성해 자원과 인센티브, 자유를 개인에게 제공하는 것이 최선의 방법일 수 있다. 그러면 각 개인이나 부서가 하나의 섬처럼 독립적으로 운영되는데, 멜리사 밸런타인과 그의 멘토 에이미 에드먼슨이 연구한 '응급부서'의 상황이 바로 이러했다. 응급부서는 소규모 팀 4개로 구성되어 있었으며, 각 팀에는 의사 3명과 간호사 3명이 속해 있었다. 소규모 팀 체제가 도입되기 전에는 의료진 약 25명이 무질서하게 교대 근무를 하며 매번 다른 사람과 일했다. 의사와 간호사는 유동적인 스케줄에 따라 4시간에서 12시간씩 교대 근무를 했다. 근무 파트너가 계속 바뀌었기 때문에 혼란이 가중되었다. 이때는 관리자가 환자 한 명당 간호사 한두 명, 레지던트 한 명, 주치의 한 명을 25명의 의료진 가운데서 무작위로 배정했고, 의사는 간호사가 어떤 환자를 담당하고 있는지 종종 잊어버리곤 했다. 더욱이 담당 간호사가 바뀌어도 의사나 환자에게 그 사실이 제대로 전달되지 않았다. 관리자들이 넘쳐나는 업무에 허덕이고 있었기 때문이다.

그래서 경영진은 응급부서를 4개의 소규모 팀으로 나누었다. 그 결과, 각 소규모 팀 내부에서는 호혜적 상호의존이, 4개의 소규모 팀 사이에서는 집합적 상호의존이 형성되었다. 각 소규모 팀은 컴퓨터, 기타 비품, 침대, 환자를 볼 수 있는 전용 응급 공간을 받았다. 응급실로 온 환자는 하나의 소규모 팀에 배정되었으며, 그 팀의 간호사 3명과 레지던트 2명, 주치의 1명이 그를 계속해서 돌보았다. 의사나 간호사는 출근 후 자신들을 필요로 하는 소규모 팀에 배정되었다. 밸런타인와 에드먼슨은 16만 건의 환자 사례를 분석해, 새로운 시스템 덕분에 환자 체류 시간이 평균 8시간에서 5시간으로 단축되었다는 사

실을 밝혀냈다. 보다 간결하고 쉬운 의사소통과 협업의 결과였다.30

협업, 정보 공유, 업무 투명성은 순수하게 좋은 것으로 묘사될 때가 많다. 하지만 타인의 일에 지나치게 개입하거나 필요 이상으로 많은 협업을 요구하는 상황에서는 오히려 업무 진행이 방해받고 집중력이 저하될 위험이 커진다.

애플의 직원들은 '겁에 질려 침묵'하기 때문에 이런 방해로부터 자유롭다. 애덤 라신스키Adam Lashinsky가 《인사이드 애플》에서 밝힌 바에 따르면, 애플의 직원은 회사 기밀을 누설하면 바로 해고된다는 사실을 잘 알고 있다. 이런 비밀주의 원칙이 작동한다는 것은 소규모 팀들은 경영진이 허락한 정보만 제공받는다는 의미다.31 몇 년 전, 우리는 애플의 고위 경영진과 이야기를 나눈 적이 있는데, 그들은 CEO인 팀 쿡Tim Cook만이 다음 아이폰의 모든 주요 기능을 알 것이라고 짐작했다. 다른 팀과의 정보 공유나 경영진의 허락 없는 도움 요청은 금기 사항이었기 때문에, 수십 년간 애플에서 일한 베테랑조차 늘 자기 팀끼리 점심을 먹었다고 털어놓았다. 다른 팀 사람들과 대화를 나누는 행동 자체가 금지였다!

물론 애플의 시스템이 모든 조직에 적합한 방식은 아니다. 게다가 이 정도 수준의 비밀 유지를 요구하는 조직은 거의 없다.

부서가 적을수록 혼란도 적다

업무에서 소통해야 할 사람과 부서가 적을수록, 의사소통이나 협업에서 잘못이 발생할 가능성은 줄어든다. 또한 시스템이 단순하면 업무량도 줄기 때문에 각자 자신의 일에 집중하면서도 동료와 협력할 여유를 가질 수 있다.

처음부터 사람이나 부서의 지나친 연결은 피하는 편이 좋다. 하지만 이미 늦었다면, 5장에서 설명한 대로 빼기를 실천해보자. 이는 롭 크로스의 연구팀이 협업 과부하를 연구하며 얻은 중요한 교훈이기도 하다. 그들은 업무가 지나치게 많은 동료와 연결되어 서로에게 너무 의존하는 환경에서는 모두가 격무와 번아웃이라는 이중고에 시달린다는 사실을 발견했다. 이런 상황에서는 맡은 업무를 제때 완수하지 못해 동료들을 실망시키고, 변하지 않는 상황 때문에 점점 지쳐가며 패배감에 시달린다.[32]

크로스의 저서 《지나친 협업을 넘어 Beyond Collaboration Overload》에는 해고 직전까지 갔던 스콧이라는 임원의 사례가 나온다. 스콧은 '위계 구조를 눈부신 속도로 날아올라' 3개 부서의 책임자가 되었다. 그의 밑에 있는 부서원이 약 5000명에 달했다. 이전에는 직속 부하도 몇 명뿐이었는데, 승진 후에는 16명으로 늘어났다. 그는 업무에서 '평등한 구조'를 선호했고 직급은 중요하지 않다는 신호를 직원들에게 보내고 싶어 했다. 스콧은 자신의 개방적인 태도에 자부심을 느꼈기에 자신에게 문제나 걱정거리를 상담하게 하거나 토론에 자신을 참여시키도록 직원들을 독려했다.[33]

크로스는 스콧을 자문하며, 그가 지쳐서 쓰러질 지경이며 애초에 불가능한 시스템을 설계했다는 점을 발견했다. 스콧은 쉬는 날도 없이 하루에 16시간씩 일하며 엄청난 불안감에 시달렸다. 결혼 생활도 위태로웠다. 문제는 소규모 팀으로 나누는 재설계 방식 대신 다수의 소규모 팀을 하나의 거대한 팀으로 통합한 점에 있었다. 중간 단계를 줄인 건 보다 신속하게 대응하기 위해서였다. 하지만 그 결과로 5000명 규모의 조직 전체에서 업무 과부하가 발생했다. 더 많은 사람과 업무적 소통이 필요한 구조가 되면서 의사소통이 더욱 복잡해졌고, 이런 상황은 업무 협력 과정에 다양한 혼선을 초래했다.

크로스가 회사에서 상위 1만 명을 조사했을 때, '업무 과부하 상태 1위'는 다름 아닌 스콧이었다. 3개 부서에서 매일 118명 이상의 사람이 스콧을 찾아와 의견을 구했다. 크로스는 한 부서의 최고 관리자 150명 중 (약 50퍼센트인) 78명이 자신들의 업무 목표를 달성하려면 스콧과 더 많이 시간을 보내야 한다고 느낀다는 사실을 발견했다.

크로스는 스콧과 함께 '빼기 및 위임 캠페인'을 진행했다. 그 덕분에 스콧은 자신의 자리와 명성을 보존할 수 있었다. 스콧은 직속 부하, 회의, 이메일의 수를 약 50퍼센트 줄였고, 이는 효과가 있었다. 직속 부하들은 스콧의 지속적인 확인과 조정 없이도 결정을 내릴 수 있게 되었고, 더 많은 권한을 위임받았다고 (그런데도 일은 줄어들었다고) 느꼈다. 스콧이 직접 보고받아야 하는 사항과 결정해야 할 일이 줄면서, 부서 운영도 더욱 효율적으로 바뀌었다. 그뿐만 아니라, 스콧은 근무 시간이 단축되면서 건강이 회복되었고, 결혼 생활도 위기를 넘길 수 있었다.

스콧의 사례는 많은 조직을 괴롭히는 조율 실패를 잘 보여준다. 고장 난 시스템을 잘 헤쳐 나가도록 자신과 타인을 돕는 행동이 많은 사람의 고통을 덜어주기는 해도, 그보다 더 효과적이고 지속 가능한 해결책은 업무와 조직을 재설계해 업무상 필요한 연결 수가 적은 효율적 구조를 만드는 것이다. 이것이 바로 1장과 이 장 전체에서 설명한 것처럼 최고의 리더가 조직을 유연한 프로토타입으로 취급하는 이유다. 최고의 리더는 자신의 영향력을 이용해 규칙, 구조, 역할을 계속 수정하고 교체하며 필요하다면 제거한다. 당장 그들이 할 수 있는 최선의 행동으로 시스템을 지속적으로 개선해나간다.

09

독성 언어

Jargon Monoxide

우리는 약 15년 전 폴리 라바르Polly LaBarre가 스탠퍼드대학의 우리 수업에 초대되어 저서 《창조형 리더는 원칙을 배반한다》를 주제로 강연했을 때 '독성 언어jargon monoxide'라는 표현을 처음 들었다. 당시 학생들은 리더와 컨설턴트, 전문가들이 영혼 없이 남용하는 복잡하고 무의미한 말장난을 신랄하게 꼬집는 라바르의 표현에 환호했다. 이후 우리는 마찰 프로젝트를 진행하면서 이 재미있고 날카로운 표현을 자주 떠올렸다. 많은 조직이 업무를 방해할 뿐만 아니라 오해와 혼란을 불러오는 언어에 병들어 있었기 때문이다.

예를 들어, "핵심 역량을 활용해 변화를 위한 시너지 효과를 창출하자"라는 리더의 말은 참으로 모호하다. 실제로 어떤 행동이 필요한지 물어보면, 말한 사람도 정작 자기 말이 무슨 의미인지 모른다는 게 드러날 것이다. 또 맥킨지 같은 컨설팅 회사의 컨설턴트들이 사용하는 '나선형 조직', '팀 단위 회의', '목적에 맞는 책임 있는 소단위 조직' 같은 표현도 의미가 불분명하다.[1] 교수들도 이러한 잘못에서 자유롭지 않다. 많은 교수가 어려운 용어로 학생과 동료 들을 당혹스럽게 만들면서 은근히 비뚤어진 우월감을 느낀다. 컬럼비아대학의 재커라이어 브라운Zachariah Brown 교수와 동료들은 이런 현상에 의문을 제기한다. "왜 학자들은 '영장류가 땅 위를 걷는 이유'라고 간단히 표현하지 않고 '비인간 영장류가 수평적 차원의 표면 위에서 수직 직립 이족 보행이 가능한 선행 요인의 설명'처럼 복잡하게 서술하는 것일까?"[2]

이 장에서는 독성 언어가 어떻게 업무의 내용과 방법 등 필수 정보의 전달을 가로막아 혼란을 초래하는지 살펴본다. 또한 독성 언어의 주요 유형을 분석하고, 그럴듯하지만 지나치게 복잡한 언어가 조직 내 협업과 신뢰 형성에 어떤 장애가 되는지도 자세히 다룬다. 더불어 인상적인 말에 보상이 주어지는 환경이 지식을 행동으로 전환하는 데 필요한 의지와 역량을 어떻게 약화시키는지도 탐구할 것이다.

독성 언어의 유형

| 1 |

우리는 독성 언어가 공허하고 모호한 대화에서 비롯되는 어리석음이나 냉소, 혼란을 드러낸다고 본다. 따라서 이를 면밀하게 관찰하면 목표에 맞는 해결책을 찾는 데 도움이 될 것이다. 우리는 독성 언어를 네 가지 유형으로 분류하고, 각 유형이 조직 내에서 어떤 마찰을 불어오는지 분석할 것이다. 또한 유형별로 적합한 예방 및 개선 방법을 제시하고, 이러한 언어를 효과적으로 사용할 수 있는 방법도 함께 살펴본다.

마찰 해결사는 독성 언어의 네 가지 유형에 모두 대응하기 위해 세 가지 방법을 사용한다. 첫째, 사용을 멈춘다. 어설프고 의미 없는 말과 작별하자. 전문용어를 학습하느라 많은 시간과 돈을 들였더라도, 자신은 물론, 동료들에게도 기존의 복잡한 언어를 버리고 명확한 언어로 새롭게 시작할 것을 요구하자. 둘째, 7장에서 언급했던 벤처 캐피털리스트 마이클 디어링의 조언대로 '편집장' 역할을 수행한다. 집요하고 끈질기게, 때로는 주변 사람을 짜증나게 하면서, 혼란을 불러오거나 주의를 흩뜨리는 쓸데없는 표현을 바로잡아 나가면 된다.

셋째, 건설적인 언어를 사용하는 사람은 보상하고, 무의미한 횡설수설을 남발하는 사람은 불이익을 주는 문화를 조성한다. 마찰 해결사라면 3장에서 언급한 대로 겉만 번지르르한 말에 현혹되지 않고, 실질적인 해결과 개선을 이끌어내는 말을 하는 사람을 칭찬하고 보상해야 한다. 반면 허풍을 일삼는 이들은 무시하고 처벌하고, 필요하다면 추방해야 한다.

독성 언어의 유형

유형	정의
장황한 말	지나치게 많은 단어, 길고 복잡한 단어, 필요 이상으로 이리저리 꼬아놓은 설명
의미 없는 개소리	말하는 사람과 듣는 사람 모두에게 아무 의미 없고 공허하며 왜곡된 표현
집단 전용 특수용어	잘 정의된 전문·기술 용어. 내부자 간의 의사소통을 쉽게 하고 소속감을 불러오지만 말뜻을 모르는 외부인과의 의사소통에는 방해가 되는 말
뒤죽박죽 용어	하나의 명칭이나 문구가 사람마다 다르게 해석되어 무질서하고 일관성 없는 개념으로 전락한 언어

장황한 말

말이 너무 많거나, 불필요하게 길고 복잡한 단어를 사용하거나, 지나치게 자세한 설명을 하는 것을 의미한다.

이러한 유형의 독성 언어는 놀랍게도 너무 장황하거나 어려워서, 혹은 둘 다에 해당해 조직이나 대의를 향한 헌신, 동료 간의 결속을 강화하기도 한다. 4장에서 살펴본 대로, 노동은 애착으로 이어지기 때문이다. 즉, 이케아 효과는 자신이나 타인을 향한 모든 노력을 정당화하도록 이끈다. 그래서 길고 복잡한 의사소통을 이해하고 그에 따라 행동하려 애쓴 사람들은 자신의 노력에 과도하고 비합리적인 가치를 부여할 수 있다.

게다가 난해한 말을 산더미같이 쏟아내는 관리자, 컨설턴트, 로비스트, 변호사에게는 큰 보상이 주어진다. 이들은 업무를 수행하거나 혜택을 받기 위해, 혹은 문제를 피하기 위해 이러한 말을 이해해야 하는 사람들을 대상으로 상담이나 교육, 코칭을 하고 그 대가로 보수를 받는다. 같은 맥락으로 까다로운 전통이나 규칙, 법률을 위반하는 사람들을 처벌하거나 변호하는 전문가에게도 보상이 주어진다. 말이 장황할수록, 컨설턴트나 유사한 직종에 종사하는 사람들의 일과 보수는 늘어난다.

우리는 이 책의 1장과 7장 '더하기 병'에서 불필요한 언어 사용에 대해 경고했다. 그런데 "간결함은 재치의 영혼"이라는 셰익스피어의 충고를 무시한 채, 장황하게 글을 쓰거나 떠벌릴 때 오히려 창의적이라는 평가를 받기도 한다. 마케팅 연구원 로라 코니시Laura Kornish와 샤라야 존스Sharaya Jones는 소비자들에게 케이크 장식 재료, 스마트폰 앱, 보험 상품 등 신제품 설명을 평가하게 했다. 소비자들은 일관되게 설명이 긴 제품을 설명이 짧은 제품보다 더 창의적이라고 평가했다. 긴 설명에 의

미 있는 정보가 담겨 있지 않은 경우에도 말이다.³

코니시와 존스는 설명의 길이가 설득력에 영향을 미치는 이유를 두 가지로 분석했다. 첫째, 사람들은 설명이 길수록 제품이 더 유용하다고 생각한다. 더 많은 기능을 갖추었을 것이라 믿는 것이다. 구체적이지 않고 그저 길기만 한 설명을 보면서, 단어가 많으니 기능도 많을 것이라고 여겼다! 둘째, 설명이 길수록 이해하는 데 더 많은 노력이 필요하다. 새로운 아이디어는 소화하는 데 시간이 걸리지만 익숙한 아이디어는 곧바로 받아들일 수 있다. 이 때문에 사람들은 이해하는 데 노력을 기울여야 하는 아이디어와 이를 만들어낸 사람을 더 창의적이라고 판단한다.

하지만 장황한 말이 유리한 경우는 드물다. 특히 복잡한 단어와 개념을 남발해 상대를 현혹하려는 것이 아니라, 실제로 무언가를 성취하는 것이 목적일 경우에 더욱 그렇다. 장황한 표현은 문서, 웹사이트, 연설문, 음성 지침을 해독하는 데 불필요한 시간을 낭비하게 만든다. 또한 각자의 역할을 명확하게 설명하거나 업무를 조율하는 과정도 한층 어렵게 만든다.

장황한 말의 위험성은 '홀라크라시Holacracy(그리스어 'holos'[전체]와 'cracy'[통치]가 결합된 단어로, 모든 구성원에게 권한과 의사결정을 자율적으로 분산하는 경영 시스템을 의미함-옮긴이)'에서 잘 드러난다. 홀라크라시는 공식 관리 직책을 없애고, 규칙, 역할, 유기적 집단을 중심으로 하는 '서클'로 구성된 복잡한 시스템이다. 이 거버넌스 시스템은 모든 직원은 규칙을 위배하지 않는 한, 어떠한 결정이나 조치도 자유롭게 내릴 수 있다는 '홀라크라시의 황금률'[4]이 적용되는 유연한 구조를 바탕으로 한다.

홀라크라시는 (2002년 화재로 사망한) 고故 토니 셰이[Tony Hsieh]가 설립하고 이끌었던 온라인 신발 회사 자포스[Zappos]가 2014년에 도입하면서 널리 알려졌다. 관련 웹사이트(Holacracy.org)에 따르면 2023년 초 기준으로 35개국의 227개 조직이 홀라크라시를 실천하고 있다. 이중 대부분(168개)은 직원 수가 50명 이하인 소규모 조직이며, 직원 수가 500명 이상인 기업은 12곳에 불과했다(한때 이 방식을 채택했던 자포스도 현재는 실천을 중단한 것으로 보인다).[5]

홀라크라시를 간결하고 정확하게 설명하려 여러 차례 시도했지만 실패한 이유는 우리의 능력이 부족해서만은 아니었다. 그 자체가 허황된 말이었기 때문이다. 우리는 기본 개념을 이해하려고 100시간 이상을 투자했지만 여전히 갈피를 잡지 못했다. 그런 혼란을 겪은 사람이 우리만은 아니었다. 홀라크라시 도입 기업을 지원하는 컨설턴트이자 홀라크라시 전도사인 디더릭 얀서[Diederick Janse]는 사람들이 "홀라크라시를 사랑하거나 증오한다"고 말하며 이 시스템이 엄격하고 복잡하며 비인간적이라는 비판에도 어느 정도 일리가 있다고 인정한다. 얀서는 이 규칙 기반 시스템을 운영하는 핵심이 세부적인 홀라크라시 헌장을 이해하고 준수하는 것에 있다고 설명한다. "홀라크라시 시스템을 채택한 조직은 규모, 산업, 문화, 목적 등에 관계없이 동일한 규칙을 '비준'(서명)합니다."⁶

우리는 2015년 발표된 7000단어가 넘는 '홀라크라시 헌장 버전 2.1'을 이해하려 애쓴 데 이어, 2022년 개정된 8000단어가 넘는 버전 5.0까지 연구했다. 그런데도 우리가 홀라크라시를 좋아하는지, 싫어하는지, 아니면 그 중간 어디쯤인지 확신할 수 없었다. 이유는 간단했다. 두 버전⁷ 모두 지나치게 모호한 말로 가득해 홀리크라시 시스템의 기초 작동 원리조차 이해하기가 어려웠기 때문이다. 복잡한 규칙과 역할, 전문용어 속에서 우리는 완전히 길을 잃고 말았다. 우리를 헤매게 한 내용의 한 예를 들면 이렇다. "전술한 내용에도 불구하고, 본 2.2조에 명시된 바와 같이, 해당 서클의 상위 서클 혹은 하위 서클에 의해 임명 또는 선출되어 해당 서클의 멤버로 활동하는 사람은 경우에 따라 해당 서클의 상위 서클 또는 하위 서클 내에서 적법한 절차 또는 권한을 통해 제명될 수 있다." 조지 오웰George Orwell의 말을 빌리자면, 이 문장뿐만 아니라 헌장 전체가 "뇌의 일부를 마비시킨다."⁸

이 복잡 미묘한 규칙을 이해하고 준수하는 데 시간을 들이는 일이 캘리포니아의 작은 소프트웨어 회사 컨버트Convert에는 그만한 가치가 있는 듯하다. 컨버트의 공동 창업자들은 2016년에 홀라크라시 방식을 도입하기로 결정하고, 직원 40명을 대상으로 이 복잡한 방식을 교육하고 실천하도록 돕기 위해 '홀라크라시 부트스트래퍼(자수성가한 사람이라는 의미의 홀라크라시 용어-옮긴이)'인 모건 레지Morgan Legge를 고용했다. 이는 홀라크라시 헌장 서문에 있는 다음의 조언을 따른 것이었다. "홀라크라시 실천법을 배우기 위해 헌장을 읽는 건 권장되지 않는다. 홀라크라시 코치들의 비유대로, 이는 FIFA 경기 규칙 핸드북을 읽고 축구를 배우려는 것과 같다."[9]

하지만 시스템의 복잡성과 헌장에 따른 부담 때문에 버퍼Buffer와 미디엄Medium을 비롯한 많은 기업이 홀라크라시를 포기했다. 미디엄의 앤디 도일Andy Doyle은 2016년에 "홀라크라시는 되레 업무에 방해가 되었다"고 밝히며, 모든 "기록 관리와 거버넌스가 시간을 너무 많이 잡아먹었을 뿐만 아니라 책임의 범위를 구체적으로 규정하는 행위가 적극적인 업무 태도와 공동체 의식을 손상한다는 점을 알게 되었다"고 설명했다.[10] 자포스 역시 헌장의 복잡한 내용 때문에 어려움을 겪었다. 자포스 홀라크라시 팀의 전前 트레이너 조던 샘스Jordan Sams는 〈비즈니스인사이더Business Insider〉와의 인터뷰에서 회사가 "홀라크라시 헌장의 미묘한 차이와 복잡성으로 제약을 너무 많이 받아 2017년에는 엄격한 헌장과 거버넌스 구조는 버리고 핵심 가치와 기본 원칙만 받아들이는 '홀라크라시 라이트Holacracy lite' 시스템으로 전환했다"고 설명했다.11

2022년 우리는 (익명을 요구한) 내부자와 자포스의 홀라크라시 역사에 대해 이야기를 나눴다. 그는 많은 직원이 자율적인 업무 환경, 의사 결정 참여 기회, 관리자 계층이 없는 조직 구조를 즐겼다고 말했다. 하지만 2015년과 2016년 홀라크라시 실천이 한창일 때도 이 운동을 주도한 내부자와 컨설턴트들은 홀라크라시 시스템을 문자 그대로 따르지 않았다. 홀라크라시의 공동 창안자 브라이언 로버트슨Brian Rovertson의 조언12처럼 일부 규칙은 너무 엄격했다. 예를 들어, 순서를 지키지 않고 말을 꺼내는 사람의 입을 막는 행동 등 프로세스를 벗어난 행동을 무자비하게 차단하는 규칙은 자포스의 따뜻한 문화와 맞지 않았다. 자포스 내부 관계자는 홀라크라시 원칙을 입으로만 지키는 직원이 많았다고 덧붙였다. 토니 셰이와 다른 리더들의 기대를 충족시키기 위해서 말이다. 실제로 직원들은 여전히 전통적인 관리자 주도 시스템에서 일하는 듯 행동했다. 그들은 "그래요. 우리는 홀라크라시를 하고 있어요. 재미있고 신선하네요. 하지만 이제는 진짜로 일해야 해요"라는 태도를 보였다.

2022년 그 직원은 시스템 일부가 "아직 조직에 녹아 있긴 하지만, 개인적으로는 자포스가 더는 홀라크라시 방식으로 운영되지 않는다고 생각한다"고 밝혔다. 그는 신입사원들이 이제 입사 교육 기간에 홀라크라시나 그와 관련된 회사의 역사를 배우지 않는다고 덧붙였다. 그래서 많은 신입사원이 '서클'이나 '역할' 같은 용어나 홀라크라시 헌장을 들으면 "무슨 말씀이신지?"라고 반문한다고 했다.

홀라크라시에 대한 우리의 조사에 따르면, 마찰 해결사는 이러한 장황한 말과 맞서기 위해 세 가지 방식을 사용한다. 첫째, 버퍼, 미디엄, 자포스처럼 답답한 체제를 포기한다. 둘째, 컨버트처럼 홀라크라시의 복잡한 규칙과 그 외 관련 사항에 대한 일은 전문가에게 의존하면서 회사의 비즈니스 모델 및 문화와 조화를 이루도록 한다. 이런 방식을 선택하면 모든 조직 구성원이 홀라크라시의 복잡한 구조에 대한 전문가가 될 필요가 없다.

셋째, 편집장 역할을 맡아 언어를 개선한다. 브라이언 로버트슨은 감독을 맡아 홀라크라시 헌장을 광범위하게 편집했다. 그의 컨설팅 회사인 홀라크라시원 HolacracyOne 은 거버넌스 모델을 개선하고, 헌장을 간단명료하고 적용하기 쉽게 만들려고 노력했다.[13] 예를 들어, 특정 법률 용어가 버전 2.1에는 12번 이상 등장하지만, 버전 5.0에는 한 번도 등장하지 않는다.

다만 아쉽게도, 업데이트된 버전도 우리 귀에는 여전히 '어쩌고저쩌고 중얼중얼'로 들린다. 다음 문장을 보면 왜인지 알 것이다. "다른 서클이나 관계된 상위 서클의 정책이 허용하는 경우, 역할은 다른 서클에 연결될 수 있다."

의미 없는 개소리

앙드레 스파이서^{André Spicer}는 철학자 해리 프랭크퍼트^{Harry Frankfurt}의 2005년 베스트셀러 《개소리에 대하여》[14] 덕분에 "'개소리학^{bullshitology}'이라는 새로운 학문분야가 탄생했다"고 말한다.[15] 스파이서는 저서 《비즈니스 개소리^{Business Bullshit}》에서 개소리를 "화자가 자기 목적을 위해 교묘하게 조작한 공허하고 기만적인 의사소통"으로 정의했다.[16] 라스 크리스텐센^{Lars Christensen}과 그의 동료들은 2019년에 발표한 〈개소리와 조직 연구^{Bullshit and Organizational Studies}〉에서 개소리가 화자와 청자 모두에게 의미 없는 말이라고 지적한다.[17] 반면 홀라크라시 헌장 같은 장황한 말은 이해하기는 어렵긴 해도 공허하거나 무의미하지는 않다.

고든 페니쿡^{Gordon Pennycook} 팀의 개소리 수용성에 대한 연구에 소개된 허울 좋은 미사여구는 앙드레 스파이서의 개소리 정의에 딱 들어맞는다. 페니쿡은 뉴에이지 구루인 디팩 초프라^{Deepak Chopra}의 트윗이 '겉으로만 심오한 개소리'의 보물 창고라는 사실을 발견했다. "관심과 의도는 표현의 메커니즘이다", "상상력은 기하급수적인 시공간의 사건 안에 있다" 같은 문장들이 초프라에게는 상당한 수익을 안겨주는 듯하다. 트위터에서 300만 명이 넘는 팔로워를 보유하고 있는 것만 봐도 그렇다. 하지만 페니콕의 연구에 따르면, 이런 개소리를 (무의미하지 않고) 의미 깊다고 믿는 사람들은 인지능력이 낮을 뿐만 아니라 가짜 음모론을 믿을 가능성도 높다.[18]

오레오 쿠키, 리츠 크래커 등을 판매하는 과자 회사 몬델리즈Mondelez는 광고 대행사 오길비에게 거액을 지불하고 '사람 되기humaning'라는 단어를 만든 뒤 이를 중심으로 광고 캠페인을 전개했는데, 그 과정에서 의미 없는 말들을 쏟아냈다. 몬델리즈는 "우리는 더 이상 소비자를 대상으로 마케팅하지 않는다. 사람과 관계를 맺는다"라며 이 개념('사람 되기')을 설명했지만,[19] 도무지 무슨 말인지 이해하기 어렵다. 아마 몬델리즈도 그럴 것이다. 비슷한 사례로, '브랜드 열기brand heat', '아이디어 햄스터idea hamster(끊임없이 아이디어를 내는 사람-옮긴이)', '하이퍼텔링hypertelling(기존의 스토리텔링을 뛰어넘는 강렬한 이야기 전달 방식-옮긴이)' 등 무의미하지만 익숙한 표현들이 생각나지 않는가? 컨설팅 회사로부터 듣거나 '회사용 개소리 생성기Corporate B.S. Generator', '현학적 용어 생성기Gobbledygook Generator' 등의 온라인 툴을 사용해 만들 수 있는 표현들 말이다. 우리가 좋아하는 표현으로는 '유기적 시너지organic synergies', '생각 샤워thought shower', '책임 수분 매개자chief pollinator' 등이 있다.

앙드레 스파이서와 라스 크리스텐센 등 개소리를 연구하는 학자들은 자주 쓰이는 해롭지 않은 개소리가 때로는 건설적인 결과를 가져오기도 한다고 지적한다. 어떤 사람들은 단지 돈을 벌기 위해 개소리를 이용한다. 마케팅하려고 미리 준비된 아이디어를 판매하는 '개소리 상인'이라 할 수 있다. 또 그냥 바보 같은 말을 하고 싶어 바보 같은 말을 하는 사람들처럼, 집단적 재미를 위해 개소리를 사용하는 사람도 있다.

개소리에는 개인 보호 기능도 있다. 스파이서는 대기업 중간 관리자들이 서로 혹은 고위 경영진이나 고객을 상대로 개소리를 하면, 불쾌하거나 반갑지 않은 정보를 덜 부정적으로 만들 수 있다는 연구 결과를 언급한다. 개소리를 내뱉고 반응하는 일은 모든 중간 관리자가 즐기는 게임이다. 스파이서는 숙련된 사람은 이에 적당히 진지하게 반응한다고 설명한다. "개소리를 너무 진지하게 받아들이면 바보 취급을 받을 위험이 있습니다. 마찬가지로 개소리를 지나치게 반박해도 개자식으로 받아들여질 위험이 있습니다."[20]

하지만 개소리는 하는 사람과 듣는 사람 모두에게 혼란과 불필요한 노력을 불러온다. 만약 경영진과 대변인들이 개소리를 한다면, 사람들은 일을 추진하고 진전시킬 수 있는 실질적 지침을 얻지 못하게 된다. 상대방이 의미 없는 말을 한다는 것을 감지하면, 상대방과 맞서 그의 말이 엉터리라고 설득해 입을 다물게 하고 그 말에 현혹된 대상에게 그 유독한 말을 무시하도록 일깨워야 하는데, 여기에는 많은 노력이 든다. 즉 개소리를 반박하는 데 필요한 에너지의 양은 개소리를 생산하는 데 필요한 에너지의 양보다 훨씬 크다. 이를 '브란돌리니 법칙Brandolini's law' 혹은 '개소리 비대칭 원리bullshit asymmetry principle'라고 한다.[21] 이탈리아 프로그래머 알베르토 브란돌리니Alberto Brandolini는 이탈리아의 과거 총리였던 실비오 베를루스코니Silvio Berlusconi의 TV 인터뷰를 보고 이 법칙을 생각해냈다.

한 작은 회사에서 일하는 프로젝트 매니저가 우리에게 들려준 이야기는 이 브란돌리니 법칙을 잘 보여준다. 그의 새 상사는 오랫동안 대기업에서 일했고 작은 회사에서는 일한 적이 없었다. 상사는 끊임없이 비즈니스 용어를 들먹였다. 그의 이메일은 '압력 테스트', '시너지', '미션 크리티컬' 등의 문구로 가득했다. 프로젝트 매니저는 정확한 표현을 선호하는 사람이었기에 그런 용어가 자신과 동료들의 일과 **어떤 관계**가 있는지 몰라 혼란스러웠다. 그는 상사가 하는 말을 이해하지 못할 때마다 그 의미와 업무와의 관련성을 설명해달라고 요청했다. 약 50퍼센트의 확률로, 상사는 그런 질문에 대답하지 못하거나 또 다른 개소리로 답했다. 그러면 매니저는 다시 설명을 요청해야 했다.

의미 없는 개소리는 냉소주의와 경멸을 낳기도 한다. 〈뉴욕타임스〉는 '사람 되기'라는 단어를 가지고 몬덜리즈를 조롱했다. 〈파이낸셜타임스Financial Times〉의 칼럼니스트 루시 켈러웨이Lucy Kellaway도 2012년 시스코Cisco의 CEO 존 챔버스John Chambers를 "최고 난해한 표현의 챔피언"이라 놀렸다. 챔버스가 직원들에게 이러한 이메일을 보냈기 때문이었다. "우리는 세상을 깨우고 지구를 미래에 좀 더 가까이 보낼 것입니다." 켈러웨이는 "황당한 오만함과 유치함의 조합"이라 평하며, "개소리와 진부하거나 완곡한 표현, 어리석은 말이 넘쳐난 한 해 속에서 유난히 이 이메일이 눈에 띄었다"고 썼다.[22]

집단 전용 특수용어

내부자들만 사용하는 특정 용어는 구성원 사이에 의사소통, 신속한 대응, 소속감 등을 강화한다. 사회학자 론 버트Ron Burt와 레이 리건스Ray Reagans는 의사소통이 많이 필요하고 시간 압박 속에서 업무를 수행해야 하는 온라인 팀일수록 집단 전용 특수용어를 만들어낸다고 말했다. 그런 환경에서는 정확한 정보를 더 빨리 주고받을 수 있는 줄임말(예: 전문용어)을 찾고 싶은 공동의 동기가 생기기 때문이다.[23] 비슷하게, 외과의사가 사용하는 약어, 줄임말, 그 밖의 전문용어는 문외한에게는 아무 의미도 없지만, 내부인에게는 즉각적이고 조직적인 행동을 불러온다. 예를 들어, 의사가 "응급, MI"라고 말하면, 동료 의료 종사자들은 이 두 마디가 환자가 지금 심장마비(혹은 심근경색)를 겪고 있으며 응급처치가 필요하다는 뜻임을 이해한다.

하지만 집단 전용 특수용어에는 단점도 많다. 외부인은 특정 구성원들의 말을 알아듣지 못하기 때문에 의사소통과 협력이 어렵다. 뉴욕소방국FDNY이 브루클린 긴급출동센터의 데이터 문제를 해결하려고 고용한 계약 업체가 이러한 문제를 겪었다. 〈뉴욕포스트the New York Post〉의 보도에 따르면, "수리공이 '비상 전원 차단emergency power off' 버튼인 'EPO'라고 쓰인 유리로 덮인 버튼을 전자식 문을 여는 버튼으로 착각하고 누르는 바람에 소방국 시스템이 먹통이 되었다." 그 결과, 운영본부가 소방관, 경찰관, 응급구조사의 차량에 장착된 무선 모바일 단말기를 통해 메시지를 전달하는 것이 몇 시간 동안 불가능해졌다. 상황 관리자들은 디지털 시스템이 아닌 펜, 종이, 전화기를 사용해 신고 내용을 응급구조대에 전달해야 했다.[24]

이 혼란으로 인한 사망자는 보고되지 않았지만, 구급차와 소방차는 시스템이 마비된 탓에 평소보다 훨씬 느리게 출동했다. 퀸즈의 소방관들은 구급차가 도착할 때까지 한 시간 동안 심폐소생술을 실시해야 했다. EPO의 의미를 모르는 수리공을 보낸 회사 라이트패스Lightpath는 그 수리공이 "더 이상 FDNY의 업무를 처리하지 않을 것"을 시 당국에 약속했다.

한 집단은 그들만의 특수용어 때문에 외부인과 갈등을 빚을 수도 있다. 경제학자 로베르토 웨버Roberto Weber와 콜린 캐머러 Colin Camerer는 론 버트와 레이 리건스의 연구처럼 짝꿍이 된 학생들은 더 빠른 의사소통과 신속한 결정을 돕는 약어를 개발하며 더 효율적으로 일한다는 사실을 밝혀냈다. 하지만 세 번째 멤버가 추가되면, 약어에 익숙하지 않은 새 멤버 때문에 작업 속도가 오히려 늦어졌다. 팀원이 늘자 긴장감과 적대감이 커졌고, 새 멤버와 기존 멤버가 서로의 업무 수행 능력을 비난했다.[25]

저널리스트 질리언 테트Gillian Tett는 집단 전용 특수용어가 대형 투자은행들 내에서 어떻게 파괴적인 역학관계를 형성해 2007년 글로벌 금융위기를 불러왔는지를 조사했다. 2005년과 2006년, 테트는 금융위기의 원인으로 널리 지목된 '위험성 높은 모기지담보부증권'을 개발한 따분한 괴짜들과 많은 이야기를 나눴다. 독립된 부서에서 일하는 이 전문가들은 은행에 막대한 수익을 안겨주었고, 그 대가로 거액의 상여금을 받았다. 스스로를 혁명가라고 착각했던 그들은 다른 부서 동료들을 자신들의 뛰어난 업적을 이해하지도 인정하지도 못하면서 위험만 회피하는 겁쟁이로 폄하했다. 테트의 표현에 따르면, 그들의 "금융 세계는 전문용어와 어려운 수식으로 뒤덮여 있었다." 그들은 자기 부서만의 특별한 용어와 업무를 사랑했다. 그것들이 스스로를 똑똑하다고 느끼게 해주고, 팀의 결속력을 높이며, 다른 부서나 상사가 자신들의 일을 쉽게 이해하지 못하도록 만들었기 때문이다.

테트는 이들이 "다른 부서가 알아들을 수 없는 특수용어를 사용했기 때문에 다른 부서와의 정치적 싸움에서 우위를 차지할 수 있었다"고 덧붙였다. 또 "은행은 하나의 협력 단위로 운영되어야 했지만, 소속 부서들은 각각의 부족처럼 다른 부서와 자원을 놓고 경쟁했고, 이처럼 따로 노는 부서들에는 정보, 자원, 권한을 다른 부서와 공유할 동기가 없었다"고 설명했다.

테트는 신생 전문 분야인 '복잡한 신용 금융' 세계의 전문가들에게 금융위기의 책임을 묻지 않았던 이유 중 하나가 상사나 다른 부서의 동료, 언론이 '부채담보부증권[CDO]'이나 '구조화투자펀드[SIV]' 같은 용어와 그것이 가진 예상치 못한 위험을 제대로 이해하지 못했기 때문이라고 지적한다. 그러면서 흥미로운 이야기를 덧붙였다. 다른 부서의 동료들은 이 전문가들이 지루한 일을 하는 지루한 사람처럼 보여 이들과 관계를 맺거나 그들의 투자 업무에 관해 배우려 하지 않았다는 것이다.

그 결과, '이론적으로는 위험 업무를 감시해야 하는' 고위 임원진조차 이 잘나가는 전문가들이 실제로 무슨 일을 하는지 이해하지 못한 채 이들을 제멋대로 내버려두었다. 초우량 CDO는 UBS 은행에 막대한 손실을 끼쳤다. UBS 이사회의 멤버 피터 쿠러[Peter Kurer]는 "솔직히 우리 대부분은 2007년 이전까지는 '초우량'이라는 말을 들어본 적도 없었다. 위험 관리 담당자는 이 상품이 재무부 채권처럼 AAA 등급이라고만 했다. 사람들은 그다지 많은 질문을 하지 않았다"고 털어놓았다.[26]

우리는 집단 전용 특수용어의 사용으로 인한 피해를 줄일 수 있는 세 가지 방법을 제안한다. 첫째, 제너럴리스트의 힘을 빌리는 방법이다. 데이비드 엡스타인^{David Epstein}이 저서 《늦깎이 천재들의 비밀》에서 강조하듯, 수많은 전문가 사이에서 제너럴리스트는 매우 중요한 역할을 한다.[27] 따라서 UBS의 피터 쿠라나 그의 동료들과는 달리, 특정 분야의 전문가는 아니지만 전문용어를 이해하고 장단점을 가려낼 수 있을 만큼은 업무를 알며 다양한 업무를 통합하는 방법 또한 아는 제너럴리스트를 찾아야 한다.

GM의 CEO 메리 바라^{Mary Barra}는 제너럴리스트의 대표적인 사례다. 바라가 이 거대하고 도전적인 회사를 이끄는 유능한 리더가 될 수 있었던 이유도 그가 다양한 전문용어와 기술을 꿰뚫고 있어서였다. 그는 디트로이트/햄트램크 조립 공장 책임자, 글로벌 제조 엔지니어링 부사장, 글로벌 제품 개발 담당 부사장, 글로벌 인적자원책임자 등 여러 직책을 거쳤다. 하지만 단순히 다양한 경험을 쌓아서 다양한 집단 전용 특수용어를 이해하게 된 건 아니다. 그는 천성적으로 경청과 질문을 좋아했고, 그 덕분에 매우 특수한 전문 용어와 기술을 꾸준히 배우게 되었다. 바라와 오랜 시간 함께 일한 GM의 전직 임원은 "그는 항상 먼저 회의 내용을 듣고 이해하려고 노력한 다음 자신의 입장을 밝혔고, 종종 발언하지 않는 사람들의 참여를 유도하기도 했다"고 말했다.28

두 번째 방법은 잠시 시간을 내어 집단 전용 특수용어를 서로에게 알려주고, 가능하면 공통 어휘를 사용하는 데 동의하는 것이다. 앞서 언급한 작은 회사의 프로젝트 매니저는 새 상사에게 그가 사용하는 비즈니스 용어의 정확한 의미를 알려달라고 끈질기게 요구했다. 대부분은 개소리였지만, 유용한 말도 있었다. 하지만 그 용어를 이해하고 행동으로 옮기려면 먼저 모든 직원이 그 의미를 공유해야 했다. 그래서 프로젝트 매니저는 상사와 동료들과 함께 수십 개의 단어 및 표현의 의미를 논의한 후 '용어집'을 펴냈다. 회사의 CEO는 이 용어집 덕분에 모든 직원이 더 효율적으로 일할 수 있었고 짜증나는 논쟁도 줄일 수 있었다고 밝혔다. 3000개 이상의 단어가 정리된 이 용어집에는 '건강 지표', '전략적 목표', '지속 가능성' 등 핵심 용어의 정의가 담겼다. 용어집은 10개 부서 200명의 직원이 보다 원활하게 의사소통하는 데 큰 도움이 되었다.

세 번째 방법은 집단 전용 특수용어를 일반적으로 사용하는 언어로 바꿔 외부인이 혼동하거나 소외되지 않도록 하는 것이다. 브루클린의 긴급출동센터를 마비시킨 수리공이 누른 스위치에는 아무런 설명 없이 '긴급 전원 차단'을 의미할 수도 있는 EPO라는 글자만 붙어 있었다. 만약 EPO의 의미를 명확하게 표기하고 스위치의 기능을 설명하는 경고 표시를 추가했다면, 수리공이나 다른 사람이 의도치 않게 시스템을 중단시키는 사고를 막을 수 있었을 것이다.

집단 전용 특수용어를 일반적인 말로 바꾸는 것은 전문가와 비전문가 사이의 의사소통을 개선하는 효과가 있다. 뉴질랜드에서 만성 질환자 60명을 대상으로 한 실험으로 이러한 사실이 입증됐다. 모든 환자는 의사로부터 질환 상태와 치료 방법을 설명하는 의학 전문용어로 가득한 편지를 받았다. 2주 후, 무작위로 선정된 30명의 환자는 '수정된 편지'를 다시 받았다. 첫 번째 편지의 의학 전문용어가 쉬운 말로 바뀌어 있었다. 예를 들어, '말초부종'은 '발목 부종'으로, '빈맥'은 '빠른 심박수', '특발성'은 '원인 모름'으로 수정되었다. 환자들은 수정된 편지를 더 환영했다. 78퍼센트의 환자가 전문용어로 가득한 편지보다 수정된 편지를 선호한다고 답했고, 69퍼센트는 이 편지가 의사와의 관계에 긍정적인 영향을 미쳤다고 답했으며, 80퍼센트는 이 편지가 만성질환을 관리하는 능력을 향상시켰다고 답했다. 또 환자들에게 편지에서 이해되지 않는 용어에 동그라미를 그리라고 요청하자, 수정되지 않은 편지를 받은 환자들은 평균 8개를 표시한 반면, 수정된 편지를 받은 환자들은

평균 2개만 표시했다.²⁹

뒤죽박죽 용어

한 조직 내에서 사용되는 명칭과 표현이 지나치게 많으면, 파괴적인 마찰이 발생할 수 있다. 같은 단어가 사람마다 다른 의미로 해석되면서, 중요한 정보와 불필요한 잡음을 구별하기가 어려워진다. 노벨상 수상자 대니얼 카너먼과 공동 저자들은 저서 《노이즈: 생각의 잡음》에서 어떤 시스템이 아이디어나 개념이 무질서하게 뒤섞인 상태(책에 나온 '소음'의 정의)에 빠지면 의사 결정과 협력이 어려워지고 기능장애를 일으키는 갈등이 자주 발생한다고 설명한다.³⁰ 무엇을 해야 하는지, 어떻게 해야 하는지, 어떤 일이 나쁜지 좋은지에 대해 사람들의 의견을 모으기가 어려워지기 때문이다.

'애자일agile'이라는 용어가 이러한 혼란을 보여주는 대표적인 사례다. 우리는 애자일 소프트웨어 운동의 열렬한 지지자이다. 2001년, 소프트웨어 개발자 17명이 유타주 스노우버드Snowbird에 모여 '애자일 소프트웨어 선언문'을 발표했다. 이 선언문의 네 가지 핵심 철학은 최고의 마찰 해결사라면 지녀야 할 사고방식과 행동양식을 다시금 일깨워준다. 선언문은 (1) 프로세스와 도구보다 개인 및 상호작용을, (2) 완전한 문서보다 작동하는 소프트웨어를, (3) 계약 협상보다 고객과의 협업을, (4) 계획에 따르기보다 변화에 대응하기를 강조한다.[31] 애자일 방식은 '빅뱅'처럼 작업을 한 번에 완벽하게 끝내려 하기보다, 작은 단위로 꾸준히 진행하며 개선해나가는 것이다. 엄격한 계획을 그대로 따르기보다는 진행 과정에서 지속적으로 결과와 문제점을 분석하여 소프트웨어뿐만 아니라 작업 방식 자체도 업그레이드해 나간다.

우리는 어도비Adobe, 구글, 세일즈포스 등 여러 회사와 협력해 연구를 해왔다. 이 회사들은 애자일 방식을 활용해 소속 팀들이 좋은 소프트웨어를 빠르게 개발할 수 있도록 돕는다. 그런데 우리가 수년간 애자일 소프트웨어 운동에 깊이 관여해왔지만, 이 책에서는 애자일이라는 용어를 사용하지 않았다. 수많은 아이디어 상인들이 애자일이라는 깃발 아래 방대한 전문 용어를 쏟아내고 각종 도구와 책, 강연을 팔면서, 이를 다양한 직장 내 병폐를 해결하는 만병통치약처럼 선전해왔기 때문이다. 이런 혼란스러운 상황 속에서 애자일이라는 단어를 명확하게 정의하고 설명하는 일은 사실상 불가능하다.

카너먼의 표현을 빌리자면, "애자일에 대한 개념과 방법이 사람마다 너무 제각각이어서, 이 단어는 시끄럽고 개념이 무질서하게 뒤섞인 상태로 전락하고 말았다."

호주의 애자일 코치 크레이그 스미스Craig Smith가 진행한 강연 '40분 만에 배우는 40가지 애자일 방법'도 이러한 문제를 잘 보여준다. 그는 105개 강연 슬라이드로 '스크럼SCRUM', '스크럼 플롭Scrum plop', 'TDD/ATD/BDD/SBE', '홀라크라시', '라이트쉬프팅Rightshifting', '스쿼드화Squadification', '비욘드 버짓팅Beyond Budgeting', '프로그래머 아나키Programmer Anarchy'를 포함해 40가지 경영 방법론을 설명한다.³² 스미스는 자신도 모르게 '애자일'이 많은 사람에게 다양한 의미로 사용되고 있어, 이제는 아무 의미도 없다는 사실을 보여준다. 이러한 잡음은 의사소통, 의사결정, 협력을 방해한다. 사용하는 용어와 해결책, 기술의 차이가 협업을 어렵게 만든다. 팀들 간 업무 방식이나 사용 기술이 달라 성과 평가 과정도 복잡해진다. 어떤 조직에서는 '애자일의 진정한 의미'와 '애자일을 실천하는 올바른 방식'을 둘러싸고 끝없는 논쟁이 벌어지기도 한다.

우리 조직에는 '애자일'이라는 용어를 구체적이고 정확하게 정의하도록 강제할 '전문용어 경찰'이 없다. 어떤 개념이 무질서하게 뒤섞여버렸고, 모든 사람이 동일한 의미로 받아들이도록 '용어집'을 만들기에 너무 늦어버렸다면, 차라리 그 단어를 쓰지 않는 것이 최선일 수 있다. 그래서 우리는 '애자일'이라는 용어의 사용을 중단하기로 했다.

강력한 말들

| 2 |

마찰 해결사는 공허하고 답답하며 난해하고 시끄러운 횡설수설을 옳은 일은 더 쉽게, 잘못된 일은 더 어렵게 만드는 언어로, 동시에 마땅히 해야 할 일에 대한 의심을 없애주는 언어로 바꿔야 한다. 행동 과학자들은 강력한 말과 그렇지 않은 말의 차이에 대해 수백 건의 연구를 수행했다. 우리가 특히 주목한 연구는 펜실베이니아대학의 조나 버거Jonah Berger와 스탠퍼드대학의 제니퍼 아커가 진행한 연구다. 우리는 그들의 연구를 바탕으로 사람들에게서 실천, 끈기, 창의적인 해결책을 이끌어내는 말 다섯 가지를 찾아냈다.

실천과 끈기, 창의적인 해결책을 이끌어내는 말

추천하는 말	피해야 하는 말	이유
"30분짜리 회의는 모두 25분으로, 60분짜리 회의는 50분으로 줄였습니다."	"회의 시간을 줄였습니다."	구체적인 표현이 모호한 표현보다 설득력이 크다. 세부 정보를 포함하면, 듣는 사람은 상황을 더 명확하게 이해할 수 있고, 행동 지침도 보다 직접적으로 전달된다.
"뺄셈 게임은 멋집니다."	"뺄셈 게임은 멋졌습니다."	현재 시제는 과거 시제보다 설득력이 있다. 현재 시제는 지금 이 순간 무엇이 최선인지, 당장의 도전에 어떻게 대응해야 하는지를 확실하고 자신감 있게 제시한다.

"여러분의 시간을 낭비하고 싶지 않습니다."	"여러분의 시간을 낭비해서는 안 되겠지요."	자신이 행동을 결정했으며, 그럴 권한이 있고 그것이 옳다고 믿기 때문에 행동하고 있음을 나타내야 한다. 어쩔 수 없어서 혹은 강요된 규칙, 법률, 규범에 따라 행동하는 것처럼 보이게 하는 표현은 피해야 한다.
"직원들이 차갑고 매몰차서 엄마가 울었어요."	"무례한 직원들 때문에 엄마 감정이 상했어요."	촉각, 후각, 통각, 청각, 미소, 눈물 등 신체적 감각과 연결해 생각을 드러내는 은유, 단어, 문장은 기억에 오래 남으며 설득력과 전달력이 뛰어나다.
"비록 여정은 끝났지만, 마찰을 해결하는 일은 앞으로도 계속될 것입니다."	"드디어 목표 지점에 도달했습니다. 마찰을 훌륭하게 해결해 냈습니다."	성공을 과정으로 여기는 사람들은 자신이 걸어온 길을 되돌아보며 배울 가능성이 높고, 목표를 달성한 후에도 계속해서 노력한다. 반면, 성공을 결승점으로만 생각하는 사람들은 목표를 이루는 순간 '임무 완수'로 여기고 더 이상 노력하지 않는 경향이 있다.

표에 나와 있듯이, 비결은 다음과 같다. 모호한 말이나 표현보다 **구체적인 어휘**를 사용할 것,[33] 과거 시제가 아닌 **현재 시제**로 말할 것,[34] 마지못해서가 아니라 **자발적으로 마찰 해결에 나섰음**을 나타내는 표현을 쓸 것,[35] 신체적 **감각과 관련된 은유**를 활용할 것,[36] 마찰 해결을 목적지가 아닌 **지속적인 여정으로 묘사**할 것이다.[37]

폴 오닐Paul O'Neill은 대형 알루미늄 생산업체 알코아Alcoa를 이끌면서 강력한 언어의 힘을 활용한 대표적인 인물이다. 알코아는 1987년부터 2000년까지 그의 경영 아래 가치가 30억 달러에서 275억 달러로 900퍼센트 이상 증가했다. 그는 CEO로 취임했을 때 효율성, 생산성, 수익, 주가 같은 전형적인 경영 지표는 별로 언급하지 않았다. 직원 안전이라는 **구체적인** 지표에 집중하겠다고 선언했다. 당시 알코아의 안전성이 업계 평균보다 높았는데도 말이다. 당시 매년 근로자 100명당 2명이 사고를 당했다(전국 평균은 100명당 5명). 오닐은 '아무도 다치지 않는 것'을 목표로 삼았다.

우리는 오닐의 연설과 인터뷰를 살펴보면서 그가 과거 시제로 이야기하지 않는다는 점을 알아차렸다. 주제가 알코아의 직원 안전이든 병원의 환자 안전이든 상관없이 말이다. 그는 안전을 사람들이 **지금 당장** 그리고 앞으로도 계속 추구해야 하는 '논쟁의 여지가 없는 목표'로 규정했다. 그는 알코아의 CEO로 취임한 직후, 월스트리트 애널리스트들 앞에서 "가장 먼저 언급하고 싶은 요소는 안전입니다"라고 말했다. 투자자와 비즈니스 저널리스트들이 이익 마진 등 전형적인 재무사항에 관해 질문하자, "제 말을 제대로 들으셨는지 모르겠군요. 알코아의 상태를 알고 싶다면 회사의 작업장 안전 수치를 살펴보시기 바랍니다"라고 답했다.

오닐은 안전에 집중하면 직원들이 **자발적으로** 자신의 '여유 에너지'를 일에 더 많이 쏟게 된다고 반복해서 강조했다. 그는 "명령은 아무런 소용이 없다. 직원에게 자유를 주어야 한다"며,

아무도 다치지 않는 환경을 조성하는 일이 사람을 존중하는 첫걸음이라고 강조했다. 이런 환경이 "직원들에게 '솟아오르는' 자부심을 느끼게 한다고도 덧붙였다.[38]

또한 그는 '솟아오르다'처럼 **감각적 은유**를 즐겨 사용했다. "머리 위에서 댕그랑거리는 크레인", "공장 안을 흐르는 섭씨 1000도의 금속 물결", "섭씨 54도의 온도에 습도가 거의 100퍼센트에 달하는 공장", "열사병에 걸리는 사람들"처럼 말이다. 알코아 공장의 노동자들이 직면한 안전 문제를 이야기할 때면 특히 그랬다.

또한 오닐은 자신이 취임한 후 알코아의 안전 지표가 연간 근로자 100명당 2건의 사고에서 1000명당 1건으로 개선되었다고 발표하면서도, 이를 목표가 달성되었거나 최종 목적지에 도달했다고 여기지 않았다. 그는 안전을 현재도 **진행 중인 여정**으로 묘사했고, 회사의 모든 사람이 매일 걸어가는 길에 비유했다.

물론 오닐은 말뿐이 아니라 실제로 행동에 나섰다. 그와 동료 경영진은 프로세스 개선을 게을리하거나 안전 문제를 숨기는 관리자를 해고했다. 경영 저술가 데이비드 버커스(David Burkus)는 안전을 개선하는 '천재적인 방법'은 "프로세스의 모든 단계와 그에 따른 위험을 파악한 후 그것을 완전히 제거하지 않고서는 불가능하다"라고 주장했다.[39] 수백 건의 프로세스 개선이 이어졌고, 공장은 더욱 효율적으로 운영되었다. 오닐은 서서히 시스템과 문화를 변화시켰고, 경영진은 그 밖의 데이터와 아이디어도 빠르게 공유하기 시작했다.

오닐의 경영 방식이 효과적이었던 건 직원들의 사기를 높이고 알코아의 생산 공정에 주의를 집중하도록 만든 강력한 언어의 힘 때문만은 아니었다. 그가 사용하지 않은 언어에도 그 답이 있었다. 우리는 그의 수많은 연설, 인터뷰, 글에서 전문용어를 하나도 찾을 수 없었다. 예를 들어, 애리조나의 알코아 공장에서 예방할 수 있었던 사고로 근로자가 사망했을 때, 그는 즉시 현장으로 가 공장 경영진에게 이렇게 말했다. "우리가 이 사람을 죽였습니다. 제 리더십의 실패입니다. 내가 그를 죽게 만들었습니다. 동시에, 관리자인 여러분 모두의 실패입니다." 그는 자신의 메시지를 장황한 말과 개소리, 집단 전용 특수용어, 무질서하게 뒤섞인 전문용어 따위로 오염시키지 않았다.

정신없이 밀어붙이기

Fast and Frenzied

앞서 살펴봤듯이, 리더가 가장 신경 써야 할 중요한 과제 중 하나는 업무가 너무 느리게 진행되거나 지나치게 힘들어지는 순간, 혹은 '과도한 분석'에 발이 묶여 실행이 늦어지는 순간을 파악하는 것이다. 반대로, 조급한 마음에 엉성한 결과나 위험한 지름길, 규칙이나 법 위반을 감수하면서까지 사람들에게 업무 속도를 높이라고 압박하는 순간이 언제인지도 알아야 한다. 이 장에서는 팀과 조직이 적절한 시기에 속도를 조절할 수 있도록 건설적인 마찰을 적용하는 시점과 방법을 살펴본다. 이를 통해 현재 업무의 질을 높이는 동시에, 미래의 목표에도 더 빠르게 도달할 수 있다. 또한 사람들의 몸과 마음의 건강에도 긍정적인 영향을 미칠 것이다.

과속을 하면 사람을 죽일 수도 있다. 2020년, 미국 도로교통안전국의 조사에 따르면, 교통사고 사망자의 29퍼센트가 과속으로 목숨을 잃었다.¹

가속 페달을 끝까지 밟는 것은 조직에도 위험하다. 런던 비즈니스스쿨의 데이나 칸즈Dana Kanze와 연구팀은 상사로부터 업무 진행 속도를 높이도록 재촉받은 관리자, 즉 '추진 목표locomotion goals'에 중점을 둔 관리자와 업무 속도를 늦추고 면밀하게 분석하도록 요구받은 관리자, 즉 '평가 목표assessment goals'에 중점을 둔 관리자를 비교 연구했다. 이들은 연구를 위해 미국 내 559개 프랜차이즈 기업(세븐일레븐, 맥도날드, 매리어트 호텔, 에이스하드웨어Ace Hardware 등 자사 브랜드로 운영되는 사업체를 판매·허가·감독하는 기업)의 10년간 고용평등위원회Equal Employment Opportunity Commission, EEOC 위반 사례를 추적했다. 그리고 기업의 비전 선언문에 사용된 단어를 기준으로 기업의 성향을 분류했다. '해내다, 빨리, 신속히, 서둘러, 기다릴 수 없다, 시작' 같은 단어가 많으면 추진력을 중시하는 기업으로, '주의, 고려, 올바른, 평가, 생각, 철저히' 같은 단어가 많으면 평가를 중시하는 기업으로 분류했다.

559개 프랜차이즈 중 연령·성별·인종에 따른 차별 및 성희롱 등의 위반으로 벌금이 부과된 148개 기업은 나머지 411개

기업보다 비전 선언문에서 추진력을 강조하는 어휘를 훨씬 더 많이 사용한 것으로 나타났다. 또한 칸즈의 연구팀은 '그냥 해just do it'라는 표현이 ('올바른 일을 해do the right thing'라는 표현보다) 불법적 차별을 더 많이 유발한다는 사실도 발견했다. 연구팀은 미국에 거주하는 717명의 온라인 연구 지원자를 무작위로 나눠, 추진력을 중시하는 프랜차이즈와 평가를 중시하는 프랜차이즈의 매니저 역할에 배정했다. 이때 '추진력을 강조하는 비전 선언문을 읽은' 지원자는 61세 구직자를 연령을 이유로 차별하는 등 비윤리적인 행동을 할 가능성이 4배 더 높았다.[2]

소프트웨어 서비스 회사 제네피츠Zenefits의 이야기는 불도저처럼 일하는 사람들의 특징과 위험성을 잘 보여준다. 이 사례가 주는 교훈은 리더가 편법과 불법의 경계를 넘나드는 지름길에 들어선 순간이 바로 브레이크를 밟아야 할 시점이라는 것이다. 그러나 리더가 조급함에 사로잡혀 있으면 막판까지 속도를 늦추지 못할 수 있다. 제네피츠는 건강보험과 급여 등 인사 업무를 자동화하는 온라인 소프트웨어를 판매하기 위해 2013년 파커 콘래드Parker Conrad가 설립한 회사다. 〈뉴욕타임스〉의 표현을 빌리자면, "콘래드는 기업의 복잡한 인사 업무를 앱 중심의 사용자 맞춤형 실시간 서비스, 종이 없는 원스텝 프로세스로 전환하고자 했다."[3]

제네피츠의 직원들은 수천 개의 중소기업을 위해 업무 마찰을 줄이는 소프트웨어를 개발하고 판매하는 데 집중했고, '준비, 발사, 조준'이라는 회사 모토 아래 움직였다. 그런데 아이러니하게도 효율성을 높이려다 오히려 불만과 비효율을 불러오는 지름길로 들어섰다. 빠른 성장에 대한 강박은 결국 법적 문제로 이어졌고, 그 결과 회사의 성장 속도는 더욱 둔화되었으며 평판도 큰 타격을 입었다. 결국 성장도 성과도 모두 위축되고 말았다.

벤처 투자전문회사 앤드리슨호로위츠Andreessen Horowitz의 라스 달가드Lars Dalgaard가 이끄는 투자자들은 제네피츠에 5억 8000만 달러 이상을 투자했다. 2015년, 제네피츠의 기업 가치는 45억 달러로 평가되었다. 콘래드에 따르면, 2014년 그의 초기 계획은 20명의 영업 담당자를 고용하고 1000만 달러의 매출을 달성하는 것이었다. 그러나 달가드는 이를 듣고 "왜 형편없는 아마추어처럼 행동합니까?"라고 반문했다. 달가드는 콘래드에게 100명의 영업 담당자를 고용하고 매출 목표를 2000만 달러로 올리라고 압박하며, "이제 본격적으로 성장에 집중해야 한다"고 말했다. 이러한 분위기 속에서 콘래드는 더 빨리 성장해야 한다는 끊임없는 압박을 느꼈다고 고백했다.[4]

2014년 제네피츠는 달가드가 제안한 공격적인 매출 목표 2000만 달러를 달성했다. 하지만 이 과정에서 콘래드는 편법을 저지르는 등, 칸즈의 추진력 연구에서 언급된 '그냥 해' 문화의 기업들과 비슷한 비윤리적인 행보를 보였다. 일례로, 미국의 각 주에서는 보험을 판매하거나 고객에게 관련 조언을 제공하려면 자격증이 필요하다. 특히 캘리포니아에서 중개인이 되려면 최소 52시간의 온라인 교육을 반드시 이수해야 하다. 하지만 〈블룸버그Bloomberg〉의 보도에 따르면, 콘래드는 직접 만든 구글 크롬 브라우저 확장 프로그램을 사용해 52시간 교육 과정을 이수하지 않고도 이수한 것처럼 보이게 해 규정을 피해갔다. 결국 제네피츠는 캘리포니아 보험국으로부터 벌금 700만 달러를 부과받았다.

제네피츠의 직원들은 빠르게 성장하고 싶은 욕심에 고객 정보의 신속하고 정확한 전송을 위한 자동화 시스템 구축에 시간을 투자하지 않았다. 그 대신 기존의 낡은 소프트웨어를 사용해 고객 정보를 엑셀 스프레드시트에 수작업으로 입력했다. 이후 회사가 완성되지 않은 소프트웨어를 서둘러 출시하고 준비 없이 수백 명의 고객을 등록하는 과정에서 많은 오류가 발생했다. 한 고객은 "제네피츠 직원이 급여 공제 정보를 입력하다가 실수를 저질러 급여가 잘못 지급되었다"고 불만을 토로했다. 또 다른 고객은 "데이터 시스템의 이름과 날짜가 잘못 표시된다. 문제가 어디에 있는지 모르겠지만, 가장 큰 문제는 품질 검사를 전혀 하지 않는다는 점이다"라고 불평했다.[5] 결국 불만족한 고객들은 줄줄이 제네피츠를 떠났고, 회사의 결함 있는 제품과 형편없는 서비스에 관한 언론 보도가 이어졌다. 신규 고객들은 가입을 꺼렸다.

제네피츠는 2016년까지 여러 차례 매출 목표를 달성하지 못했고, 직원의 60퍼센트가 해고되었으며, 파커 콘래드는 결국 사임했다. 새로운 CEO 데이비드 색스David Sacks는 제네피츠의 모토를 '준비, 발사, 조준'에서 '진실 경영Operate with integrity'으로 변경했다. 하지만 너무 늦은 변화였다. 독립적으로 운영되던 제네피츠는 2021년에 사모펀드 프란시스코파트너스Francisco Partners에 인수되었다. 프란시스코파트너스는 인수 가격을 공개하지 않았다. 하지만 〈포브스〉는 "앤드리슨호로위츠와 파운더스펀드Founders Fund 등 벤처 캐피탈 투자회사는 제네피츠에 대한 투자금을 '0'으로 표시했다"고 보도했다. 2022년, 프란시스코파트너스는 제네피츠를 '트라이넷TriNet'에 매각했고, 트라이넷은 회사 이름을 '트라이넷제네피츠TriNet Zenefits'로 변경했다.6

과속이 개인에게 미치는 영향
| 1 |

높은 효율성, 마찰 없는 업무 흐름, 옳은 일을 쉽게 할 수 있는 환경은 좋은 직장의 특징이다. 하지만 제네피츠의 사례는 속도에 집착하면 일이 허술해지게 되어 결국에는 더 빨리 일하

기가 어려워진다는 사실을 보여준다. 수백 건의 관련 연구에서도 조급함과 업무 과부하, 빨리 일하기에 집중할 때의 부작용은 드러난다.

업무 과속은 사람들에게서 최악의 모습을 끌어내고, 결국에는 조직에까지 피해를 준다. 다음은 업무 과속이 초래하는 대표적인 다섯 가지 상황이다.

1. 번아웃

번아웃 상태에 빠진 직원은 피로, 무기력, 좌절감, 절망감, 냉소, 무관심 등을 느끼며 업무 성과와 생산성이 모두 떨어진다. 2018년, 갤럽이 7500명의 근로자를 대상으로 실시한 설문조사에 따르면, 응답자의 67퍼센트가 정기적으로 번아웃 증상을 경험하며, 23퍼센트는 자주 혹은 항상 번아웃을 겪고 있다고 답했다. 번아웃 정도가 높은 근로자는 병가를 낼 가능성이 63퍼센트, 응급실을 방문할 가능성은 23퍼센트, 새 직장을 구할 가능성은 250퍼센트 더 높았다. 갤럽 연구원 벤 위거트Ben Wigert와 상기타 아그라왈Sangeeta Agrawal은 "업무 과부하에 시달리는 사람들이 빠지게 되는 '정신적 모래 함정'이 번아웃을 부채질한다"며, 기존의 많은 연구와 같은 결론을 내렸다. 또한 연구팀은 "직원들이 자기 업무를 처리할 시간이 충분하다고 자주 혹은 항상 말하는 경우, 심한 번아웃을 겪을 가능성이 70퍼센트 감소한다"고 밝히며, 번아웃으로부터 직원을 보호하려면 업무 과부하를 줄이기 위해 일의 속도를 낮춰야 한다고 지적했다.7

2. 이기주의

심하게 바쁜 사람들은 일에 치여 다른 사람에게 친절한 말을 건네거나 손을 빌려줄 여유가 없다. 심지어는 도움이 필요한 사람들을 알아차리지 못한다.

이는 존 달리John Darley와 대니얼 뱃슨Daniel Batson이 1973년에 진행한 고전적인 실험에서 밝혀진 사실이다. 두 연구자는 프린스턴신학교 학생들을 모집해 신약성서에 등장하는 도움이 필요한 사람을 도와주는 대표적 인물인 선한 사마리아인에 관한 강연을 맡겼다. 연구팀은 학생들에게 이 과제를 준 후, 12월의 어느 추운 날 좁은 골목을 지나 강연장으로 가게 했다. 골목 중간에는 '문간에 쪼그려 앉아 고개를 숙이고 눈을 감은 채 꼼짝하지 않는' 사람(즉, 도움이 필요해 보이는 사람)을 배치해놓았다.

이때 연구진은 학생들을 무작위로 세 그룹으로 나누었다. 첫 번째 그룹의 학생들에게는 서두를 필요가 없다고 말했고, 두 번째 그룹의 학생들에게는 조금 서두르라고 말했으며, 세 번째 그룹의 학생들에게는 늦었으니 빨리 가라고 말했다. 그 결과, 서두를 필요가 없었던 첫 번째 그룹은 63퍼센트가 도움을 주려고 멈췄고, 조금 서둘러야 했던 두 번째 그룹은 45퍼센트, 매우 서둘러야 했던 세 번째 그룹은 10퍼센트만 도움을 주려고 멈췄다. 아이러니하게도, 세 번째 그룹의 신학도 중 90퍼센트가 선한 사마리아인의 덕목에 관한 강연을 서두르느라 정작 도움이 절실히 필요한 사람을 그냥 지나쳐버렸다.[8]

바쁜 직장에서는 서로를 신경 쓸 시간이 없기 때문에 개인적 어려움을 겪거나 업무상 도움이 필요한 동료를 도울 기회를 놓치게 된다. 《무례함의 비용》을 쓴 크리스틴 포래스Christine Porath가 17개 업종의 근로자 수백 명을 대상으로 진행한 설문조사에 따르면, "40퍼센트 이상의 노동자가 시간이 부족해 친절하기 어렵다"고 답했다.[9] 또, 많은 노동자가 너무 바빠서 동료에게 도움이 필요한지 물어볼 시간은커녕 미소를 짓거나 인사를 건넬 여유조차 없다고 느꼈다.

3. 괴롭힘

오하이오주립대학의 벤 테퍼Ben Tepper가 20년 전 직장 내 괴롭힘 척도를 개발했다. 이후 직장 내 괴롭힘의 원인과 결과를 연구하는 수많은 연구에서 이 척도가 사용되었다. 벤의 척도[10]는 악몽 같은 상사가 부하직원에게 저지르는 15가지 행동으로 구성된다. 여기에는 '나를 무례하게 대한다', '내게 화풀이한다', '내게 무능하다고 말한다', '다른 사람들 앞에서 나를 깎아내린다' 등이 포함된다. 다시 강조하지만, 이러한 행동이 나타나는 주요 원인은 시간 압박이다. 관련 척도를 활용한 수십 건의 연구에 따르면, 마감 시간에 쫓겨 스트레스를 받고 지친 상사는 부하직원을 학대하는 경향이 있으며,[11] 이에 부하직원들은 불안, 우울, 신체적 질병을 겪거나 생산성이 저하되고, 결국 회사를 떠나기도 한다. 과중한 업무에 시달리거나 수면이 부족한 상사는 직원들을 괴롭힐 가능성이 더 높고,[12] 직원들은 이런 불쾌한 상황에 신경 쓰느라 일에 대한 의욕을 잃는다.

2007년에 서튼이 《또라이 제로 조직》을 출간하자, 수백 명이 아랫사람을 쓰레기 취급하며 괴롭히는 상사를 고발하는 이메일을 보냈다. 예를 들어, 루스라는 박사과정 학생은 명문대 조교수 '클레이'라는 고압적이고 무뚝뚝한 상사와의 경험을 들려주었다. 클레이는 밤낮으로 일하며 뛰어난 연구 실적을 쌓았고, 자기 분야에서 유명해지고 종신교수로 승진하겠다는 목표를 세웠다. 그는 루스에게 하루 12시간씩 주 6~7일 일하라고 강요했다. 루스가 자신을 돌보기 위해 하루 쉬고 싶다고 하자, 클레이는 그의 헌신에 의문을 제기했다. 결국 루스는 1년 동안 이러한 학대를 견디다 못해 학교를 그만두었다. 그동안 그는 불면증과 스트레스에 시달렸고 마음을 달래려 먹은 음식 때문에 몸무게가 9킬로그램이나 증가했다.

4. 잘못된 결정

생각할 틈도 없이 너무 빠르게 일을 처리하려다 보면, 비난과 불안의 악순환이 이어질 수 있다. 과도한 조급함이 '인지적 부담'을 불러와 형편없는 결정을 내리게 만들기 때문이다. 더 나쁜 점은 현재의 문제에 과도하게 집중하느라 통제 불능 상태에 이를 때까지 새로운 문제를 회피하게 된다는 것이다. 이런 상황은 나쁜 마찰 해결사를 낳거나 장기적인 사고와 계획을 가로막는다.

이런 상황은 '시간 부족'에 대한 여러 연구에서도 발견된다. 심리학자 엘다 샤퍼Eldar Shafir의 연구팀은 미국의 게임쇼 〈가족 불화Family Feud〉와 비슷한 게임에 참여한 프린스턴대학생들의 의사결정을 분석했다. 참가자들은 질문에 답할 때 시간 여유가 있는(50초) 그룹과 시간이 부족한(15초) 그룹으로 무작위로 나뉘었다. 시간이 부족한 그룹에게 미래의 여유 시간을 빌릴 수 있는 옵션이 주어지자, 학생들은 불리한 시점에 계속해서 많은 시간을 빌렸고, 그 결과 점점 더 많은 시간을 빚지게 되었다. 심리학자 마리아 코니코바Maria Konnikova는 시간이 부족한 학생들은 "빠듯한 상황에서 게임에 집중하느라 전략을 세울 수 없었다. 심지어는 전략을 세울 수 있다는 점조차 깨닫지 못했다"고 설명했다.[13]

2장에서 인용한 대니얼 카너먼의 연구에 따르면, '인지적 지뢰밭'에 빠졌을 때, 즉 무엇을 해야 할지 모르거나 일이 잘 풀리지 않을 때는 일의 속도를 늦추고 주변 사람에게 조언을 구하거나 가능한 선택의 장단점을 따져보는 것이 최선이다. 대체로 머릿속에 떠오르는 첫 번째 결정은 편견에 기초하거나 가능한 선택을 충분히 고려하지 않고 한 결정이기 때문에 잘못될 가능성이 크다. 시간 압박의 위험은 업무 추진력에 관한 연구에서도 잘 나타난다. 이 장의 앞부분에서 살펴본 것처럼, 사람들은 속도에 집착할 때 위험한 지름길을 택하거나 법을 어기기도 한다.

이러한 연구 결과는 제네피츠의 '준비, 발사, 조준' 문화가 가져온 피해를 설명하는 데도 도움이 된다. 이 문화 때문에 리더들은 비윤리적인 결정을 내렸고 준비되지 않은 제품을 서둘러 출시했다. 또한 〈버즈피드Buzzfeed〉의 보도처럼 "거래 성사만큼 중요한 목표는 없다"는 고압적인 영업 문화를 낳았다.[14] 그 결과, 제네피츠의 업무는 비효율적이고 오류가 많아졌으며, 고객 회사의 직원들은 건강 보험을 제공받지 못하는 등 해결에 시간이 오래 걸리는 곤란한 상황에 처했다. 한때 45억 달러의 가치가 있던 유니콘 기업 제네피츠는 결국 실패를 겪으며 새로운 소유자에게 매각되었다.

5. 창의성의 죽음

2장에서 설명했듯이, 창의성은 느리고 까다로우며 고된 과정을 거쳐야 얻을 수 있다. 게다가 제대로 된 방식을 따를 때만 비로소 결실을 맺는다. 코미디언 제리 사인펠드는 "효율적으로 작업하고 있다면 잘못된 방식을 따르고 있는 셈이다. 올바른 방식은 힘든 방식이다"라고 말했다.

테레사 애머빌의 연구팀은 22개 프로젝트팀의 직원 177명이 매일 작성한 9000개의 일기를 분석한 후, 이와 비슷한 결론을 내렸다. 연구팀은 발견 보고서, 아이디어 생성, 유연한 사고, 학습, 향상된 자기 인식을 기준으로 일일 창의성을 측정하는 자세한 척도를 개발했다. 그리고 '시간에 쫓기면 창의성은 사라진다'는 연구 결과를 얻었다. 연구 대상자들은 매일 7점 척도로 시간 압박 정도를 평가했는데, 7점이 나온 날에는 압박이 덜한 날보다 창의적으로 사고하는 사람이 45퍼센트 줄었다. 연구팀은 시간 압박을 받는 사람들은 더 오래 더 많이 일하면서 '더 창의적인 기분'을 느낀다는 점을 발견했다. 하지만 실제 측정된 결과는 시간 압박이 창의적 사고를 방해한다는 점을 보여주었다.[15]

특히 단순하고 중요하지 않은 업무, 불필요한 회의, 계속 변경되는 계획으로 인해 사람들이 제자리를 달리는 듯한 느낌을 받을 때 시간 압박은 더욱 문제가 됐다. 이런 상황은 좌절감과 불안감, 업무 집중력 저하를 불러왔고, 결과적으로는 창의성을 떨어뜨렸다. 반면, 자신의 팀이 중요한 임무를 수행하고 있다고 느끼며, 구성원들이 개인 업무에 집중할 수 있는 충분한 시간을 확보할 수 있을 때는 시간 압박이 창의성에 미치는 부정적 영향이 크지 않았다.

테레사의 연구팀이 추적한 죄악의 프로젝트는 애초에 일정이 비현실적이라는 점을 모두 알면서도 경영진이 무리한 속도로 진행하도록 밀어붙인 사례였다. 구성원들은 지쳐 있었고 불안했기 때문에 일의 속도를 늦추고 복잡한 문제를 분석할 여유가 없었다. 또 프로젝트를 성공으로 이끌 해결책을 개발하기 위해 반드시 필요한 (번거롭고 예측 불가능한) 시행착오를 시도할 시간도 없었다. 한 실패한 프로젝트의 구성원은 향후 몇 주간 주 7일을 오전 8시부터 오후 7시까지 근무해야 한다는 통보를 받았다. 그는 일기에 "이 프로젝트는 완전히 죽음의 행진처럼 느껴진다. 우리가 얼마나 많은 일을 더 해야 하는지 짐작조차 되지 않는다. … 매번, 틀리거나 미흡한 점, 예상보다 훨씬 복잡한 문제와 마주치게 된다"라고 적었다.

과속: 조직 부채를 악화시키는 악순환

| 2 |

과속으로 인한 피해는 조직 전체에 스며들기 때문에, 일단 속도가 붙으면 리더들이 되돌리기 어려운 악순환으로 이어질 수 있다. 스트레스에 시달리는 리더가 잘못된 결정과 실수를 저지르고, 그로 인해 더 심각한 문제가 발생하지만, 해결되지 않은 채 방치되는 상황이 계속될 수 있다. 그런 상황에서 구성원들은 하나둘씩 지쳐가고 이기적이고 심술궂은 태도를 보이며 잘못된 결정을 반복하고 창의력도 부족해진다. 결국 조직 전체가 혼란에 빠진다.

과속된 상태에서는 시스템, 조직 문화, 기술에 필요한 작업을 미루거나 아예 손대지 못하게 되는데, 소프트웨어 개발 분야에서 개발자가 필요한 작업을 미루면 조직이 '기술 부채'를 떠안게 된다. 이를테면, 엔지니어가 버그가 있거나 제대로 문서화되지 않은 코드를 급하게 출시하면서 "나중에 해결합시다", "다음에 하죠" 혹은 "문제가 되면 그때 해결하면 됩니다"와 같이 말할 때 이러한 부채가 쌓인다.

같은 맥락에서, 베테랑 기술 경영인 스티브 블랭크Steve Blank는 고속 성장 중인 많은 회사가 과도한 '조직 부채'를 안고 있다고 지적했다. 조직 부채는 기술 부채보다 더 빨리 회사를 망가뜨릴 수 있다. 블랭크는 조직 부채를 '얼른 해치우자'라는 마음가짐이 낳은 타협의 결과라고 정의한다. 물론 중요한 작업을 먼저 해치우고 나머지는 나중에 처리하는 편이 더 나은 경우도 있다. 하지만 과도하게 돈을 빌렸을 때처럼, 조직 부채가 지나치게 누적되면 회사는 이를 갚느라 큰 어려움을 겪게 된다. 블랭크는 이에 대해 "일이 잘 진행되어야 할 때, 조직 부채가 회사의 발목을 잡을 수 있다"고 전한다.[16]

우리는 연구를 통해 차량공유서비스 회사 우버가 수백 개의 신속한 팀 덕분에 급격히 성장했지만, 그 과정에서 불어난 기술 및 조직 부채 때문에 블랭크의 예상처럼 혼란을 겪었음을 확인했다. 2013~2020년 우버의 최고기술책임자였던 투안 팜Thuan Pham은 초기에는 팀을 작게 분산해 신속하게 소프트웨어를 개발하고 새로운 도시에서 서비스를 시작했던 것이 회사의 빠른 성장에 큰 도움이 되었다고 밝혔다.[17] 예전 CEO 트래비스 칼라닉Travis Kalanick은 제품별로 소프트웨어팀을 독립적 부서로 나누고 거의 완전한 자율권을 부여했다. 또한 '슈퍼열정superpumped', '만들고 싶으면 만들자let builders build', '무조건 집어넣기toe-stepping', '뭐든지 한다always be hustlin' 같은 추진력을 북돋우는 표현으로 회사의 모토를 채웠다.

팜과 동료들은 2019년에 우리와 인터뷰하며 우버가 리프트나 다른 경쟁자를 제치고 우위를 점한 데 막대한 '기술 및 조직 부채'가 도움이 되었다고 주장했다. 팜은 "만약 우리가 부채를 두려워했다면 성장이 훨씬 더뎠을 겁니다"라고 말했다. 하지만 우버는 '갚아야 할 때'를 놓치고 말았다. 팜의 표현을 빌리자면, 2017년까지 각 팀은 최고 속도로 질주하는 쾌속정처럼 일했다. 경영진은 이들을 거의 감독하지 않았고 팀 간의 협력에도 별다른 관심을 두지 않았다. 결국 일의 속도를 늦추고 그동안 쌓인 문제를 해결하지 못한 탓에 회사는 파산 위기에 몰렸다.

수백 개 팀이 저마다 자기 앞만 보고 달리는 바람에 우버의 전반적인 '조직 속도'는 점차 느려졌다. 회사가 제자리걸음을 하고 있다는 신호는 세 가지였다. 첫째, 엔지니어들이 문제 해결이나 일상적인 유지 보수에 점점 더 많은 시간을 쏟으면서 새로운 코드를 작성할 여력이 줄어들었다. 둘째, 새로운 기능을 구현하려면 다른 팀의 도움이 필요했지만 협력을 받지 못했고, 다른 팀이 새 기능을 반대하며 방해를 하는 경우도 있었다. 셋째, 소프트웨어의 장애가 잦아졌다. 엔지니어와 개발자는 자신이 작성한 코드를 책임지느라 늘 대기상태를 유지했고, 그 바람에 수면 부족을 겪었다. 숙련된 엔지니어는 결국 구글 등으로 떠나버렸다. 일주일에 15번씩이나 한밤중에 깨는 삶이 싫었기 때문이다.

팜에 따르면, 이러한 '기술 부채'는 지나치게 분산된 조직 구조와 다른 팀과의 협업이나 협력을 무시하고 맹목적으로 질주

만을 장려하는 문화에서 비롯되었다. 그 결과, 점점 더 많은 직원이 근본적인 원인은 내버려둔 채 일시적인 부분만 수리하며 급한 불부터 끄는 상황으로 내몰렸다. 그런데도 회사는 더 빠른 성장을 위해 경험 없는 관리자를 대거 채용하고 승진시켰다. 이는 조직 부채를 더욱 키웠다. 무경험 관리자들은 근시안적 태도로 단기적 성과에만 집착했으며, 일의 속도를 늦추고 업무를 바로잡아야 할 때를 인지하지 못하거나 알더라도 실천할 능력이 부족했다.

경험 부족, 빠른 결과에 대한 압박, 개인과 팀의 독단적 업무 진행 등 치명적인 요소들이 맞물리면서 우버의 성장 속도는 점차 둔화되었다. 이뿐만 아니라, 회사 곳곳에서 통제되지 않은 어리석고 비윤리적인 행동이 속출했다. 세계 각지의 지사는 불법 행위로 법적 문제에 휘말렸고, 엔지니어 수잔 파울러Susan Fowler가 자신을 포함해 여러 여성 직원이 겪은 성차별과 성희롱을 폭로하자 회사의 평판은 급락했다. 이는 부분적으로는 규칙을 무시하고 제멋대로 행동하는 남성들이 득세한 사내 문화에서 비롯된 결과였다.

이런 문제의 여파로 칼라닉은 사임할 수밖에 없었다. 후임 CEO 다라 코스로샤히Dara Khosrowshahi는 수년에 걸쳐 그간의 기술 및 조직 부채를 해결하고 수익성 있는 사업 모델을 개발하기 위해 고군분투했다. 회사는 2017년에는 40억 달러 이상의 손실을 입었고, 2018년에는 10억 달러에 가까운 이익을 기록했다. 하지만 2019년에 다시 80억 달러 이상의 손실을 냈다. 코로나 팬데믹은 우버에 큰 타격을 입혔다. 적자는 2022년 3분기까지 지속되었다.[18] 그래도 마지막 분기에 기록적인 매출과 소폭의 이익을 기록했다.[19] 차량공유 및 음식배달 서비스 매출이 2023년까지 꾸준히 증가하면서 상황이 반전될 조짐이 보였다. 코스로샤히는 우버가 하락세를 벗어나 마침내 장기적인 수익의 길로 들어섰음을 시사했다.[20]

앞으로 우버가 지속적으로 수익을 낼 수 있을지는 불확실하지만, 우버가 조금 더 일찍 회사의 움직임에 제동을 걸고 기술과 조직 부채를 해결했더라면 코스로샤히의 일이 훨씬 쉬웠으리라는 점은 자명하다.

브레이크 밟기: 건설적인 마찰 일으키기

| 3 |

"빨리 효과를 보고 싶다면, 느리게 행동하세요." 배우이자 코미디언 릴리 톰린Lily Tomlin의 이 조언은 이 장의 핵심을 잘 보여준다. 마찰 해결사로서 다른 사람을 돕고 싶지만 방법을 몰라 막막할 때 이 말을 떠올리길 바란다. 의지, 기술, 돈, 도구가 부족할 때, 일이 너무 빠르게 진행되어 제대로 해내기 어려울 때,

해결되지 않은 문제가 쌓여 똥물이 천장까지 차오른 듯한 상황이 되었을 때 말이다.

당장 조치를 취해야 하는 경우가 아니라면 우리가 해야 할 일은 일의 속도를 늦추거나 멈추는 것이다. 이제 건설적인 마찰을 일으켜야 할 시기와 그 방법 여섯 가지를 소개하겠다.

1. 올바른 시작을 위해 잠시 멈추기

새로운 프로젝트나 팀, 조직을 시작할 때는 잠시 숨을 고르고, 성공에 필요한 인재, 역할, 규범, 자원을 생각한다. 좋은 출발을 위한 효과적인 방법 중 하나는 인간이 가진 상상의 시간 여행 능력을 활용하는 것이다. 잠시 멈춰서 성공한 척(사전 성공 분석previctorem) 혹은 실패한 척(사전 실패 분석premortem)하며, 원하는 결과나 피하고 싶은 결과를 만들어낸 사건을 글로 써본 후, 거기서 얻은 교훈을 업무 설계와 실행 방식에 반영해보길 바란다.

심리학자 게리 클라인Gary Klein은 '사전 실패 분석'을 통해 위험 요소와 비현실적 기대를 식별하는 방법을 제안한다. 그는 사람들에게 어떤 결정을 내린 지 1년이 지나 그 결정이 명백히 실패한 상황을 상상하게 한다. 그러면 참가자들은 끔찍한 미래를 떠올리며 그 실패가 어떻게 일어났는지를 설명하는 일련의 사건과 이야기를 만들어낸다. 게리의 연구에 따르면, 사전 실패 분석은 더 나은 결정을 내리고 프로젝트를 원활하게 운영하는 데 도움이 되는 '저비용 고수익' 방법이다.[21]

허기 라오와 스탠퍼드 연구진은 '백 투 더 퓨처back to the future'[22] 연구를 통해 (가상의) 성공한 미래에서 되돌아보는 '사전 성공 분석'이 사전 실패 분석보다 더 효과적일 수 있음을 보여준다. 두 방법 모두 의사 결정과 설계를 개선하는 데는 유용하다. 사건을 **일어날 수 있는 일**이 아니라 **이미 일어난 일**로 가정하기 때문인데, **과거의 일**로 여기면 사건이 더 구체적이고 실현 가능해 보여 그 의미를 파악하기가 쉬워진다.

라오와 연구진은 이를 검증하기 위해 약 1000명의 예비 창업가를 348개의 가상 팀으로 무작위 배정한 후, 현장 실험을 진행했다. 각 팀은 건강 및 웰빙 상품을 위한 아이디어를 개발하고 광고를 제작하는 임무를 맡았다. 팀들은 프로젝트 시작 전, 사전 성공 분석 또는 사전 실패 분석을 수행하도록 무작위로 배정받았다. 또한 위약 효과를 통제하기 위해 일부 팀에는 시간 여행 기법 대신 단순한 사업 계획 검토를 요청했다. 연구진은 각 팀원에게 개별 보상을 제공하고, 최우수 팀에는 5000달러의 상금을 걸어 동기부여를 강화했다.

연구진은 두 가지 지표를 사용해 각 팀의 성과를 평가했다. 첫째, 프로젝트 개시일과 근무 시간 등 근무 조건을 조율할 때 팀원들이 대의를 위해 얼마나 희생을 감수했는지를 측정했다.

둘째, 각 팀이 제작한 광고의 품질을 평가했다. 미국 성인 패널이 광고의 흥미로움, 효과성, 클릭할 가능성을 기준으로 점수를 매겼다.

그 결과, 성과가 가장 뛰어났던 팀들은 사전 성공 분석을 수행한 팀이었다. 이들은 프로젝트가 1년 후 큰 성공을 거둔 상황을 가정하고 **과거형**으로 글을 작성했다. 이 과정에서 15분 동안 성공의 원동력이 된 팀원 간의 관계를 되돌아보았고, 이를 통해 업무 방식과 성과 판단 기준에 대한 합의를 도출하고, 공유 언어와 협력 방식을 정리했다. 또한 성공적인 미래를 떠올려 집단적 낙관주의와 열정을 높이는 효과도 얻었다.

이 연구는 새로운 업무를 시작하기 전에 팀이나 조직 구성원들이 잠시 멈춰 시간 여행을 하며 큰 성공(혹은 큰 실패)을 상상하고 그 이유를 이야기로 풀어낸 뒤, 거기서 배운 점을 실제로 적용해야 한다는 교훈을 준다.

2. 멍청한 행동을 예방할 질문 던지기

'그냥 해'라는 추진력 모드에서 벗어나 중요한 결정을 내리거나 행동을 취하기 전에 그 결정이 어리석거나 위험하지 않은지를 따져볼 수 있어야 한다. 이를 위해 분석적 사고를 유도하는 질문을 하도록 사람들을 독려해야 한다. 대니얼 카너먼이 '제2의 사고 체계 System 2'라고 부르는, 느리고 신중하며 합리적인 사고방식을 활성화하는 질문은 매우 중요한데, 카너먼에 따르면 인간은 인생에서 단 2퍼센트의 시간만 이 사고 체계를 사용하고 있다.

심리학자 제니퍼 에버하트Jennifer Eberhardt는 잠시 멈춰 질문을 던지는 행위가 인종차별적 고정관념과 행동을 줄이는 데 효과적이라는 사실을 연구를 통해 보여주었다. 제니퍼의 연구팀은 6000만 명 이상의 사용자를 보유한 온라인 앱 회사 넥스트도어Nextdoor와 협업했다. 넥스트도어는 한동네 주민들이 서로 정보를 공유하고 도움을 주고받으며, 인근 주민과 근처 사업체와 소통할 수 있게 돕는다. 그런데 안타깝게도, 백인이 주로 거주하는 동네에서 흑인이 목격되면, 넥스트도어 사용자들은 그 사람이 별다른 행동을 하지 않았는데도 나쁜 짓을 하고 있다고 추측하는 경우가 많았다. 이에 넥스트도어의 공동 창립자는 에버하트의 연구팀에 도움을 요청했다. 에버하트는 "인종차별적 편견을 줄이려면 마찰을 더해야 한다고 생각했다"고 말한다. 이에 따라 넥스트도어는 앱을 재설계하여 사용자가 누군가를 신고하기 전에 잠시 생각할 수 있도록 "이 사람의 어떤 행동이 의심스러운가?"와 같은 질문이 먼저 나타나게 했다. 또한 인종차별적 편견에 관한 정의를 제공하고, "의심스러워 보이는 행동을 구체적으로 서술하시오"라고 요구했다. 이러한 마찰이 넥스트도어 사용자의 행동 속도를 늦추었고, 그

결과 인종차별적 신고가 75퍼센트 이상 감소했다.[23]

3. 당신의 타임스퀘어는 어디인가요?

우리는 2014년 《성공을 퍼트려라》를 출간한 이후, 조직을 확장하고 조직 내 긍정적 변화를 퍼뜨리려는 수백 명을 가르치고, 상담하고, 연구해왔다. 그런데 앞서 살펴본 제네피즈 사례나 구글 글래스 실패 사례에서 알 수 있듯, 똑똑한 사람들도 때로는 놀라울 정도로 명백한 사실을 잊곤 한다. 바로 탁월함을 퍼뜨리려면 스스로 탁월해야 한다는 점이다. 우리는 이 교훈을 3장에서 소개한 '10만 호 캠페인'을 이끈 베키 마르지오타로부터 배웠다.[24] 현재 빌리언즈인스티튜트의 CEO인 마르지오타는 비영리단체와 정부 기관의 리더들에게 대규모 변화를 구상하고 실행하는 방법을 가르치고 있다. 그는 검증되지 않은 설익은 아이디어로 큰 변화를 이루려는 성급한 고객들을 자주 만난다. 그럴 때마다 마르지오타는 그들에게 "당신의 타임스퀘어는 어디인가요?"라고 묻는다. 이 질문이 나온 배경에는 마르지오타가 전국적으로 10만 호 캠페인을 이끌기 전, 비영리단체 커뮤니티솔루션Community Solution의 설립자 로잔 해거티Rosanne Haggerty에게 고용되었던 경험이 있다. 당시 그의 목표는 3년 안에 뉴욕타임스퀘어의 노숙인 수를 3분의 1로 줄이는 것이었다. 하지만 이 목표는 비현실적이라는 것이 밝혀졌고,

결국 그 목표를 달성하는 데 5년이 걸렸다.

마르지오타 팀은 2003년부터 2007년까지 타임스퀘어에서 '거리에서 집으로Street to Home' 프로젝트를 진행했다. 그러나 문제 해결에 필요한 접근 방식과 기술, 방법을 제대로 갖춘 것은 2007년에 이르러서였다. 다행히 같은 해에 당초 목표를 뛰어넘으며 거리의 노숙인 수를 87퍼센트나 줄이는 성과를 거두었다. 이는 길고 답답한 싸움이었다. 마르지오타 팀은 효과적인 방법을 찾기까지 수많은 시도를 반복했고, 그 과정에서 여러 번 실패를 겪었다. 예를 들어, 타임스퀘어에 있는 노숙인을 정확히 파악하는 데만 몇 년이 걸렸다. 처음에는 낮 동안 타임스퀘어를 돌아다니며 사람들에게 노숙인인지를 묻는 방식으로 조사했는데, 이 방법이 적절하지 않다는 사실을 한참 뒤에야 깨달았다. 해결책은 의외로 단순했다. 새벽 5시에 그곳에서 잠자는 사람 수를 직접 세는 것이었다. 또한 노숙 기간이 길어 건강 문제가 심각한 사람들을 우선적으로 도와야 한다는 사실도 알게 되었다. 이들은 조기 사망 위험이 높은 상태에 놓여 있었기 때문이다.

마르지오타는 5년 동안 좌절과 실패를 겪으며 다른 곳에도 적용할 수 있는 '플레이북'을 개발하지 않았다면, 자신과 해거티가 2010년에 10만 호 캠페인을 시작할 수 없었을 것이라고 말한다. 또한 2014년 6월 14일, 만성 노숙인 10만 명에게 집을 찾아주겠다는 캠페인의 목표도 달성하지 못했을 것이라고 덧붙였다.

2016년 제네피츠 CEO 자리에서 쫓겨난 콘래드도 비슷한 교훈을 얻었다. 제네피츠 고객들이 겪은 오류와 형편없는 서비스는 부분적으로 자동화가 덜 된 소프트웨어와 서비스를 회사가 성급히 판매했기 때문이었다. 고객과 보험사를 연결하는 제네피츠의 많은 작업이 종이 문서나 이메일로 전송된 PDF 파일을 통해 이루어졌고, 이로 인해 정보 검토 및 전송 과정에서 시간이 많이 걸리는 수작업이 요구됐다. 결과적으로 제네피츠는 수백 개 기업에 느리고 사용하기 어려우며 오류가 잦은 시스템을 판매했을 뿐만 아니라, 직원들에게도 과도한 시간 압박을 가해 문제를 악화시켰다.

콘래드는 제네피츠를 떠난 지 몇 달 만에, 급여 및 복리후생 등의 직원 데이터를 자동화된 시스템으로 관리하는 '리플링Rippling'이라는 회사를 설립했다. 리플링은 인사 업무 외에도 직원이 회사를 떠날 때 직원 컴퓨터를 회수해 하드디스크를 깨끗이 정리한 후 보관까지 해주는 '기기 관리 플랫폼' 서비스도 제공한다. 콘래드는 리플링에서 제네피츠 시절과는 정반대의 접근 방식을 취했다. 2021년, 그는 제네피츠에서는 "초기에 고객을 유치하기가 너무 쉬웠다"고 인정하며, 당시 리더들이 "관련 프로세스는 나중에 자동화하면 된다고 생각해서, 직원들에게 수작업을 지시하는 실수를 저질렀다"고 말했다. 잘못된 생각이었음이 곧 드러났다. 제네피츠의 규모가 커질수록 프로세스를 자동화하는 일은 점점 더 어려워졌고, 결국 수작업 업무가 과도하게 늘어나 비용이 급등하고 수익은 급감했다. 그는 "그때부터 많은 것이 무너지기 시작했다"고 회상했다.[25]

리플링의 경우, 초기 2년 동안 직원은 기본적으로 콘래드와 50명 정도의 엔지니어가 전부였다. 이들은 모든 운영 기능을 소프트웨어로 구현하는 것에 집중하며 강력한 제품을 만드는 데 주력했다. 콘래드는 수작업을 금지시켰다. 그 대신 제대로 된 자동화 솔루션이 개발될 때까지 고객과 함께 일할 것을 주문했다. 엔지니어들이 직접 고객의 요구와 어려움을 이해하도록 하기 위해 (그리고 비용을 절감하기 위해) 초창기에는 고객 지원 담당도 채용하지 않았다. 콘래드는 "개인적으로 제가 거의 모든 고객 지원 업무를 담당했습니다. 엔지니어링 팀도 동참했습니다"라고 말했다. 그는 개별 제품이 아닌 소프트웨어 번들을 고객에게 판매했고, 각 소프트웨어를 처음부터 다른 리플링 제품들과 쉽게 통합할 수 있도록 설계하는 등 제네피츠의 실패에서 얻은 교훈을 잘 활용했다.

제네피츠에서 얻은 교훈 덕분에 큰 규모로 성장하기 전에 모든 것을 제대로 구축하려 한 콘래드의 노력은 효과를 발휘하고 있는 듯하다. 2022년 5월까지, 벤처 캐피털 회사들은 리플링에 거의 7억 달러를 투자했다. 리플링의 기업 가치는 112억 5000만 달러로 제네피츠의 (짧은) 전성기 당시의 기업 가치였던 65억 달러의 거의 두 배 가까이 된다.[26]

4. 새로 시작하기

2020년 초, 코로나 팬데믹이 닥치면서 근로자들의 근무 환경과 생활 방식에 예상치 못한 변화가 일었다. 우리는 2020년 8월 〈맥킨지분기별보고서 McKinsey Quarterly〉에 "어떤 의미에서는 모두들 다시 신입사원이 됐다. 이제 모든 조직이 불과 몇 달 전과 본질적으로 달라졌다"고 썼다.[27] 하지만 많은 회사가 이러한 지각 변동이 사업 운영의 토대를 어떻게 변화시켰는지 돌아볼 겨를도 없이 앞만 보고 달려갔다.

우리는 기업들이 겪는 어려움을 보며 하버드경영대학원의 세달 닐리가 제안한 '팀 재출발 team relaunch' 개념[28]을 도입했고, 때로는 이를 직접 지도하며 실행에 옮겼다. 이 의도적인 멈춤 과정에는 팀의 목표, 규범, 업무 리듬, 의식, 자원 배분 등을 점검하는 한두 차례의 회의가 포함된다. 팀은 효율적인 요소와 비효율적인 요소를 논의한 후, 무엇을 바꿀지 결정하고 실행 방안을 마련한다.

닐리는 오래된 팀이 성과 저하나 대인관계 문제에 직면했을 때 일시정지 버튼을 누르고 성찰과 자기비판의 과정을 거치는 것이 효과적이라는 연구 결과를 바탕으로 팀 재출발의 필요성을 강조한다. 그러나 안타깝게도 현실에서는 많은 리더가 극심한 피로에 시달리고 있었다. 우리가 만난 한 비영리단체의 CEO처럼 말이다. 그의 조직에서는 유능한 인재들이 불만을 품고 연이어 퇴사했고, 냉소적인 분위기가 팽배했으며 재정 손실까지 발생하고 있었다. 그런데도 이 CEO는 최고경영진이 '너무 바빠서' 단 한두 시간조차 우리 조언에 따라 멈출 여유가 없다고 답했다. 이 이야기를 들려주자 닐리는 "기름이 떨어진 걸 알면서도 차를 세워 주유하지 않는 것과 같다"고 지적했다.

우리는 동료 캐서린 벨시치와 함께 가상 팀을 위한 팀 재출발 프로그램을 개발했다. 벨시치는 (우리가 자문을 맡고 있는) '팀 러더리Teamraderie'의 6개 고객사에서 45~90분 동안 '팀 리프레시Team Refresh' 워크숍을 이끌었다. 그는 6~12명으로 구성된 참가 팀에게 재출발 연습의 원리와 근거를 설명한 후, '빼기 게임'을 진행했다. 참가자들은 과거에는 효과적이었지만 현재는 걸림돌이 된 규범과 관행을 찾아내 이를 바꿀 기발하고 실용적인 아이디어를 모색했다. 이후 목표 가운데 최대 3개를 골라 방해물을 제거하기 위한 전략을 수립했다. 또한, 벨시치는 자신의 강점을 명확히 이해하는 직원과 팀이 최고의 성과를 낼 가능성이 크다는 갤럽의 연구 결과를 바탕으로 '강점 게임'을 진행했다. 각 팀은 팀의 성과와 정신건강에 결정적인 역할을 하는

(그리고 앞으로도 그럴) 핵심 규범, 기술, 전략을 파악해 이를 중심으로 협력 방안을 모색했다.[29]

몇몇 참가팀은 이 과정 덕분에 의미 있는 변화를 이뤄냈다. 한 소프트웨어 회사의 팀은 기본 회의 시간을 기존의 30분과 60분에서 20분과 45분으로 단축했다. 또, 한 컴퓨터 하드웨어 회사의 팀은 당장 신경 쓸 필요가 없는 프로젝트와 사업을 찾아내는 역할을 수행할 '우선순위 책임자chief of prioritization'를 따로 지정했다.

5. 마찰을 이용해 업무 리듬 조절하기

마찰 해결사는 잠시 일을 멈추고 공유된 업무 리듬을 형성하는 루틴과 의식을 실행함으로써 혼란과 불필요한 노력을 줄이고 협력과 유대감을 강화할 수 있다. 리듬에 맞춰 행진하고 춤추고 노래하는 행위는 진화론적으로도 의미가 있다. 구성원들이 '같은 리듬을in sync' 따르는 집단은 더 강한 정서적 유대를 형성하며 식량 확보와 자기 방어에 필요한 협력과 협동에 더욱 적극적이다. 이는 결국 생존과 번식 가능성을 높이는 요인으로 작용한다.[30]

2020년 3월, 코로나가 미국을 강타한 후, 한 소프트웨어 개발자가 대면 근무에서 원격 근무로 전환되면서 새로운 스탠드업 회의 방식이 어떤 역할을 했는지를 우리 수업에서 공유했다. 기존에는 매일 아침 9시에 팀원 8명이 모두 모여 그날의 목표를 공유하고 조언을 나누는 스탠드업 회의를 진행했다. 원격 근무로 바뀐 후에도 이 관행은 이어졌다. (직접 만나는 대신) 각자 집에서 노트북 앞에 서는 방식으로 말이다. 그런데 원격 근무가 몇 주 동안이나 계속되자 문제가 발생했다. 같은 공간에서 자연스럽게 이뤄지던 대화가 사라지면서 팀원들 사이의 격의 없는 소통 기회도 줄어든 것이다. 이전에는 우연한 대화로 신속한 문제해결과 협력이 이루어졌고, 농담과 친근한 놀림이 개인적 고민을 진지하게 털어놓는 계기로 이어지기도 했다. 또 다른 문제는 팀원들이 언제 업무를 마쳐야 할지 혼란스러워한 점이었다. 모두가 한 공간에서 일할 때는 오후 5시 30분이면 자연스럽게 퇴근했지만, 원격 근무로 바뀐 뒤에는 각자의 근무 시간이 제각각이었다. 어떤 사람은 오후 3시에 일을 마친 반면, 몇몇 '일중독자'는 밤 8시가 넘어서까지 업무를 이어갔다.

팀은 재출발을 위해 속도를 잠시 멈췄다. 팀원들은 더 많은 상호작용의 필요성, 명확하게 정해지지 않은 근무 시간, 그리고 '일중독자'와 '워라밸을 지키는 사람' 사이의 갈등에 대해 한 시간 동안 토론했다.

그 결과, 매일 오후 4시 30분에 원격 스탠드업 회의를 한 번 더 하기로 결정했다. 회의에서 각 엔지니어는 그날 자신이 한 일을 팀과 공유했다. 도움을 요청하거나 도와주며, 동료들의 업무와 맞춰보기도 했고, 내일의 계획도 세웠다. 회의는 예전처럼 농담을 섞어가며 진행되었다. 이 두 번째 의식은 사회적 협력을 강화했고, 업무 리듬을 조절하는 데도 도움이 되었다. 오후 회의를 마친 후에는 긴급한 일이 아니라면 팀원 대부분이 그날의 업무를 마무리했다.

'업무 리듬'은 라오가 존 릴리John Lilly와 함께 강의하는 '스타트업 창업자를 위한 경영학' 수업의 핵심 주제다. 릴리는 (오픈소스 브라우저 파이어폭스Firefox를 개발한) 모질라Mozilla가 직원 12명의 작은 회사에서 500명 이상의 큰 회사로 성장하는 동안 CEO를 역임했다. 그는 조직이 하나의 팀에서 여러 팀으로 늘어나는 과정에서 새로운 규칙이나 특정 역할을 추가하기보다는 "조직의 행진을 조율하는 북소리를 만드는 데 집중했다"고 강조한다.[31]

모질라의 구성원이 대략 50명에 이르렀을 때, 특히 신입사원들은 어떻게 적응해야 하는지, 누구에게 이야기하고 누구와 협력해야 하는지, 언제 변경된 코드를 적용해야 하는지 혼란스러워하기 시작했다. 이에 리더들은 상황을 개선하기 위해 매주 월요일 비공개 회의를 열어 당면 문제를 해결하고 향후 계획을 세웠다. 이후 전 직원이 공식적인 점심 회식을 함께하며 목표를 공유하고 질문에 답하며 문제를 논의했다. 직원이 80

명으로 늘어난 뒤에는 매일 저녁 7시에 (단기 의사 결정을 돕는) 데이터 보고서와 (개인적 목표와 집단적 목표의 조화를 돕는) 분기별 회사 목표를 배포하는 등 '속도 조절 메커니즘'을 추가했다. 직원이 120명 정도로 규모가 커지자 회사 전체의 목표가 다시 모호해졌다. 이에 따라 경영진은 분기별 그룹 목표를 도입했다. 또한 2년마다 전 세계 직원, 모질라의 오픈소스 코드 작성에 기여하는 외부인, 그 외 주요 이해관계자를 위한 회의를 개최했다. 이는 모두가 직접 만나 다시 연결되고 공동체 의식을 되새기는 시간이 되었다.

6. 열심히 소통하거나 전혀 하지 않거나

업무 리듬을 공유하면 일을 끝마치는 데도, 피로를 덜 느끼는 데도 도움이 된다. 동료와 협력할 때와 혼자 일할 때를 구분할 수 있기 때문이다. 이는 크리스토프 리들Christoph Riedl과 애니타 울리Anita Woolley의 '간헐적 소통bursty communication' 연구에서 밝혀진 사실이다. 두 연구자는 50개국 260명의 소프트웨어 개발자를 5명으로 구성된 가상 팀 52개에 무작위로 배정했다. 각 팀의 과제는 우주 비행에 필요한 의료 키트의 최적 구성을 도출하는 알고리즘을 개발하는 것이었다. 성과를 높인 가장 큰 요인은 상금이 아니었다. 성과가 우수한 팀은 짧은 시간 동안 많은 메시지를 주고받은 후 오랜 시간 개인 작업을 하는 간헐적 소통 방식을 취했다. 반면, 성과가 저조한 팀은 느린 응답 속도로 끊임없이 메시지를 주고받으며 여러 주제를 동시에 다루는 경향을 보였다.[32]

여기서 마찰 해결사가 배워야 할 점은 간헐적 소통의 시작과 끝을 명확히 하는 것이다. 이를테면, "모두 지금 당장 이 일을 해야 합니다" 또는 "다음 주까지 할 일은 없습니다. 그때까지는 아무것도 할 필요가 없습니다"라고 분명히 이를 알려야 한다.

좋은 마무리를 위해 충분한 시간을 쏟자
| 4 |

인류학자와 사회학자는 사람들이 하나의 사건을 마무리하며 과거를 되돌아보고, 잃어버린 것과 앞으로 다가올 일을 생각하며, 자신에게 가장 중요한 것과 그렇지 않은 것을 정리하는 과정이 가지는 의미를 연구해왔다. 이러한 과정은 회의, 경기, 경력, 인생, 일상, 팀, 프로젝트, 조직 등 무엇에든 유익하다.

우리 인간은 사건의 결말에 주목하고 그 영향을 받는 경향이 있다. 대니얼 카너먼의 연구에서 밝혀진 '정점-종점 규칙peak-end rule'은 이를 잘 보여준다. 사람들은 과거의 경험을 평가할 때, 그 경험 전반에서 느낀 감정을 평균 내어 판단하지 않고 가장 강렬

했던 순간과 마지막에 느낀 감정을 기준으로 판단한다.³³

따라서 마찰 해결사는 좋은 마무리를 위해 노력해야 한다. 하루나 한 주를 끝내며 '할 일 목록to-do list'만 작성할 것이 아니라, 《무조건 행복할 것》의 저자 그레첸 루빈Gretchen Rubin이 제안한 '짜잔 목록ta-da list'도 써보자. 루빈은 완료한 업무, 도움을 준 사람, 자신을 돌본 방법 등 자신의 성취를 나열하기만 해도 뿌듯한 기분을 느끼고, 자신이 충분히 쉴 자격이 있다고 여기며, 다음 업무를 위한 심리적 준비도 자연스럽게 이루어진다고 말한다.³⁴

회의를 마무리하는 루틴은 참석자가 같은 생각을 공유하고 다음 할 일을 파악하는 데 도움이 된다. 6장에서 소개한 패티 맥코드의 마무리 질문이 그 예다. 넷플릭스의 초기 14년 동안 최고인재책임자를 맡았던 맥코드는 이렇게 말했다. "넷플릭스에서 내가 했던 가장 중요한 일은 경영진 회의가 끝날 때마다 '오늘 회의에서 어떤 결정을 내렸으며 그 결정을 어떻게 전달할 것인가'라고 묻는 것이었다."

좋은 마무리는 집단이나 조직, 나아가 사회가 가장 소중하게 여기는 가치를 강화할 수 있다. 뉴질랜드의 럭비 국가대표팀 올블랙스All Blacks가 실천하는 '라커룸 청소 의식Sweeping the Shed'을 보자. 올블랙스는 100년이 넘게 최강의 자리를 지켜왔다. 2020년까지의 역대 승률이 77퍼센트로, 전 세계 프로 스포츠 팀 중 가장 높다. 이 팀의 문화를 연구한 제임스 커$^{James\ Kerr}$는 라커룸 청소 의식이 "어떤 개인도 팀과 그 역사보다 위대하지 않다는 전통을 강화하는 만트라이자 의례"라고 설명한다.[35] 올블랙스는 모든 훈련이나 경기가 끝난 후 청소부, 선수, 코치 등 팀의 모든 구성원이 함께 라커룸을 청소한다. 전설적인 슈퍼스타 댄 카터$^{Dan\ Carter}$는 이렇게 말했다. "처음부터 겸손을 배우게 됩니다. … 들어왔을 때의 모습 그대로 항상 탈의실을 깨끗하게 청소하면서 말입니다."

거대 제약회사 로슈^{Roche}의 경영진은 대형 프로젝트가 끝날 때마다 직원들과 샴페인으로 건배하며 축하 점심을 즐긴다. 경영진은 특히 실패를 기념하는 데 신경을 쓴다. 로슈는 잠재적 신약 10개 중 9개는 실패로 판명되는 창의적인 연구 프로세스에 의존하기 때문이다. 리더들은 이런 의식을 통해 프로젝트의 성패와 관계없이 연구진의 노고에 감사를 표하며 연구진이 기존 프로젝트가 끝났음을 받아들이고 다음 프로젝트에서 (낮은!) 성공률을 높일 방법을 고민하도록 돕는다. 로슈의 CEO 제베린 슈반$^{Severin\ Schwan}$은 "문화적 관점에서 볼 때, 한 번의 성공보다 아홉 번의 실패를 칭찬하는 것이 더 중요하다"고 주장한다.[36]

멋진 마무리와 엉성한 마무리의 차이는 특히 직원 해고 과정에서 극명하게 드러난다. 만약 정리해고를 해야 하는 상황이라면, 잠시 멈추고 목적지에 도달하는 길이 한 가지가 아니라는 점을 기억해야 한다. 샌프란시스코에 본사를 둔 전기스쿠터 회사 버드Bird는 2020년 3월, 팬데믹이 시작될 때 400명 이상의 직원을 해고했다. 해고 대상 직원들은 '코로나19 업데이트'라는 제목이 붙은 평범해 보이는 줌 회의에 초대되었다. 직원들이 오전 10시 30분 회의에 접속하자, '코로나19'라고 적힌 화면이 나타났고, 소리만 들리는 회의가 2분간 이어졌다. 로봇 같은 목소리의 여성이 회의를 진행했는데, 이름을 밝히지 않았기에 직원들은 그가 누구인지조차 알지 못했다. 그는 "이런 말을 전하기에 적절한 방법은 아닙니다만"이라고 입을 뗀 후, 곧바로 줌 회의에 초대된 모든 직원이 즉시 해고된다는 사실을 통보했다. 말이 끝나자마자 화면이 갑자기 어두워졌고, 직원들의 노트북은 일제히 재부팅되기 시작했다. 오전 10시 40분이 되자 모든 직원의 노트북이 잠겼다. 직원들은 필사적으로 슬랙에서 개인 연락처와 이메일을 교환하고 주소록 화면을 캡처하려 했다.

버드의 CEO 트래비스 반더잰든Travis VanderZanden은 침묵으로 일관했다. 해고된 직원들 역시 회사 설명을 전혀 들을 수 없었다. 회사가 가장 신경 쓴 것은 '회사의 자산'이었다. 회사는 애플 노트북을 되찾는 데만 열을 올렸다. 기기가 전부 잠겨버린 탓에 해고된 직원들에게는 어차피 아무런 쓸모도 없었는데 말

이다.37

반면, 에어비앤비의 CEO 브라이언 체스키Brian Chesky는 정리해고 과정에서 완전히 다른 모습을 보여주었다. 버드 사태가 발생한 지 약 한 달 뒤인 2020년 5월 5일, 체스키는 여행 수요가 급감한 탓에 회사 인원의 25퍼센트에 해당하는 약 1900명의 직원을 떠나보내야 한다는 메모를 직원들에게 보냈다. 그는 회사가 퇴직자들에게 최소 14주치의 급여, 12개월의 의료 보험, 회사 주식 전액 유지 등 넉넉한 퇴직 혜택을 제공할 것이라고 설명하며, 다음과 같이 덧붙였다. "우리의 훌륭한 인재들이 에어비앤비를 떠납니다. 덕분에 다른 회사들은 이들을 채용하는 행운을 누리겠지요. 하지만 그 과정에서 우리는 사랑하고 소중히 여긴 팀원들과 헤어져야 합니다. … 이 일은 여러분의 잘못이 아니라는 점을 알아주길 바랍니다. 세상은 계속해서 여러분이 에어비앤비에서 보여준 자질과 재능을 필요로 할 것입니다."38

또한 메모에는 미국과 캐나다 직원의 경우 고위 관리자와 일대일 면담을 통해 해고 사실을 통보받으며, 몇 시간 내에 공식 문서가 전달될 것이라는 내용도 포함되어 있었다. 해고된 직원의 마지막 공식 근무일은 2020년 5월 11일로 정해졌는데, 이에 대해 체스키는 "다음 단계를 준비하고 작별 인사를 나눌 시간을 갖기 위해서"라고 설명했다. 그는 또한 회사 차원에서 해고된 직원이 새로운 직장을 찾을 수 있도록 지원할 채용팀을 새로 구성할 것이며, 각 직원은 커리어 서비스 회사 라이즈스마트RiseSmart의 지원을 4개월 동안 받을 수 있다고 발표했다. 게다가 해고된 모든 직원은 '새로운 일자리를 찾는 데 중요한 도구'인 회사 노트북을 계속 사용할 수 있었다.

당시 정리해고는 많은 에어비앤비 직원에게 큰 충격을 안겼다. 경영진이 일자리를 지키기 위해 별다른 조치를 취하지 않았다는 사실에 실망한 직원이 많았고, 남은 직원들도 에어비앤비의 따뜻하고 유쾌한 문화가 예전 같지 않을 것이라고 걱정했다. 하지만 몇 달이 지나자, 질서 있고 배려 깊은 해고 결정이 옳았다는 사실이 분명해졌다. 더 작고 민첩한 회사로 변화하는 것이 최선의 선택이었던 것이다. 〈잉크Inc.〉는 이를 두고 "어려운 시기에 동료들과 소통하는 방식에 대한 가르침"이라고 표현했다.[39] 에어비앤비의 방식은 남은 직원들이 회사와 경영진에 대한 신뢰를 회복하는 데 도움이 되었다. 해고된 직원 대부분도 몇 주 안에 좋은 일자리를 찾았고, 사람들이 여행을 재개하면서 에어비앤비의 수익도 회복되었다.

2022년과 2023년의 경기 침체기에, 우리가 아는 몇몇 기술 기업의 리더들은 체스키의 2020년 메모를 읽고, 자신들의 회사에서 정리해고를 시행할 때 적용할 수 있는 교훈을 최고경영진과 논의했다. 그들은 이 사례를 감원 과정에서도 직원들이 회사를 여전히 좋은 직장으로 여기게 하고 리더의 개인적 평판을 보호할 수 있는 모범 사례로 꼽았다.

'버드'의 트래비스 반더잰든과 에어비앤비의 브라이언 체스키는 모두 고객이 겪는 마찰을 최소화하고 기쁨과 만족을 극대화하는 회사를 만들겠다는 목표를 세웠다. 하지만 코로나 팬데믹 초기의 혼란 속에서 체스키는 지금은 쉬운 방법이 반드시 최선인 시점이 아니며 적자생존을 논할 시점도 아니라는 사실을 깨달은 반면, 반더잰든은 그러지 못했다. 이 책에 등장하는 다른 노련한 마찰 해결사들과 마찬가지로, 체스키는 적절한 순간에 가속 페달과 브레이크를 조절할 줄 알았다. 그는 회사가 당시의 위기를 헤쳐 나가기 위해서는 속도를 늦추는 것이 최선이라는 점을 알았다. 그리고 잠시 멈춰 직원들이 다시 일어설 수 있도록 시간과 자원, 공감을 제공하는 방법을 고민했다. 그 결과, 체스키는 널리 찬사를 받았지만, 반더잰든은 언론의 비난을 받았다. 심지어 반더잰든은 직원들이 거짓 소문을 퍼뜨렸다고 비난하며 변명을 늘어놓기까지 했다(트위터에 "우리는 사전 녹음을 통해 직원을 해고하지 않았다"라는 글을 올렸다).[40]

(감독으로 재직한 마지막 12년 동안 전국 챔피언십에서 우승을 10회나 이뤄낸) UCLA의 전설적인 농구 감독 존 우든John Wooden은 이렇게 말했다. "지금 제대로 할 시간이 없는데, 나중에 다시 할 시간이 있겠는가?" 마찰 해결사라면 꼭 기억해야 할 말이다.

4부

결론

THE FRICTION PROJECT

당신의 마찰 프로젝트

Your Friction Project

우리는 옳은 일은 더 쉽게, 잘못된 일은 더 어렵게 만드는 사람들로 가득한 조직이 더 인간적이고 생산적이며 혁신적이라고 믿기에 이 책을 썼다. 마찰 문제로 고통받는 조직에 대한 부정적인 이야기를 들으며 이 연구를 시작했는데, 7년간 연구를 진행하면서 오히려 마찰 문제를 훌륭하게 해결한 마찰 해결사를 많이 만나게 되었다. 그 덕분에 대부분의 일터에서 마찰 문제를 줄일 수 있으리라는 낙관적인 확신을 얻었다.

 각 리더는 자신의 조직이 맞닥뜨린 어려움을 해결하기 위해 저마다의 맞춤형 해법을 찾아 나섰다. 우리는 리더들의 사고방식과 행동을 살펴보며 그들이 비슷한 방식으로 문제를 해결해나갔다는 놀라운 사실을 발견했다. 그리고 그 공통점을 세 가지 리더십 원칙으로 정리했다. 이 세 원칙은 당신이 자신만의 마찰 프로젝트를 설계하고 실행하는 데 큰 도움이 될 것이다.

리더로서 가장 먼저 실천해야 할 첫 번째 리더십 원칙은 **타인의 시간을 책임지는 시간 관리자가 되어야 한다**는 것이다. 3장에서 살펴보았듯이, 시간 관리자처럼 생각하고 행동한다는 것은 타인의 시간과 자원을 낭비하고 사람들을 짜증나고 지치게 하는 장애물을 찾아 고치는 데 집중하는 것(또한 동료들도 이런 노력에 동참하도록 격려하는 것)을 의미한다. 제대로 된 시간 관리자가 되려면 사람들에게 잠시 멈춰 서서 자신이 지금 무엇을 하고 있는지 돌아보게끔 할 줄 알아야 한다. 아울러 혼란스럽거나 감당하기 어려운 상황에서 좋은 마찰을 일으키는 방법도 알아야 한다.

숙련된 시간 관리자는 마찰 문제를 해결할 권한이 있는 사람들에게 경각심을 불러일으켜 그들도 시간 관리자의 사고방식을 받아들이고 필요한 변화를 시작하도록 동기를 부여한다. 또한 문제 해결이 어렵다고 좌절하거나 변명만 늘어놓는 사람들에게 어려움을 넘어설 힘을 북돋아준다. 예를 들어, 시빌라의 CEO이자 공동 설립자인 마이클 브레넌은 자신이 운영하는 작은 비영리단체가 매년 200만 명 이상의 미시간 주민이 작성하는 까다로운 복지신청서 양식을 성공적으로 개편하려면 해당 신청서를 담당하는 미시간주 보건복지부(MDHHS) 고위 공무원들과 협력해야 한다는 점을 잘 알고 있었다.

시빌라 팀은 MDHHS의 고위 관리직 6명을 회의에 초대해, 그들 각자에게 42쪽 분량의 신청서를 직접 작성해보도록 요청했다. 이는 그 누구도 시도해보지 않은 접근 방식이었다. MDHHS 부서장이자 35년간 공직에 몸담아온 테리 보이러(Terry Beurer)는 불과 8쪽을 채우기도 전에 작성을 포기했다. 그는 브레넌에게 공직 생활을 하면서 가장 부끄러웠던 순간 중 하나라고 털어놓았다. "그때까지만 해도 우리가 기존에 해오던 방식이 최선이라고 믿었습니다. 우리가 직접 만든 시스템이니 당연히 최선일 거라 생각했죠. … 완전히 잘못 생각하고 있었습니다."[1]

보이러의 명예를 위해 덧붙이자면, 그는 거대한 관료 조직을 변화시키는 일이 얼마나 어려운지를 변명하는 대신, 바로 그 자리에서 MDHHS의 '프로젝트 리폼' 계획에 서명했다. 이후 4년간의 험난한 개선 과정을 거쳐 결국 성공적인 변화를 이뤄냈으며, 그 과정에서 자신의 시간과 부서 인력, 정치적 지원을 아끼지 않았다.

시간 관리자들은 꾸준히 자신의 기술을 연마한다. 처칠은 영국 관료들이 문장을 더 간단하게 쓰도록 압력을 가하기 위해 '간결성' 메모를 보냈다. 암센터의 리더들은 환자 활동가를 초청해 끔찍한 암 세금 이야기를 들려주게 함으로써 의사, 간호사, 행정직원에게 변화의 필요성을 일깨우고 동기를 불어넣었다.

모든 시간 관리자에게는 공통점이 있다. 그들은 자신과 동료들이 상황을 더 원활하게 하는지 곤란하게 만드는지를 늘 신경 쓰며, 마찰 원뿔 안에 있는 사람들을 위해 더 나은 환경을 조성할 방법을 끊임없이 찾는다. 이를 위해 필요한 의지, 자원, 기술을 계속 개발하고 강화해나간다.

두 번째 리더십 원칙은 **마찰을 해결하려는 주인의식과 책임감이 이 프로젝트의 원동력이라는 것**이다. '얌!Yum!' 브랜드의 전前 CEO 데이비드 노박David Novak의 말을 빌리자면, 핵심은 책임이 양방향으로 흐르는 일터를 만드는 데 있다.² 즉, 직원들이 '나도 이곳의 일부지만, 이곳도 내 일부다'라고 느낄 수 있는 환경을 조성해야 한다. 숙련된 리더들은 구성원 모두가 옳은 일은 더 쉽게, 잘못된 일은 더 어렵게 만드는 것이 중요하다고 여기면서도 정작 아무도 책임지지 않아 고아 문제가 곳곳에 존재하는 현실을 잘 알고 있다. 이런 문제는 방치되기 쉬우며 단순한 골칫거리나 풀기 어려운 난제로 취급되곤 한다.

암센터의 경우도 마찬가지였다. 많은 리더와 관리자, 의료진은 협력 부재가 환자와 가족에게 엄청난 스트레스를 준다는 사실을 알고 있었다. 그러나 이를 개선할 책임감을 느끼는 사람은 거의 없었고 그 문제는 늘 우선순위에서 밀려났다. 그러다 경영진이 문제의 심각성을 깨닫고 해결책을 마련할 책임을 맡으면서 암 세금이 줄어들기 시작했다. 그들은 환자 대상 서비스를 지원할 케어포인트 프로그램을 도입하고 담당자를 배정하는 등 조치를 취했다.

책임감과 주인의식을 강조하는 리더들은 세 가지 전략을 병행한다. 첫째, 마찰 해결이 중요한 과제임을 끊임없이 강조하고 이를 행동으로 보여준다. 예를 들어, 마이크로소프트의 CEO 사티아 나델라는 오랫동안 지속된 회사 내 부서 이기주의와 역기능적 내부 경쟁을 뿌리 뽑으려 끈질기게 노력했다. 2014년 그가 취임하기 전까지 마이크로소프트에는 부서나 사업부 간 협업과 협력을 적극적으로 장려하는 문화가 없었다. 오히려 동료를 경쟁자로 여기고 견제할 때 더 많은 보상을 받게 되는 분위기였다. 한 직원은 '배신자 보너스'라는 개념이 존재했음을 털어놓기도 했다.

그러나 지금은 상황이 달라졌다. 나델라는 지난 10년 동안 '하나의 마이크로소프트'라는 가치를 강조했다. 그의 메시지를 반복해서 들은 직원들은 이제 '한 팀으로 행동해야 한다'는 것과 '동료의 창의력을 적극 활용하고 부서의 경계를 넘은 협업을 통해 고객에게 최고를 제공해야 한다'는 점을 자연스럽게

받아들인다.³

둘째, 리더들은 보상과 처벌을 활용해 책임감과 주인의식을 높인다. 마이크로소프트는 '하나의 마이크로소프트' 메시지를 뒷받침하는 실질적인 정책을 도입했다. 과거 스티브 발머 체제에서는 동료를 끌어내리는 행위가 승진과 급여 인상으로 이어졌지만, 이제는 훌륭한 성과를 내고 동료의 성공을 도운 직원이 보상을 받는다. 한편, 3장에서 소개한 10만 호 공급 캠페인에서는 금전적 보상 대신 다른 보상 방식을 통해 사람들의 책임감을 높였다. 마르지오타 팀은 노숙인에게 집을 찾아준 수십 명의 봉사자에게 우두머리를 의미하는 금속 수탉 조각상을 수여했다. 반면 그럴듯한 아이디어와 계획만 늘어놓고 정작 실행에는 관심이 없는 '속 빈 부활절 토끼'들은 (부드러운) 무시로 대응했다.

셋째, 리더들은 마찰 해결이 모두가 도와야 하는 '바람직한' 일로 취급되면, 고아 문제로 전락할 수 있다는 점을 알고 있다. 그래서 각자의 역할을 명확히 하고 누가 어떤 마찰을 해결하고 관리할지를 분명히 하기 위해 프로젝트를 설계하고 조직을 재구성한다. 이런 이유로 이 책에는 (애플에서 사용하는 용어로 표현하자면) '직접적인 책임이 있는 개인directly responsible individual, DRI'이 자주 등장한다. DRI는 '특정 과제를 완료하고 중요한 결정을 내리며 프로젝트를 원활하게 진행할 책임이 있는 사람(또는 팀)'을 뜻한다.[4] 이들이 최종 책임을 지기 때문에 문제가 발생하거나 어려움이 생기면 DRI를 찾아가 해결할 수 있다. DRI의 예를 들자면, 암센터에서 환자 관리를 조율하는 케어포인트 프로그램 담당자, 아스트라제네카에서 200만 시간 절약을 이끈 '단순화 증진 센터'의 푸시칼라 수브라마니안, ('미친 개' 짐 매티스 장군의 압박에 맞서) 군용 헬리콥터에 테라노스의 검증되지 않은 혈액 검사 장치가 설치되는 것을 막아낸 용감한 미 국방부 공무원 데이비드 슈메이커 중령 등이 있다.

세 번째 리더십 원칙은 **마찰 해결의 궁극적 방법은 올바른 조직 설계**라는 것이다. 대부분의 리더는 조직을 완전히 뜯어고칠 여유가 없다. 그러니 현재의 불완전한 시스템을 효과적으로 관리할 방법을 찾아야 한다. 5장에 소개한 '도움 피라미드'의 하위 3단계는 잘못 설계된 팀과 조직으로 인해 생기는 (지금 당장은) 해결이 불가능한 피해를 줄일 수 있는 방법을 보여준다. 여기에는 잘못된 시스템의 피해자들이 현재의 어려움을 다른 관점에서 바라볼 수 있도록 상황을 **재구성하기**, 사람들이 무질서하고 망가진 시스템을 헤쳐 나갈 수 있도록 **안내하기**, 사람들을 비효율성과 불합리한 처우로부터 **보호하기** 등이 포함된다. 완전무결한 시스템은 존재하지 않기에, 마찰을 줄이려는 이러한 노력은 필수적이다.

이 책에 등장하는 우리가 존경하고 본받을 만한 리더들은 형편없는 시스템을 어떻게든 활용하려 들지 않고 더 나은 시스템을 마련할 방법을 찾았다. 그래서 우리는 도움 피라미드의 상위 2단계를 **부분 시스템의 설계 및 수리, 전체 시스템의 설계 및 수리**로 꼽았다. 마찰 해결에서 리더의 가장 중요한 임무는 팀과 조직을 조정하고 변화시켜 직원들의 스트레스를 줄이고, 생산성을 높이며, 더 나은 의사 결정과 협력, 혁신을 촉진하는 것이다.

이 책에서 다섯 개의 장을 마찰 함정과 해결책에 할애한 이유도 여기에 있다. 6~10장은 리더가 취해야 할 행동, 직원의 역할, 팀과 조직의 설계와 재설계에 초점을 맞췄다. 리더가 조직을 설계하거나 수리할 때 특히 신경 써야 하는 함정을 구체적으로 다뤘다. 아울러 해결책으로 나쁜 마찰 시스템을 제거하는 빼기 방법, 협력 실패를 피하기 위해 조직 내 업무·팀·부서가 서로 잘 맞물리도록 하는 개선책, 적절한 때에 적절한 방식으로 건설적인 마찰을 일상적으로 일으키는 조직을 설계하는 방법 등을 소개했다.

대체적으로 이러한 조직 설계 작업 대부분은 리더 혼자 수행하기보다는 여러 사람이 함께 진행한다. 이는 한 팀 또는 소수의 팀을 이끄는 리더뿐만 아니라 규모가 크고 복잡한 조직을 운영하는 리더에게도 해당되는 이야기다. 대부분의 리더가 조직 전체의 설계와 실행을 경영진과 협력하여 추진하기 때문이다. 팀의 성과를 결정하는 요인을 연구하는 데 50년을 바친 고故 J. 리처드 해크먼J. Richard Hackman의 연구는 팀 설계가 중요한 이유를 잘 보여준다. 그는 오랜 연구 끝에 '60-30-10 규칙'을 개발했다. 이에 따르면 팀 리더와 구성원의 일상적인 '팀워크'가 성과에 미치는 영향은 10퍼센트 정도에 불과하다. 성과의 30퍼센트는 팀이 결성될 때의 계획과 선택, 즉 초기 설계에 영향을 받는다. 특히 여객기의 기장과 부기장처럼 일시적으로 구성되는 팀에서는 초기 설계가 더욱 중요하다.[5]

그리고 해크먼이 '사전 작업prework'이라 명명한 조직 시스템의 지속적 요소, 즉 조직의 전략, 규모, 보상 체계, 규범, 루틴, 의식, 업무 분담 방식과 협력 방식, 의사 결정 구조 등이 성과의 60퍼센트를 결정한다. 팀이 몇 달이나 몇 년간 지속되는 경우, 이런 시스템적 요소가 미치는 영향력은 더욱 커진다.

따라서 팀을 잘 운영하려면, 10장에서 소개한 세달 닐리의 조언에 따라 팀을 정기적으로 '재출발'해야 한다. 일의 속도를 잠시 늦추고 팀뿐만 아니라 조직 전체에서 효과적인 요소와 개선이 필요한 요소를 분석한 후 논의를 거쳐 변화를 위한 결정을 내리고 실행해야 한다. 알코아의 CEO 폴 오닐이 직원들에게 업무 속도를 늦추고 안전 개선에 집중해달라고 요청했을 때처럼 말이다. 알코아는 현장에서 이루어진 논의와 안전 회의, 위원회의 건설적 토론 등으로 작업 프로세스와 장비의 개선 등 수많은 해결책이 도출됐고, 그 결과 사고가 획기적으로 줄어들었다. 그뿐만 아니라, 의사소통과 심리적 안전성이 향상되면서 더욱 혁신적이고 효율적인 회사가 되었다. 재무 성과도 좋아졌다.[6]

이 마지막 장에서는 당신만의 마찰 프로젝트를 이끌고 실행할 방법을 더 깊이 파고들 것이다. 당신이 지닌 영향력의 크기와 관계없이, 옳은 일은 더 쉽게, 잘못된 일은 더 어렵게 만드는 조직을 구축하고 강화하는 방법을 자세히 살펴볼 것이다. 이를 위해 실천하고 전파할 다섯 가지 리더십 교훈을 소개한다.

리더가 따라야 할 교훈

| 1 |

1. 목적지가 아닌 여정에 주목하라

스티브 잡스가 즐겨 인용한 고대 중국의 격언 "여정이 곧 보상이다"라는 말을 들어본 적이 있을 것이다.

마찰과 맞서는 대부분의 모험에는 이정표가 존재한다. 아스트라제네카가 직원들의 노동 시간을 100만 시간 절약한다는 목표를 세우고 이를 초과 달성했을 때처럼 말이다. 하지만 리더십의 여정에 끝이란 없다. 과거의 여정에서 힘들게 얻은 교훈은 새로운 여정에서 성공의 디딤돌이 된다. 40편 이상의 영화를 만든 할리우드의 베테랑 감독 셰리 싱어는 팟캐스트 '마찰'에 나와 이 점을 강조했다. 촬영 초기에 여러 차례 일정이 지연되는 사태를 겪은 후, 그는 촬영 당일 가장 먼저 "잘못될 수 있는 것을 피하는 법을 배웠다"며 이렇게 말했다. "아침마다 분장에 신경을 많이 씁니다. 준비가 늦어지면 45~50분쯤 일정이 밀리는 상태로 하루를 시작하게 되거든요."[7]

황쯔치와 제니퍼 아커의 연구는 목표보다 과정에 초점을 맞춰야 한다는 점을 보여준다. 두 연구자는 '다이어트나 피트니스부터 경영자 교육 과정'까지 다양한 프로그램에 참여하고 있는 1600명 이상을 대상으로 6가지 실험을 진행했다. 그리고 목표를 '여정'으로 생각한 사람들이 목표를 달성한 후에도 지속적으로 행동을 이어갈 가능성이 더 높다는 점을 발견했다. 예를 들어, 가나에서 한 교육 프로그램을 수료한 임원들을 대상으로 30분간 인터뷰를 진행하면서, 교육 경험에 대해 말할 때 여정이나 도착지 등의 비유를 사용하거나 전혀 사용하지 않도록 무작위로 요청했는데, 6개월 뒤 후속 조사 결과, 교육을 여정에 비유했던 임원들이 공급망을 개선해 회사 규모를 확장하는 등 지식을 행동으로 옮길 가능성이 더 높았다.[8]

이런 여정에 대한 은유는 이정표에 도달한 후에도 끈기를 유지하도록 돕는다. 여정이라고 생각하면 하나의 성공에 안주하지 않고, '오르막과 내리막', '그 과정에서 배운 점', '앞으로 겪게 될 비슷한 문제에 대처하는 법' 등에 집중하게 되기 때문이다. 이에 대해 스티브 잡스는 이렇게 말했다. "어떤 일을 해냈고 그 결과가 꽤 괜찮다고 생각된다면, 이제 또 다른 멋진 일을 시작해야 할 때다. 해낸 일에 너무 오랫동안 매달려 있어서는 안 된다."[9] 그는 목표를 달성한 후 멋진 기분을 곱씹으며 승자의 위치에 한없이 머무르는 것의 위험성을 이해하고 있었다.

2. 성공으로 이어지는 작은 일에 집중하라

오이겐 헤리겔Eugen Herrigel의 책《활쏘기의 선》에는 리더들이 마찰 프로젝트를 진행하며 목적지가 아니라 여정 자체에 집중할 마음을 불러일으키는 멋진 비유가 등장한다. 그는 책에서 길을 가는 동안 작은 일들에 집중하고 이를 차곡차곡 쌓으며 지속적인 성공을 이어가는 모습을 보여준다.[10] 작가이자 철학자인 헤리겔은 1920년대 일본에 살면서 선禪의 대가 아와 겐조阿波 研造에게서 활쏘기를 배웠다. 올바르게 호흡하고, 활에 줄을 묶고, 화살을 끼우고, 마음을 비우고, 활을 당긴 뒤 놓아주고, 화살이 날아가는 모습을 바라보기까지의 전 과정은 물론, '잘못 쏴도 슬퍼하거나 명중해도 기뻐하지 않는' 마음가짐도 익혔다. 그는 수년에 걸쳐 활쏘기가 주는 행복과 움직임의 미묘한 차이를 이해하게 되었고, 마침내 활쏘기의 작은 행위 하나하나에서 즐거움을 느꼈다. 그리고 세부 동작까지 완벽하게 익힌 덕분에 더 자주 과녁을 맞힐 수 있었다.

헤리겔과 셰리 싱어, 스티브 잡스 같은 리더들은 여정에 집중하는 것에 더해 그 과정에서 마주하는 사소한 요소들에도 주의를 기울였다. 이런 작은 요소들은 서로 연결되어서 결국 큰 성공으로 이어진다. 셰리 싱어가 신경 쓴 사소한 요소는 사실 빡빡한 촬영 일정이 어그러지기 직전이니 조치를 취할 때라는 것을 알려주는 중요한 경고 신호였다. 스티브 잡스는 작은 요소를 큰 성공으로 연결하는 데 탁월했다. 애플의 전前 고위 임원에 따르면, 잡스는 애플 스토어의 고객 경험을 개선하기 위해 (소매 운영책임자) 론 존슨Ron Johnson과 몇 시간씩 애플 스토어의 세부사항을 논의하며 프로토타입 경험을 구상했다. 논의의 주제는 불필요한 마찰을 없애는 방법, 고객 방문을 즐겁고 의미 있는 경험으로 만드는 방법, 제품을 아름답고 매력적으로 전시하는 방법 등이었다. 이 과정에서 애플 스토어 계산대를 없애고, 직원들이 휴대용 결제 장치를 들고 매장을 돌아다니며 고객이 제품을 선택하고 초기 설정을 마친 후 바로 구매할 수 있도록 시스템을 바꾸었다. 줄을 서서 결제하는 번거로운 단계를 없앤 것이다.

마찰 해결을 더욱 촉진하려면, 당신과 당신의 팀 그리고 당신의 고객이 마주치는 작은 단계를 계속해서 고민하고 다듬어나가야 한다. 그 과정에서 불편한 순간이나 위태로운 순간, 즐거운 순간 등 다양한 순간에서 가르침을 얻어야 한다. 그렇게 하면 여정을 더욱 즐길 수 있고, 성공으로 이어지는 작은 요소를 더 쉽게 찾아낼 수 있다. 당연히 장기적인 성공 가능성도 높아진다.

3. '매끌이'와 '끈적이'를 각자 알맞은 자리에 둬라

잘 설계된 조직이라 해도, 적절한 사람이 적절한 업무를 맡지 못하면 마찰 문제가 곪아 터질 수 있다. 이런 사태를 피하고 싶다면, 마찰이 적어야 할 곳에는 '매끌이'를, 마찰이 많아야 할 곳에는 '끈적이'를 배치해야 한다. 성격과 문화에 관한 연구에 따르면, 규칙, 위험, 감시 등에 반응하는 모습을 보고 그가 매끌이와 끈적이 유형 중 어느 쪽에 더 가까운지를 파악할 수 있다.

	매끌이	끈적이
규칙	무시하거나 잘 지키지 않으며, 이를 변화시키거나 없애려 한다. '비관료적 성향' 혹은 '혼돈형 머펫'	잘 따르며, 이를 만들어내거나 집행하는 역할을 한다. '관료적 성향' 혹은 '질서형 머펫'
위험	위험 감수에 익숙하며 새로운 시도가 주는 이득에 집중한다. 타인의 도전적 행동을 응원한다.	위험 감수를 불편해하며, 실패 가능성에 집중해 새로운 시도를 망설인다. 타인의 위험한 행동을 저지한다.

감시	타인에게 관대하다. 사람을 쉽게 믿으며, 그들이 좋은 의도를 지녔다고 여긴다. 실수, 실패, 규칙 위반을 가볍게 여기거나 오히려 부추긴다.	타인에게 엄격하다. 사람을 잘 믿지 않으며, 그들이 나쁜 의도를 지녔다고 가정한다. 실수, 실패, 규칙 위반을 지적하고 처벌한다.

미셸 겔펀드Michel Gelfand는 저서 《선을 지키는 사회, 선을 넘는 사회》에서 우리가 '매끌이'라고 부르는 사람들이 가진 실패와 좌절을 받아들이는 태도와, 규칙을 깨는 행동을 자랑스러워하는 마음가짐이 어떻게 창의성을 높이는지 설명한다.[11] 미셸의 연구는 픽사에서 애니메이션 영화 스토리 팀을 떠올리게 한다. 그들은 끊임없이 실패하면서도 다시 일어서는 것에 자부심을 느꼈다. 이를테면, 쥐가 멋진 프랑스 요리를 하는 이야기처럼 다소 터무니없어 보이는 이야기를 만들어내는 과정에서, 관련 조사를 위해 쥐 36마리와 함께 사는 여성을 인터뷰한 것에 자부심을 느꼈다.[12] 비슷하게, 실패한 초기 시도에도 굴하지 않고, 과거의 그 어떤 것보다 더 어지럽고 무서운 실내 롤러코스터 '스페이스 마운틴Space Mountain'을 개발해 고위 경영진을 놀라게 한 디즈니의 '놀이기구 기획자imagineer'들 역시 이 유형에 속한다.[13]

그런데 스페이스 마운틴을 관리하고 운영하는 데는 끈적이들이 필요하다. 끈적이들은 손님을 위험에 빠뜨리는 것을 혐오하며 검증된 안전절차를 준수하고, 실수나 금지된 행동이 발생하지 않도록 꼼꼼히 감시한다. 우리는 영화 〈탑건〉에서 톰 크루즈가 연기한 조종사 '매버릭'이 비행기를 거꾸로 혹은 다리 아래로 모는 등의 아슬아슬한 장면에 열광한다. 하지만 유나이티드항공United Airlines 조종사가 그런 행동을 하는 것은 원하지 않는다.

달리아 리스윅Dahlia Lithwick은 온라인 매체 〈슬레이트Slate〉에 '머펫 이론Muppet Theory(〈세서미 스트리트〉의 인형 캐릭터를 바탕으로 한다-옮긴이)'을 유머러스하게 소개하며 비슷한 주장을 펼쳤다. "하나의 간단한 기준으로 모든 인간을 분류할 수 있다. 우리는 혼돈형 머펫이거나 질서형 머펫이다." 쿠키 몬스터Cookie Monster 나 어니Ernie 같은 혼돈형 머펫은 통제 불가능하고 감정적이며 즉흥적이다. 버트Bert나 개구리 커밋Kermit the Frog 같은 질서형 머펫은 신경질적이고 지나치게 규칙적이며 돌발 상황을 싫어한다. 하지만 리스윅은 어느 한쪽이 더 우월하지는 않다고 말한다. 혼돈형 머펫과 질서형 머펫은 서로 균형을 이뤄야 한다. '잘 작동하는 가정과 생산적인 일터'에는 규칙을 어기고 위험을 감수하는 유연성과 자발성 그리고 규칙과 계획이 주는 안정과 안전이 모두 필요하기 때문이다.[14]

레이샤 드하트-데이비스가 미국 내 4개 도시의 공무원을 대상으로 진행한 연구에 따르면, 일상적으로 규칙을 무시하거나 넘나드는 '비관료적 성향'[15]의 공무원은 '관료적 성향'을 지닌 경직된 공무원에 맞서는 유용한 반대 세력 역할을 한다.

한 '비관료적인' 도로관리 감독관은 이렇게 고백했다. "시는 관할 도로만 유지·관리하라고 지시하지만, 마을 도로에 구멍이 있으면, 그 길이 시 관할인지 아닌지 따지지 않고 보수합니다. 몰래 나가 그 구멍을 메우죠. 우리 마을을 더 좋게 만들고 싶으니까요." 만약 모든 공무원이 규정을 철저히 지키려 한다면, 오히려 비효율과 혼란이 발생할 수도 있다. 하지만 대의를 위해 사소한 규칙을 무시하는 이 도로관리 감독관 같은 공무원 덕분에 마을은 더 안전하고 매력적인 곳이 될 수 있었다.

마찰 해결사라면 사람들을 지도하고 상황을 분석하는 일뿐만 아니라, 필요하다면 매끌이와 끈적이를 쫓아내는 일도 해야 한다. 조직이 잘 운영되려면, 아무리 강력한 경영진이라도 자신의 잘못에 대한 책임은 물론, 조직에 방해가 되는 끈적이를 방치한 것에 대한 책임도 져야 한다. 케이티 드첼스와 칼 아퀴노가 연구한 '일터의 감시꾼'[16] 즉, 자신을 '판사, 배심원, 정의의 전달자'로 자처하면서 사소하거나 상상 속 범죄를 가지고 동료와 고객에게 벌을 주려는 사람들도 끈적이에 해당한다.

마찰 해결사인 리더는 가학적인 질서형 머펫이 제멋대로 행동하는 것을 방치하지 않는다. 다음은 수년 동안 우리를 괴롭혔던 한 규칙광에게 일어난 일이다. 우리가 조교의 인건비 등 합법적 용도로 스탠퍼드대학의 자금을 사용하려고 했을 때,

래리라는 행정관리자는 지나칠 정도로 규정을 들먹이며 우리를 범죄자처럼 취급했다. 그러던 중, 새로 부임한 래리의 상사가 규칙을 따르는 일이 중요하긴 하지만, 래리의 역할은 교수들, 즉 조직을 위해 일하는 사람들에게 마찰을 가중시키는 것이 아니라 줄여주는 것이라는 점을 분명히 했다. 상사는 래리를 면밀히 관찰하며 불필요한 곤란을 불러오는 행동을 그만두도록 지도했다. 몇 달 만에 래리가 저지르던 심각한 방해 행위는 마법처럼 사라졌다.

또한, 새 상사는 이 질서형 머펫 래리가 인정받지 못한다고 느낀다는 사실을 깨닫고, 주의를 기울여 그의 성과를 칭찬해주었다. 네이트 패스트Nate Fast의 연구에 따르면, 일부 끈적이들은 자신의 낮은 지위에 대한 보상심리로 타인을 좌절시키고 비하하는 경향이 있다.[17] 따라서 상사의 칭찬이 래리가 감시꾼 성향을 버리는 데 도움이 되었을 가능성이 크다. 패스트는 한 실험에서 학부생 참가자 중 일부를 무작위로 '일꾼' 역할에 배정하면서, 일꾼 업무는 단순하기 때문에 동료들이 "그 역할을 하찮게 여기며 존중하지 않는 경향이 있다"고 말했다. 또 나머지 학부생들을 '아이디어 생산자'로 배정하면서 "해당 업무는 중요하며 동료들의 존경을 얻게 될 것"이라고 말했다. 그런 다음, 두 그룹의 학생들에게 10개 항목의 행동 선택지에서 상대방이 50달러 추첨권을 얻기 위해 통과해야 하는 행동을 하나 이상 선택하게 했다. 제시된 행동은 전혀 모욕적이지 않은 행동('실험자에게 웃기는 농담하기')부터 소름끼치고 굴욕적인 행동('"나는 더럽다"라고 다섯 번 말하기'와 '개처럼 세 번 짖기')까지 다양했다. 그 결과, 일꾼 학생들은 상대에게 더 모욕적인 행동을 지시하며 자신들의 울분을 표출했다.

그러니 만약 당신이 속한 조직에 '"나는 더럽다"라고 다섯 번 말하기' 같은 괴롭힘을 일삼는 감시꾼이 있다면, 그들이 지금 어떻게 대우받고 있는지 생각해보길 바란다. 무시당하거나 제대로 평가받지 못하고 있는가? 그렇다면 해고는 알맞은 답이 아니다. 왜냐하면 새로운 사람도 똑같이 행동할 가능성이 크기 때문이다. 이를 해결하려면 래리의 상사처럼 그들을 존중해주어야 한다.

4. 최고의 마찰 해결사는 마찰을 전환하는 사람이다

최고의 리더와 팀은 무엇이 쉬운지, 무엇이 어려운지, 무엇이 불가능한지 파악하고, 상황에 따라 매끌이나 끈적이 모드로 전환하는 방법을 배운다. 이때 매끌이나 끈적이에 대한 선호도는 내려놓아야 한다. 머릿속이 혼돈형 머펫이나 질서형 머펫에게 점령당하는 사태를 막으면서, 마찰 전환 기술을 터득해야 한다. 무엇이 어려워야 하고 무엇이 쉬워야 하는지를 판단할 때는 4장에서 소개한 여덟 가지 진단 질문을 비롯한 '마찰 진단'을 활용한다. 아마존의 설립자이자 전前 CEO 제프 베이조스Jeff Bezos는 "실패해도 타격이 크지 않으며 안전하고 되돌릴 수 있는가? 그 과정에서 배울 점이 있는가?"라는 우리 질문을 살짝 변형하여 사용했다. 그는 결정이 한쪽으로만 열리는 문인지 양쪽으로 열리는 문인지 물었다. 2015년, 아마존 주주들에게 보낸 편지에서, 한쪽으로만 열리는 문 같은 결정은 "중대한 영향을 미치는 결정으로, 되돌리기가 사실상 불가능하다"고 설명했다. 예를 들면, 회사를 매각하는 결정이 그렇다. 일단 문을 통과하고 나면 그곳이 마음에 들지 않더라도 되돌아나갈 수 없다. 그러므로 일방향 결정은 체계적으로, 신중하고 천천히, 충분한 숙고와 협의를 거쳐 내려야 한다. 반면 양쪽으로 열리는 문 같은 결정은 바꾸거나 되돌릴 수 있기 때문에 마찰이 적다. 즉, 문을 다시 열고 되돌아나가면 된다.[18]

양방향 문의 좋은 예는 3장에서 소개한 IDEO의 조직 재설계 사례다. CEO 데이비드 켈리는 자신의 트레이드마크인 그루초 막스 스타일의 콧수염을 깎은 채 등장했다(그리고 웃게 했다). 콧수염이 다시 자라는 것처럼 IDEO의 새로운 스튜디오 방식도 되돌릴 수 있다는 것을 보여주기 위해서였다.

제프 베이조스는 양방향 문에 무겁고 마찰이 심한 의사 결정 과정을 적용하는 대기업은 새로운 것을 많이 발명하지 못한다고 주장한다. 움직임이 너무 느리기 때문이다. 그는 또한 일방향 문에 가벼운 의사 결정 과정을 적용하는 소규모 회사도 망할 수밖에 없으며 "더 크게 성장하기 전에 사라질 것"이라고 덧붙였다. 의사결정자가 매끌이 모드나 끈적이 모드 중 하나에 집착하면 앞길이 험난해진다는 뜻이다.

팀이나 조직에서 마찰 전환을 이끌려면 어느 정도의 마찰은 용인된다는 신호를 확실히 보내야 하며, 그 의도를 사람들에게 이해시킨 후 행동으로 옮겨야 한다. 주변 사람이 당신의 의도를 이해할 것이라고 기대하겠지만, 6장에서 봤듯이 사람들, 특히 권력을 가진 사람들은 종종 다른 사람들이 자신의 결정, 명령, 제안을 어떻게 해석하고 반응할지에 대해 무지한 경우가 많다. 게다가 조직은 때로 복잡하고 모순된 정보를 과도하게 내보내 사람들을 압박하고 상황을 더욱 어지럽히기도 한다. 이런 상황에서는 '신호'와 '잡음'을 구분하기가 더욱 어렵다. 요컨대, 마찰 이동을 촉진하려면 리더는 단순하고 명확한 신호를 보내야 한다. 즉, 매끌이 모드와 끈적이 모드 중 하나를 선택해야 한다.

1998년, 폴 앤더슨Paul Anderson이 연간 수십억 달러의 손실을 기록하던 호주의 대형 광업 및 에너지 회사 BHP의 CEO로 취임하면서 했던 행동도 그랬다. 그는 수익성 없는 사업부를 정리하고 안전성을 개선했으며 다른 경영진과 협력하여 회사의 전략과 '가치, 목표, 성공으로의 길'을 담은 헌장을 작성하는 등

대대적인 변화를 꾀했다.¹⁹ BHP는 2001년에 이르러 22억 달러의 이익을 기록했다. 직원 부상률은 거의 30퍼센트나 감소했다.

앤더슨은 문제 있는 회사를 맡았을 때는 "신속한 행동보다 상황 분석을 우선해야 한다"고 강조했다. "모든 사람이 뭔가를 해내기를 바랄 겁니다. 하지만 맨 처음에는 아주 차분하게 '오늘은 아무것도 하지 않겠습니다'라고 말해야 합니다." 그는 첫 몇 달 동안에는 브레이크를 밟고 "회사의 상위 직급 80명에게 '당신은 누구입니까? 당신의 역할은 무엇입니까? 가장 시급한 문제는 무엇이라고 생각합니까? 당신이 나라면 무엇을 하겠습니까?' 같은 질문에 2쪽 분량으로 답해달라"고 요청했다. 앤더슨은 80명의 직원과 직접 이야기를 나누며 무엇이 잘못되었는지, 누가 최고이고 (누가 최악인지), BHP를 바로잡으려면 무엇이 필요한지를 파악했다. 그러고는 직원들에게 이제 기어를 바꾸고 변화를 시작할 때라고 선언했다. 불과 몇 년 만에 회사는 완전히 탈바꿈했다.

5. 마찰 해결의 연료는 예의, 배려, 사랑이다

우리는 마찰 해결사로서 온정, 웃음, 경멸, 분노 등 감정을 전략적으로 활용하는 방법을 정리했다. '마찰 원뿔' 안에 있는 사람들의 분노와 절망을 완화하고 심리적 안전감을 높이기 위해 그들의 감정을 감지하고 조절하는 방법을 소개했다. 우리가 전하고자 하는 리더십 교훈은 예의, 배려, 사랑이 함께할 때 마찰 해결의 속도가 빨라진다는 것이다. 이런 긍정적 감정이 조직에 구석구석 배어들면 직원들은 더 강한 유대감을 형성하고 신뢰를 나누며 동료와 고객의 좋은 면에 집중하게 된다. 또, 다른 사람들을 돕는 데 더 많은 에너지를 쏟고 이기적인 요구를 충족하는 데는 적은 에너지를 쏟게 된다.

예의, 배려, 사랑은 집단 연민을 대략적으로 계층화한 것이다. 크리스틴 포래스가 《무례함의 비용》에서 언급했듯이, 조직에 무례한 분위기가 팽배하면 직원들의 열정과 협동심, 협력이 급격히 사라진다.[20] 모든 집단과 조직에는 갈등과 대립, 권력 다툼이라는 추악한 괴물이 도사리고 있다. 그렇다고 해서 인간이 늘 서로를 함부로 대할 수밖에 없는 운명이라는 의미는 아니다. 피터 드러커의 말처럼 "서로 접촉하는 두 물체 사이에 마찰이 일어나는 것은 자연의 이치다." 하지만 예의는 사람들에게서 좋은 면을 끌어낼 수 있다. 다시 피터 드러커의 말을 빌리자면, "매너는 조직의 윤활유"[21]이기 때문이다. 직원이 서로를, 그리고 고객과 시민을 표면적으로 예의 있게만 대해도, 다툼과 배신을 예방할 수 있고 갈등을 해소(또는 적어도 용인)할 수 있다. 협업도 더 쉽게 이뤄질 것이다.

포래스의 연구는 예의 있는 조직의 직원들은 업무 성과가 더 높을 뿐만 아니라 다른 사람을 돕는 데도 더 많은 노력을 기울이고, 신체적·정신적 건강도 더 좋다는 사실을 뒷받침한다. 그는 리더가 바람직한 행동의 규범화, 예의 바른 사람의 채용·보상·승진 그리고 정중한 행동을 장려하는 프로그램 개발을 통해 예의 바른 문화를 조성하는 방법을 연구했다. 사소해 보이는 작은 개입이 얼마나 큰 효과가 있는지를 보여주는 사례가 있다. 루이지애나주 오크스너병원Ochsner Health에서는 예의 바른 태도가 퍼지도록 유도하기 위해 '오크스너 10/5 규칙'을 도입했다. 이 규칙에 따라, 직원들은 동료나 환자가 10피트(약 3미터) 내에 있으면 눈을 맞추고 미소를 지었고, 5피트 내로 다가오면 인사를 건넸다.

까다로운 사람을 만났을 때 포래스의 조언을 따른다면, 모든 조직(과 가족)이 예의 바른 태도를 유지할 수 있을 것이다. "거절하거나 안 된다고 말하기 전에, 짜증내기 전에, 상대방의 입장을 이해하려고 노력해보자. 혹은 한 걸음 더 나아가 내가 **도울 수 있는 방법이 있을지 스스로에게 물어보자**."[22]

배려는 예의보다 더 강력한 형태의 집단 연민이다. 배려에는 표면적 예의보다 더 깊은 공감과 관심이 담겨 있다. 배려하는 문화에서는 타인이 장애물을 피하고 극복하도록 돕는 것이 자신의 책임이라고들 여긴다. 이들은 서로가 포래스가 제안한 대로 한 걸음 더 나아가기를 기대한다. 25년 동안 'WD-40'의

CEO였던 개리 리지Gary Ridge가 두 종류의 윤활제에 대해 말하는 것도 같은 이유다. 두 종류의 윤활제란 진짜 윤활제인 빨간 뚜껑이 달린 파란색 캔에 담긴 스프레이 오일과 정신적 윤활제인 WD-40의 배려 문화이다.

1997년에 리지가 회사에 합류했을 당시, 많은 관리자가 직원들로부터 실패에 대한 두려움을 부추겨 성과를 끌어내려 했다. 하지만 오히려 생산성이 저하되고 서로간의 신뢰가 훼손되었으며 직원들은 퇴근할 때마다 불행하다고 느꼈다. 리지는 WD-40의 문화를 개편하려고 사람을 우선시하는 리더들로 조직을 재구성했다. 개리는 이러한 집단적 배려가 두 가지 방식으로 회사의 빡빡한 수레바퀴에 기름칠을 한다고 말한다. 첫째, '나는 여러분을 아끼며 여러분이 훌륭한 일을 할 때 보상과 박수를 받을 자격이 있다고 생각한다'는 메시지를 전달한다. 이는 직원들의 자부심과 열의, 협동심에 불을 붙인다. 둘째, '나는 여러분의 업무가 여러분의 목표에 도움이 되지 않으면 용감하게 목표를 바꿀 것이다'라는 메시지를 전한다.[23] 리더가 직원의 성공을 도울 때 그들은 킴 스콧Kim Scott이 '파괴적 공감'[24]이라고 부르는 감정을 피할 수 있다. 파괴적 공감은 모호하고 듣기 좋게 포장된 비판이나 가짜 칭찬으로 개인의 발전과 조직의 개선을 방해한다. WD-40의 배려 문화에는 킴 스콧의 책 제목처럼 '지독한 솔직함radical candor'(한국에서는 《실리콘밸리의 팀장들》이라는 제목으로 출간됨-옮긴이)이 함께 한다. 다시 말해, 사람들이 실수에서 배우고 강점을 키울 수 있도록 힘든 진실을 말하되, 그 과정에서 사람들이 지지받고 존중받는다는 느낌을 받을 수 있도록 해야 한다.

개리는 이러한 배려와 솔직함의 문화가 자신의 재임 기간 동안 WD-40의 매출을 3배로 늘리고 주주 수익률을 연평균 복리 성장률 수준으로 높인 핵심 요인이라고 믿는다. 그는 특히 직원 설문조사에서 직원의 70 퍼센트가 '코치'(상사를 뜻하는 직원 용어)를 존경한다고 응답한 결과에 자부심을 느낀다.

고故 시갈 바르세이드Sigal Barsade 교수는 '동반자적 애정companionate love'25이 자리 잡은 직장 문화, 즉 '타인을 향한 애정, 연민, 배려, 친절'이 강한 직장 환경에 대해 연구했다. 그는 7개 산업, 17개 조직의 근로자 3200명을 대상으로 설문조사를 실시한 결과, 서로에 대해 동반자적 애정을 느끼고 표현하는 직장의 직원들은 직업 만족도와 열정, 업무 성과에 대한 책임감이 그렇지 않은 직장보다 더 높았다. 또, 장기 요양 시설을 대상으로 한 16개월간의 연구에서는 동반자적 사랑의 문화를 갖춘 부서에서 직원들 팀워크가 더 뛰어날 뿐만 아니라 번아웃도 적다는 사실이 확인됐다. 환자들 역시 치료의 질에 더 만족했고 건강 상태도 더 좋았으며, 불필요하게 응급실을 방문하는 횟수도 적었다.

8장에서 살펴본 바와 같이, 오바마케어 웹사이트의 개편자로 유명세를 얻은 토드 박은 사랑이 나쁜 마찰을 물리치는 비밀 요소라고 믿는다. 2017년, 토드 박은 동생과 '디보티드헬스Devoted Health'를 설립해 의사의 진료, 처방약, 비타민 같은 일반 의약품, 안경 등에 필요한 다양한 의료 보험을 하나로 묶은 '통합 시스템'을 통해 미국 노인들이 올인원 의료 서비스를 누리도록 도왔다. 디보티드헬스의 목적은 노인들이 복잡하고 '이해하기 어려운' 미국의 의료 시스템을 헤쳐 나갈 수 있도록 돕는 것이다. 박은 "아마 미국의 복잡한 의료 시스템을 이해하고 활용하는 것이 불가능하게 느껴질 것이다. 디보티드헬스는 그런 문제를 해결하기 위해 설계되었다"라고 말한다.[26]

박은 회사의 시스템을 설계하고 운영하는 데는 사랑과 체계 둘 다 필수적이라고 단호하게 주장한다. 그런 환경에서만 직원들은 고객을 배려와 애정, 친절로 대할 수 있으며, 고객들은 불필요한 시간 낭비나 그밖의 불편함을 겪지 않고 마땅히 받아야 할 보험금을 모두 받을 수 있다. 디보티드헬스의 모토는 '모든 사람을 내 부모처럼 돌보기 위해 미친 듯이 일하기'이다. 토드 박은 이렇게 덧붙였다. "회사 전체가 따르는 원칙은 어떤 행동을 하거나 결정을 내려야 할 때, '눈을 감고 가장 사랑하는 가족의 얼굴을 떠올린 뒤, 이 결정이 그에게 중대한 영향을 미친다면 어떻게 할 것인가?' 하고 스스로에게 묻는 것입니다."

혼란을 예상하고 받아들여라

| 2 |

2012년 즈음, 페이스북(현재의 메타Meta)에서 일하는 친구가 있었다. 그는 '빠르게 움직이며 무언가를 파괴하는' 직장 문화를 좋아하는 직원들과 그런 문화가 효과적인 제품 개발을 촉진하는 방식에 관한 기사를 여럿 읽은 후, 웃으며 이렇게 말했다. "참 좋은 회사 같네요. 저도 거기서 일하면 좋겠어요." 하지만 유명세나 수익성에 상관없이 어떤 조직이든 장애물은 존재하며, 핵심 행동이 너무 어렵거나 너무 쉬워서 직원과 고객을 짜증나게 만들기도 한다. 우리가 한 대형 로펌에서 강의를 끝냈을 때, 로펌 파트너 한 명이 다가와 다른 파트너 몇 명과 결성한 '남의 누런 잔디밭 클럽'에 관해 들려주었다. 이 클럽의 회원은 모두 최근 몇 년 사이 '더 푸른 잔디밭'을 찾아 퇴사했던 사람들이다. 이들은 현재의 로펌이 일을 처리하는 방식과 불공정한 보상 등 여러 문제 때문에 이곳을 떠났다가 다시 돌아왔다. 다른 회사라고 딱히 다를 바 없다는 사실을 힘들게 배운 것이다.

우리가 주려는 마지막 교훈도 현명한 마찰 해결사라면 조직 생활이란 으레 지저분할 것을 예상하고, 바꿀 수 있는 부분은 바꾸고 나머지는 받아들이려고 (적어도 견뎌내려고) 해야 한다는 것이다. 이 말은 앞서의 변호사들이 그랬듯, 어디든 피하기 불가능한 불쾌한 마찰은 존재한다는 사실을 받아들여야 한다는 뜻이다. 남의 누런 잔디밭 클럽 이야기를 들려준 파트너 변호사는 옛날 군대에서 쓰던 '현재 상황 이상 없음. 평소처럼 엉망진창(Situation Normal: All Fucked Up)'이라는 말을 기억해두면 도움이 된다는 농담을 건넸다. 조직에 따라 다소 차이는 있겠지만, 이 말은 모든 조직에서 통용될 수 있다. 데이비드 켈리가 지난 25년 동안 자신이 설립하고 운영한 조직과 관련해 우리에게 반복해서 들려준 조언도 이와 비슷하다. 그는 IDEO와 스탠퍼드 디 스쿨에서 좌절하고 방황하는 사람들(우리도 포함해서)에게 이렇게 말한다. "인생은 종종 엉망진창입니다. 그러니 때로 여러분이 할 수 있는 최선의 행동은 인생은 원래 그렇다는 것을 받아들이고 최대한 인생을 사랑하려고 노력하며 앞으로 나아가는 것입니다."

클라라 샤이Clara Shih는 히어세이시스템Heresay Systems의 창립 CEO 겸 회장이자 세일즈포스AI의 CEO이다. 그는 "엉망진창인 상태를 받아들이는 동시에 그 상태를 개선하려는 노력을 쏟아야 한다는 생각에 동의한다"며, "특히 새로운 것을 시작할 때는 어떤 혼란이 발생할지 모르더라도 일이 잘못될 것이라고 예상하는 편이 가장 좋다"고 덧붙인다. 더불어, 문제가 생기면 충격을 받거나 겁에 질리지 말고, 할 수 있는 일을 하기 위해 준비해야 하며, 데이비드 켈리의 조언처럼 진창 속에서도 계속

앞으로 나아가야 한다고 조언한다.[27]

  샤이는 예상되는 혼란에 맞서 사람들을 대비시키는 세 가지 방법을 제안한다. 그는 히어세이시스템의 첫 제품 출시 당시 이 방법을 활용했으며, 현재도 이를 적용하며 계속 개선하는 중이다. 첫 번째 방법은 '모든 팀원과 함께 잘될 가능성이 있는 것과 잘못될 가능성이 있는 것을 미리 브레인스토밍하는 것'이다. 이를 통해 예상치 못한 기회나 난관을 파악하고, 돌발 상황에서도 최선을 다하며, 발생 가능성이 없다고 여겼지만 실제로 닥친 문제의 해결책까지 마련할 수 있다.

  두 번째 방법은 마르지오타가 10만 호 공급 캠페인에 적용한 타임스퀘어 접근 방식과 비슷하다. 즉, 대규모 프로젝트에 적용하기 전에 프로토타입을 제대로 (혹은 최소한의 결함만 지니게) 만드는 것이다. 히어세이시스템 팀은 제품을 대중에게 공개하기 전에 먼저 소규모 그룹을 대상으로 실험해본 덕분에 더 큰 혼란에 앞서 작은 혼란을 수습하는 연습을 할 수 있었다.

  마지막 세 번째 방법은 '실시간 버그 수정 업무'처럼 골칫거리를 바로잡는 직원을 두는 것이다. 그리고 다른 엔지니어들은 새로운 기능과 그밖의 장래성 있는 솔루션 개발에 집중하게 한다. 샤이의 설명에 따르면, 컴퓨터과학 분야에서는 이를 '관심사 분리 separation of concerns'라고 부른다. 정리 담당자는 버그를 정리하는 데 집중하고, 다른 엔지니어들은 무엇이 잘될지,

무엇이 예상대로 될지를 생각하는 데 에너지를 쏟는다.

이 책에서 우리에게 가르침을 준 많은 리더와 마찬가지로 샤이도 옳은 일은 더 쉽게, 잘못된 일은 더 어렵게 만드는 데 책임을 다한다. 그는 회사의 문제, 기회, 특수성에 딱 맞는 해결책을 찾아내는 데 도움을 주는 것이 자신의 역할이라고 여긴다. 또한 다른 사람들도 이 여정에 동참하도록 유도함으로써 더 나은 조직은 물론, 직원과 고객의 더 나은 삶을 만들어갈 수 있다고 믿는다.

마찰 해결사라면 꼭 갖춰야 할 생각이다.

감사의 말

이 책이 세상에 나오기까지 많은 분의 도움을 받았다. 지난 7년간의 모험은 학생, 동료, 친구, 친척, 다양한 조직의 마찰 해결사 등 수백 명의 조언과 질문, 비판 덕분에 시작되어 점차 구체적인 형태를 갖추며 완성되었다. 이 책을 가능하게 해주신 모든 분께 감사드리며, 혹여 빠뜨린 분이 있다면 미리 양해를 구한다. 여러분이 없었다면 이 책은 탄생할 수 없었을 것이다.

먼저, 학계의 훌륭한 동료들에게 감사 인사를 전한다. 레베카 힌즈는 이 여정의 처음부터 끝까지 핵심적인 역할을 해주었다. 처음에는 스탠퍼드대학원을 다니며 연구 조교로 일했고, 이후 여러 논문의 공동 저자로 함께했으며, 최근 박사학위를 마친 후에는 아사나업무혁신연구소의 책임자로서 '회의 리셋'과 '협업 해독collaboration cleanse' 등 마찰 해결을 위한 개선책을 이끌어왔다. 길고 때로는 힘겨웠던 여정 동안 그가 보여준 따뜻한 배려와 격려, 풍부한 상상력, 지치지 않은 노력에 깊이 감사드린다.

그레이록Greylock의 벤처 투자자이자 코드포아메리카Code for America의 이사회 의장 존 릴리, 원더코WndrCo의 설립자 수제이 자스와Sujay Jaswa에게도 감사의 뜻을 전한다. 특히 스탠퍼드 경영대학원에서 라오와 함께 진행한 '인사 운영: 스타트업에서 스케일업까지People Operations: From Startup to Scaleup' 강좌에서 들려준 지혜에서 큰 도움을 받았다. 아울러, 비자카드의 전前 최고인사책임자 마이클 로스Michael Ross와 구글의 전前 인사분석담당 부사장 프라사드 세티Prasad Setty에게 깊은 감사를 표한다. 이들은 스탠퍼드 경영대학원에서 '업무 세계의 붕괴: 스타트업 가설을 위한 실험실Disruptions to the world of Work: A Lab for Startup Hypotheses' 강좌를 함께 진행하며 마찰에 대한 통찰력을 제공해주었다.

이외에도 스탠퍼드대학 동료로서 오랫동안 도움을 준 스티브 발리Steve Barley, 톰 바이어스Tom Byers, 피터 글린Peter Glynn, 린디 그리어, 데이비드 켈리, 페리 클레번, 로라 맥베인Laura McBain, 매기 닐Maggie Neale, 찰스 오레일리 3세Charles O'Reilly III, 제프리 페러, 버니 로스Bernie Roth, 리사 솔로몬Lisa Solomon, 사라 스테인 그린버

그Sarah Stein Greenberg, 티나 실리그Tina Seelig, 새라 소울레Sarah Soule, 바바 시브Baba Shiv, 제러미 어틀리, 캐서린 벨시치, 멜리사 밸런타인에게도 감사 인사를 전한다. 특히 (스탠퍼드 경영과학 및 경영공학부 학장) 파멜라 하인즈Pamela Hinds와 (스탠퍼드 공대 학장) 제니퍼 위돔Jennifer Widom의 지원과 유머에 감사드린다. 스탠퍼드 경영대학원 학장 조나단 레빈Jonathan Levin과 부학장 아밋 세루Amit Seru의 격려와 지원에도 감사드린다.

스탠퍼드 경영대학원의 다비나 드랍킨Davina Drabkin, 데이비드 호이트David Hoyt, 줄리 마키넨Julie Makinen은 이 책에 인용된 많은 사례에 대한 글과 연구를 담당했다. 이들은 이 일을 아주 잘해냈을 뿐만 아니라 함께 일하는 즐거움도 알게 해주었다. 또한 멀티미디어 사례의 제작에 도움을 준 메흐르다드 아짐Mehrdad Azim과 저스틴 윌로우Justin Willow 등 스탠퍼드 경영대학원 동료들도 감사하다. 2016년과 2017년 두 시즌 동안 팟캐스트 '마찰'을 제작하는 데 도움을 준 스탠퍼드 기술 벤처 프로그램의 열정적인 팀원 맷 하비Matt Harvey, 애셔 줄코스키Asher Julkowski, 알리 리코Ali Rico, 엘리 셸Eli Shell, 라이언 시바Ryan Shiba에게는 큰 빚을 졌다. 리더십과 성장, 마찰에 관한 학습과 교육을 위해 우리의 여러 엉뚱한 아이디어를 지원해준 스탠퍼드 전문성개발센터의 오언 모데스트Owen Modeste, 로니 실로Ronie Shilo, 로빈 우드먼Robyn Woodman에게 감사 인사를 전한다. 특히 2022년과 2023년

(한때 별칭이 '똥 해결사The shitfixers'였던) '해결사The Fixers' 웹 세미나를 진행하는 동안 큰 도움을 받았다.

로리 코틀Lori Cottle, 짐 파브리Jim Fabry, 새라 마이클리스Sarah Michaelis와 정보기술 전문가 팀 킬리Tim Keely 등 스탠퍼드 경영과학 및 경영공학부의 헌신적인 직원들의 지원에도 감사드린다. 탁월함의 롤모델이었던 티나 버나드Tina Bernard와 지니 윌리엄스Jeannie Williams에게도 감사를 표한다.

수많은 스탠퍼드대 재학생과 졸업생들이 다양한 방식으로 우리에게 지지와 가르침을 선사했다. 사라 알렉산더Sarah Alexander, 디어드리 클루트Deirdre Clute, 밥 에버하트Bob Eberhart, 리즈 거버Liz Gerber, 올리비아 해리시Olivia Hallisey, 폴 레오나르디Paul Leonardi, 스티븐 리Steven Li, 카타리나 릭스Katharina Lix, 요아힘 리옹Joachim Lyon, 고빈드 마니안Govind Manian, 다니엘 펜색Danielle Pensack, 올리비아 로젠탈Olivia Rosenthal, 제프 스파이트Jeff Spight, 라이언 스티스-루스바르디Ryan Stice-Lusvardi, 보비 토마슨Bobbi Thomason, 모니카 치엔Monica Tsien, 엘리자베스 우드슨, 론 티다Ron Tidhar, 조 토빈Joe Tobin이 그들이다.

스탠퍼드대 밖의 많은 동료도 우리가 아이디어를 발전시키는 데 큰 도움을 주었다. (워튼경영대학원Wharton Business School의) 애덤 그랜트는 매 순간 우리를 향한 지지를 멈추지 않았다. 우리가 이 책의 제목을 '똥 해결사'로 짓지 않은 것을 용서해주길 바란다. 우리에게 아이디어, 인맥, 정서적 지지가 필요할 때마다 롭 크로스(밥슨칼리지), 제리 데이비스Jerry Davis(미시간대학교), 케이티 드셀스(로트먼 경영대학원), 에이미 에드먼슨(하버드 경영대학원), 라이디 클로츠(버지니아대학교), 리타 맥그래스Rita McGrath(컬럼비아 경영대학원), 크리스틴 포래스(조지타운대학교), 그리고 세달 닐리(하버드 경영대학원)가 도움을 주었다. 애정과 지혜, 흔들림 없는 지지를 베풀어준 멘토이자 (서튼의) 논문 지도교수 고故 로버트 L. 칸Robert L. Kahn에게 특별한 감사를 전한다. 그분은 100세까지 장수하며 우아하고 생산적인 노년의 본보기가 되었다.

이 책의 연구와 집필 과정 동안 다양한 마찰 문제를 해결하려 애쓰는 경영진, 기술 전문가, 자문가, 저자, 컨설턴트들과 끊임없이 대화를 나누었다. 수백, 어쩌면 수천 명에 이르는 사람들의 도움에 감사드리며, 다음의 목록에 포함되지 않은 분들에게는 사과의 말씀을 전한다. 제니퍼 아나스타소프Jennifer Anastasoff(테크탤런트프로젝트Tech Talent Project 전무이사), 마이클 아레나Michael Arena(전前 GM 최고인재책임자), 사피 바칼Safi Bahcall(《룬샷》의 저자), 마이클 브레넌(시빌라 CEO), 쇼나 브라운Shona Brown(전前 구글 부사장), 에드윈 캣멀(전前 픽사 사장), 에이미 콜먼(마이크로소프트 부사장), 마이클 디어링(해리슨메탈Harrison Metal 창립자), 카렌 딜런Karen Dillon(《미세 스트레스》 공동 저자), 이리나 에고로바Irina Egorova(팀러더리 공동 창립자), V. R. 페르소V. R. Fersoe(SAP 수석 부사장), 케이 포스터Kaye Foster(전前 존슨앤드존슨Johnson &Johnson 및 오닉스Onyx 인사책임자), 칼 리버트(24아워피트니스24-Hour Fitness, 홈디포, USAA 등 여러 기업의 고위 임원), 벤 호로위츠(앤드리슨호로위츠 공동 창립자), 드류 휴스턴(드롭박스 CEO), 베키 마르지오타(빌리언스인스티튜트 공동 창립자 겸 대표), 조 매캐넌(빌리언스인스티튜트 공동 창립자), 마이클 맥캐럴Michael McCarroll(팀러더리 CEO), 레니 멘도사Lenny Mendonca(전前 캘리포니아 주정부 경제·비즈니스 수석 자문위원), 샨타누 나라옌Shantanu Narayen(어도비 CEO), 조시 니컬스(마이크로소프트), 투안 팜(전前 우버 CTO), 조엘 포돌니Joel Podolny(아너에듀케이션Honor Education CEO), 도미닉 프라이스Dominic Price(아틀라시안Atlassian), 디에고 로드리게스Diego Rodriguez(전前 IDEO 파트너, 인튜이트Intuit 임원), 데이비드 샌퍼드David Sanford(하이포시스펀드Hypothesis Fund CEO), 애덤 셀저(시빌라 공동 창립자), 레나 셀저(시빌라 공동 창립자), 보니 시미Bonny Simi(조비에비에이션Joby Aviation 항공 운영 및 인사 책임자), 피터 심스Peter Sims(블랙쉽Black Sheep 창립자 겸 CEO), 킴 스콧(《실리콘밸리의 팀장들》 저자), 클라라 샤이(세일즈포스 AI CEO), 베스 스타인버그Beth Steinberg(차임Chime 최고 인사 책임자), 뎁 스턴Deb Stern(홍보 전문가), 푸시칼라 수브라마니안(전前 아스트라제네카 부사장), 벤 위거트(갤럽 연구·전략 담당 이사), 크리스 예Chris Yeh(《블리츠스케일링》 공동 저자이자 다방면에 창의적인 인물)에게 감사드린다.

우리의 워크숍과 강연에 도움을 준 브라이트사이트BrightSight

의 톰 닐센Tom Neilssen과 레스 튀어크Les Tuerk에게도 깊이 감사드린다. 이 경험 덕분에 우리는 마찰 문제를 비롯한 다양한 주제에 대해 아이디어를 발전시킬 수 있었다. 또한 강연 일정을 조율하는 데 도움을 준 샬럿 퍼만Charlotte Perman, 손드라 울린Sondra Ulin, 다리아 왜거너Daria Wagganer에게도 감사의 뜻을 전한다.

이 책이 미완성된 아이디어에서 완성된 원고로 탄생하기까지, 우리의 안내인, 친구, 보호자가 되어준 문학 에이전트 크리스티 플레처Christy Fletcher에게도 감사드린다. 끈기 있고 현실적인 그가 없었다면 이 책을 완성하지 못했을 것이다. 현재는 유나이티드텔런트에이전시United Talent Agency에 편입된 플레처&컴퍼니Fletcher&Company의 직원들이 베풀어준 큰 지원에도 깊이 감사드린다. 사라 푸엔테스Sarah Fuentes는 여러 차례에 걸쳐 기획안을 편집하며 문장과 논리를 다듬고 중요한 질문을 던져주었다. 또 멜리사 친칠로Melissa Chinchillo, 빅토리아 홉스Victoria Hobbs, 요나 레빈Yona Levin 등 플레처의 유능한 동료들의 도움에도 감사드린다.

세인트마틴스프레스St. Martin's Press의 팀 바틀렛Tim Bartlett은 뛰어난 실력과 인내심을 갖춘 편집자로 함께 일하기 좋은 사람이었다. 그는 문제를 발견하고 해결하는 데 탁월할 뿐만 아니라 독자가 자연스럽게 글을 따라갈 수 있도록 단어나 문장 하나하나 세심하게 다듬어주었다. 우리의 특이한 버릇과 걱정,

잔소리, 때로는 까칠한 태도까지도 너그럽게 받아준 그에게 깊이 감사드린다. 또한 출간 과정을 담당해준 케빈 라일리Kevin Reilly에게도 감사의 뜻을 전한다. 그리고 이 책이 사람들의 관심과 구매를 유도하고 직장에서 실제 활용될 수 있도록 지혜를 발휘해준 로라 클라크Laura Clark에게도 감사드린다.

서튼은 세 자녀 타일러Tyler, 클레어Claire, 이브Eve에게 사랑을 전한다. 그들은 아버지의 또 다른 책에 대한 집착을 참아주고 차고에 오랫동안 스스로를 감금하는 아버지를 이상한 사람이라고 생각하면서도 많이 격려해주었다. 라오는 부모님의 간병에 힘써주어 가족 간의 마찰을 줄여준 형제 샌딜라Sandila와 바르가바Bhargava에게 깊은 감사를 전한다.

마지막으로, 사랑스럽고 (대체로) 참을성 많은 아내 마리나와 새드너가 없었다면, 이 책은 완성되지 못했을 것이다. 이들은 긴 모험의 시간을 함께하며 약간은 시끄러운 동반자가 되어주었다. 이 놀라운 여성들은 우리에게 사랑과 격려를 아끼지 않았고, 각종 번거로운 일로부터 우리를 보호해주었으며, 인생에서 무엇이 어려워야 하고 무엇이 쉬워야 하는지를 가르쳐주었다. 그리고 책의 마무리 과정에서 마리나는 더 나은 문장으로 채워지도록 우리에게 귀중한 조언을 아끼지 않았다. 다정하고 숙련된 두 마찰 해결사에게 이 책을 바친다.

더 알고 싶거나 알려줄 것이 있다면

이 책의 출간은 '옳은 일은 더 쉽게, 잘못된 일은 더 어렵게' 만드는 방법을 탐구하는 우리의 연구 여정에서 중요한 이정표입니다. 하지만 이는 끝이 아닙니다. 우리는 이 여정을 계속 이어갈 것이며 여러분과 함께하기를 기대합니다. 일터에서 마찰 문제를 해결하며 얻은 교훈을 우리에게 나누어주세요. 마찰 해결사로서 기술을 갈고닦는 방법에 관한 여러분의 이야기, 연구, 아이디어를 환영합니다. 질문이나 피드백이 있다면 언제든지 bob@bobsutton.net으로 보내주세요. 다만, 여러분이 보내주신 이야기, 의견 혹은 관찰 내용은 우리가 앞으로 작성하는 글이나 강연에 인용될 수 있습니다. 그러나 여러분의 허락 없이는 이름을 절대 사용하지 않을 것을 약속드립니다.

    로버트 서튼의 홈페이지(bobsutton.net)와 허기 라오의 홈페이지(huggyrao.com)를 방문하시면 우리가 최근 배운 것과 고민하는 주제들을 확인할 수 있습니다. 트위터에서 로버트 서튼(@work_matters)과 허기 라오(@huggyrao)를 팔로우하거나, 링크드인에서 로버트 서튼(linkedin.com/in/bobsutton1/)과 허기 라오(linkedin.com/in/hayagreevarao/)를 팔로우하여 소통할 수도 있습니다.

    여러분의 이야기를 기다리겠습니다. 함께 '마찰 프로젝트'를 이어나가길 기대합니다.

주석

01 마찰의 양면성

1. 2021년 1월 25일 스탠퍼드대학 부총장이자 연구 학장인 캐서린 앤 몰러 Kathryn Ann Moler가 (이 책의 저자를 포함한) 학내 모든 종신교수에게 보낸 이메일로, '새로운 학부에 대한 교수진 의견의 자세한 사항'이란 제목이었다.
2. "Project Re:form: Removing Barriers to Benefits by Transforming the Longest Assistance Application in America," Civilla, https://civilla.org/work/project-reform-case-study.
3. Marcus Buckingham and Ashley Goodall, "Reinventing Performance Management," *Harvard Business Review* 93, no. 4 (2015): 40–50.
4. Rebecca Hinds and Robert I. Sutton, "Meeting Overload Is a Fixable Problem," *Harvard Business Review*, October 28, 2022, https://hbr.org/2022/10/meeting-overload-is-a-fixable-problem.
5. Jennifer Earl, "6-Year-Old Orders $160 Dollhouse, 4 Pounds of Cookies

with Amazon's Echo Dot," CBS News, January 5, 2017, www.cbsnews. com/news/6-year-old-brooke-neitzel-orders-dollhouse-cookies-with-amazon-echo-dot-alexa/.

6   Nick Bilton, "Why Google Glass Broke," *New York Times*, February 4, 2015, www.nytimes.com/2015/02/05/style/why-google-glass-broke.html.

7   2022년 7월 6일, 에드윈 캣멀과 저자 간의 개인적 대화.

8   Barry Bozeman and Jan Youtie, "Robotic Bureaucracy: Administrative Burden and Red Tape in University Research," *Public Administration Review* 80, no. 1 (2020): 157–62.

9   Adita Bora, "Dutch Supermarket Introduces Unique Slow Checkout Lane for Lonely Seniors Who Want to Have a Chat," *Upworthy*, December 9, 2022, https://scoop.upworthy.com/dutch-supermarket-introduces-a-unique-slow-checkout-lane-to-help-fight-loneliness.

10 Michael I. Norton, Daniel Mochon, and Dan Ariely, "The IKEA Effect: When Labor Leads to Love," *Journal of Consumer Psychology* 22, no. 3 (2012): 453–60.

11 David J. Hickson and Derek S. Pugh, *Great Writers on Organizations: The Third Omnibus Edition* (Aldershot, UK: Gower, 2012), 163.

02 우리의 마찰 프로젝트

1   Rebecca Hinds and Hayagreeva Rao, "Core Teams in Multiteam Systems: An Observational Study of Performance," working paper, Graduate School of Business, Stanford University, 2019.

2   Andrea Freund et al., "Enabling Success or Cementing Failure: When and Why Team Charters Help or Hurt Team Performance," working paper, Graduate School of Business, Stanford University, 2021.

3   Hayagreeva Rao and Julie Makinen, "AstraZeneca: Scaling Simplification,"

case HR45 (Stanford, Calif.: Stanford Graduate School of Business, 2017), www. gsb.stanford.edu/faculty-research/case-studies/astrazeneca-scaling-simplification.

4   Robert I. Sutton, "The CEO Who Led a Turnaround Wearing a Helmet," *Harvard Business Review*, November 22, 2013, https://hbr.org/2013/11/the-ceo-who-led-a-turnaround-without-wearing-a-helmet.

5   Hayagreeva Rao, Robert I. Sutton, and Julie Makinen, *Uber: Repaying Technical and Organizational Debt* (Stanford, Calif.: Stanford Graduate School of Business, 2018).

6   Robert I. Sutton, "How Bosses Waste Their Employees' Time," *Wall Street Journal*, August 12, 2018, www.wsj.com/articles/how-bosses-waste-their-employees-time-1534126140.

7   Robert I. Sutton and Ben Wigert, "Too Many Teams, Too Many Bosses: Overcoming Matrix Madness," Gallup.com, October 19, 2021, www.gallup.com/workplace/354935/teams-bosses-overcoming-matrix-madness.aspx.

8   Leidy Klotz and Robert I. Sutton, "Our To-Do Lists Can't Grow Forever. It's Time to Try Subtraction," *Times Higher Education*, March 24, 2022, www.timeshighereducation.com/blog/our-do-lists-cant-grow-forever-its-time-try-subtraction.

9   Bob Sutton, "Why Your Job Is Becoming Impossible to Do: The Tragedy of Well-Intentioned Organizational Overload," LinkedIn, December 17, 2015, www.linkedin.com/pulse/why-your-job-becoming-impossible-do-tragedy-overload-bob-sutton/.

10 Bob Sutton, "How Do You End a Meeting? Netflix's HR Rebel Asks Two Simple Questions," LinkedIn, February 10, 2015, www.linkedin.com/pulse/how-do-you-end-meeting-netflixs-hr-rebel-asks-two-simple-bob-sutton/.

11 Rebecca Hinds and Robert I. Sutton, "Meeting Overload Is a Fixable Problem," *Harvard Business Review*, October 28, 2022, https://hbr.org/2022/10/meeting-overload-is-a-fixable-problem.
12 C. Northcote Parkinson, *Parkinson's Law* (London: Murray, 1957).
13 Frederick P. Brooks, Jr., *The Mythical Man-Month*, anniversary ed. (White Plains, N.Y.: Addison-Wesley Professional, 1995).
14 Cass R. Sunstein, *Sludge: What Stops Us from Getting Things Done and What to Do About It* (Cambridge, Mass.: MIT Press, 2021).
15 Pamela Herd and Donald P. Moynihan, *Administrative Burden: Policymaking by Other Means* (New York: Russell Sage Foundation, 2019).
16 Leidy Klotz, Subtract: The Untapped Science of Less (New York: Flatiron Books, 2021).
17 Klotz and Sutton. "Our To-Do Lists."
18 Nordal Åkerman, *The Necessity of Friction* (New York: Routledge, 2018).
19 Huggy Rao and Kate Larson, "Friction: A Manifesto," Filene, June 15, 2020, https://filene.org/learn-something/reports/friction-a-manifesto.
20 Robert I. Sutton and David Hoyt, "Better Service, Faster: A Design Thinking Case Study," *Harvard Business Review*, January 6, 2016, https://hbr.org/2016/01/better-service-faster-a-design-thinking-case-study.
21 2022년 3월 16일, 애덤 셀저와 레나 셀저와의 온라인 영상 인터뷰를 기반으로 함.
22 "Project Re:form."
23 Bob Sutton, *Friction Podcast on Organizational Culture*, https://ecorner.stanford.edu/series/friction/.
24 Eric Reis, *The Lean Startup* (New York: Crown Business, 2011).
25 Krisda H. Chaiyachati et al., "Assessment of Inpatient Time Allocation Among First-Year Internal Medicine Residents Using Time-Motion Observations," *JAMA Internal Medicine* 179, no. 6 (2019): 760–67.

26　Melinda Ashton, "Getting Rid of Stupid Stuff," *New England Journal of Medicine* 379, no. 19 (2018): 1789–91.

27　Daniel Kahneman, *Thinking, Fast and Slow* (New York: Macmillan, 2011).

28　Noam Bardin, "What's a Start-Up CEO's Real Job?" LinkedIn, January 3, 2015, www.linkedin.com/pulse/what-early-stage-startup-ceos-real-job-noam-bardin/.

29　John Carreyrou, *Bad Blood* (Paris: Larousse, 2019).

30　"Dutch Market Introduces a Chat Checkout Lane for Seniors to Combat Loneliness," *La Voce di New York*, January 24, 2023, https://lavocedinewyork.com/en/lifestyles/2023/01/24/dutch-market-introduces-a-chat-checkout-lane-for-seniors-to-combat-loneliness/.

31　Gabrielle S. Adams et al., "People Systematically Overlook Subtractive Changes," *Nature* 592, no. 7853 (2021): 258–61.

32　Robert I. Sutton and Hayagreeva Rao, *Scaling Up Excellence: Getting to More Without Settling for Less* (New York: Random House, 2016), 144.

03 시간 관리자

1　Laura Cowdrey, "Churchill's Call for Brevity," National Archives, October 17, 2013.

2　Rebecca Hinds and Bob Sutton, "Dropbox's Secret for Saving Time in Meetings," *Inc.*, March 11, 2015, www.inc.com/rebecca-hinds-and-bob-sutton/dropbox-secret-for-saving-time-in-meetings.html.

3　Elena Lytinkia Botelho and Sanja Kos, "Unexpected Companies Produce Some of the Best CEOs," *Harvard Business Review*, January 10, 2022, https://hbr.org/2020/01/unexpected-companies-produce-some-of-the-best-ceos.

4　Macarena C. García et al., "Declines in Opioid Prescribing after a Private

Insurer Policy Change—Massachusetts, 2011–2015," *Morbidity and Mortality Weekly Report* 65, no. 41 (2016): 1125–31.

5   다음을 참조하라. State of California, Department of Motor Vehicles, "Improving the Department of Motor Vehicles," Work Action Plans, April 23, 2019, https://htv-prod-media.s3.amazonaws.com/files/improving-the-department-of-motor-vehicles-final-042319-1-1557879964.pdf.

6   IDEO에 대한 관찰은 로버트 서튼과 앤드루 하가돈Andrew Hargadon이 1995년에서 1996년까지 18개월 동안 수행한 민족지학ethnography 연구에 바탕을 두고 있다. 이 기간 동안 서튼과 하가돈은 매주 평균 이틀을 IDEO에서 보내며 (월요일 아침 회의 최소 30회를 포함해) 여러 회의와 브레인스토밍 세션에 참석했고, 대부분의 직원과 비공식적 대화 및 반半구조화된 인터뷰를 진행했다. 서튼은 언급된 회의에도 참석했으며, 시작 직전과 종료 직후 켈리와 대화를 나눴다. 또 서튼은 1997년부터 2017년까지 IDEO 펠로우로 활동하며 회사 직원들과 문화 디자인에 대해 연구했다.

7   Becky Margiotta, "I've Spent My Life Unf—king Problems," *Got Your Six*, November 11, 2014, www.youtube.com/watch?v=1H-4x-gj8s.

8   Sarah Soule et al., "The 100,000 Homes Campaign," case L30 (Stanford Calif.: Stanford Graduate School of Business, 2016), www.gsb.stanford.edu/faculty-research/case-studies/100000-homes-campaign.

9   Jeffrey Pfeffer and Robert I. Sutton, "The Smart-Talk Trap," *Harvard Business Review* 77, no. 3 (1999): 135–36.

10 Teresa M. Amabile, "Brilliant but Cruel: Perceptions of Negative Evaluators," *Journal of Experimental Social Psychology* 1, no. 2 (1983): 146–56.

11 2022년 3월 16일, 애덤과 레나 셀저 부부의 온라인 영상 인터뷰를 기반으로 함.

12 "Project Re:form."

13 Nelson P. Repenning and John D. Sterman, "Nobody Ever Gets Credit for Fixing Problems That Never Happened: Creating and Sustaining Process Improvement," *California Management Review* 43, no. 4 (2001): 64–88.

14 Chris Hamby, "How Boeing's Responsibility in a Deadly Crash 'Got Buried,'" *New York Times*, January 20, 2020, www.nytimes.com/2020/01/20/business/boeing-737-accidents.html; Natalie Kitroeff, "Boeing Employees Mocked F.A.A. and 'Clowns' Who Designed 737 Max," *New York Times*, January 29, 2020, www.nytimes.com/ 2020/01/09/business/boeing-737-messages.html?action=click&module=RelatedCoverage&pgtype=Article&region=Footer; David Gelles, "Boeing Expects 737 Max Costs Will Surpass $18 Billion," *New York Times*, July 15, 2020, www.nytimes.com/2020/01/29/business/boeing-737-max-costs.html.

15 Adam Grant, "Is It Safe to Speak Up?" *WorkLife with Adam Grant* (podcast), July 20, 2021, www.ted.com/podcasts/worklife/is-it-safe-to-speak-up-at-work-transcript.

16 Amy Edmondson, "Boeing and the Importance of Encouraging Employees to Speak Up," *Harvard Business Review*, May 4, 2019, https://hbr.org/2019/05/boeing-and-the-importance-of-encouraging-employees-to-speak-up.

17 Repenning and Sterman, "Nobody Ever Gets Credit," 82.

18 Anita L. Tucker and Amy C. Edmondson, "Why Hospitals Don't Learn from Failures: Organizational and Psychological Dynamics That Inhibit System Change," *California Management Review* 45, no. 2 (2003): 55–72.

19 Repenning and Sterman, "Nobody Ever Gets Credit," 81.

20 Andrew Russell and Lee Vinsel, "Let's Get Excited About Maintenance!" *New York Times*, July 22, 2017, www.nytimes.com/2017/ 07/22/opinion/sunday/lets-get-excited-about-maintenance.html.

21 Jillian Steinhauer, "How Mierle Laderman Ukeles Turned Maintenance Work into Art," *Hyperallergic*, February 10, 2017, https://hyperallergic.com/355255/how-mierle-laderman-ukeles-turned-maintenance-work-into-art/.

22 다음을 참조하라. Jessica L. Tracy and Richard W. Robins. "Emerging Insights into the Nature and Function of Pride," *Current Directions in Psychological Science* 16, no. 3 (2007): 147–50; Eric Mercadante, Zachary Witkower, and Jessica L. Tracy, "The Psychological Structure, Social Consequences, Function, and Expression of Pride Experiences," *Current Opinion in Behavioral Sciences* 39 (2021): 130–35.

23 Tracy and Robins, "Emerging Insights," 147.

04 마찰 진단

1 Michael I. Norton, Daniel Mochon, and Dan Ariely, "The IKEA Effect: When Labor Leads to Love," *Journal of Consumer Psychology* 22, no. 3 (2012): 453–60.

2 Dina Chaiffetz, "3 Ways Friction Can Improve Your UX," invision, www.invisionapp.com/inside-design/3-ways-friction-can-improve-your-ux/.

3 Sunstein, *Sludge*, 14–15.

4 "You Must Learn from the Mistakes of Others. You Will Never Live Long Enough to Make Them All Yourself," Quote Investigator, September 18, 2018, https://quoteinvestigator.com/2018/09/18/live-long/.

5 Fernando Suarez and Gianvito Lanzolla, "The Half-Truth of First-Mover Advantage," *Harvard Business Review*, 2005; Marvin B. Lieberman and David B. Montgomery, "Conundra and Progress: Research on Entry Order and Performance," *Long Range Planning* 46, no. 4–5 (2013): 312–24; Elena Vidal and Will Mitchell, "When Do First Entrants Become First Survivors?" *Long Range Planning* 46, no. 4–5 (2013): 335–47.

6 Ali Ahmed, "Don't Be First! An Empirical Test of the First-Mover Disadvantage Hypothesis in a Culinary Game Show," *Social Sciences & Humanities Open* 1, no. 1 (2019): 100004. 전체 승자의 합이 100퍼센트 미만인

이유는 공동 우승한 참가자는 제외하고 '단독 승자'만 포함해서다.

7   Teresa M. Amabile, *How to Kill Creativity* (Boston: Harvard Business School, 1998).

8   Daniel McGinn, "Life's Work: An Interview with Jerry Seinfeld," *Harvard Business Review* 95, no. 1 (2017): 172.

9   이 이야기는 2022년 8월 27일 로버트 서튼과 라즐로 복이 주고받은 이메일 내용에 기초한다. 다음 기사에 요약되어 있다: Robert I. Sutton, "Why Bosses Should Ask Employees to Do Less—Not More," *Wall Street Journal*, September 25, 2022, www.wsj.com/articles/bosses-staff-employees-less-work-11663790432.

10 Jillian A. Berry Jaeker and Anita L. Tucker, "The Value of Process Friction: The Role of Justification in Reducing Medical Costs," *Journal of Operations Management* 66, no. 1–2 (2020): 12–34.

11 Robert Hof, "LIVE with Mark Zuckerberg at F8: Facebook Is Your Life," *Forbes*, September 22, 2011, www.forbes.com/sites/roberthof/2011/09/22/live-with-mark-zuckerberg-at-facebook-f8/?sh=3d3e9ed4432e.

12 U.S. Office of Strategic Services, *Simple Sabotage Field Manual* (1944; repr., New York: HarperOne, 2015).

13 Harry Brignull, "Types of Deceptive Design," www.deceptive.design/types. Note that the name of this site was changed from darkpatterns to deceptive.design in late 2022.

14 Greg Bensinger, "Stopping the Manipulation Machines," *New York Times*, April 21, 2021, www.nytimes.com/2021/04/30/opinion/dark-pattern-internet-ecommerce-regulation.html.

15 Nir Eyal, "The New York Times Uses the Very Dark Patterns It Derides," Nir and Far, www.nirandfar.com/cancel-new-york-times/.

16 Amanda Beane et al., "California Passes Updated Automatic Renewal Law," *Consumer Protection Review*, November 21, 2021, www.

consumerprotectionreview.com/2021/11/california-passes-updated-automatic-renewal-law/.
17 2022년 3월 21일 에릭 콜슨과의 개인적 대화.
18 2022년 3월 19일 패티 맥코드와의 개인적 대화.
19 Patrick Collison, "Some Examples of People Quickly Accomplishing Ambitious Things Together," https://patrickcollison.com/fast.
20 Dee Hock, *One from Many: Visa and the Rise of Chaordic Organization*, 2nd ed. (Oakland, Calif.: Berrett-Koehler, 2005).
21 "Visa Fact Sheet," Visa .com, https://usa.visa.com/dam/VCOM/global/about-visa/documents/aboutvisafactsheet.pdf.
22 Hayagreeva Rao, Carter Bowen, and Gib Lopez, "Navy SEALs: Selecting and Training for an Elite Fighting Force," case HR40 (Stanford, Calif: Stanford Graduate School of Business, 2014).

05 5단계 전략

1 에런 벡은 평생 25권의 책과 600편이 넘는 논문을 혼자서 또는 공동으로 집필했다. 대부분 인지행동치료와 관련된 내용이다. 그의 딸이 쓴 책에서 이 치료법에 대한 요약을 찾아볼 수 있다: Judith S. Beck, *Cognitive Behavior Therapy: Basics and Beyond* (New York: Guilford, 2020).
2 2021년 4월부터 8월 사이의 루마나 자빈과 로버트 서튼의 개인적 대화.
3 Emma Bruehlman-Senecal and Özlem Ayduk, "This Too Shall Pass: Temporal Distance and the Regulation of Emotional Distress," *Journal of Personality and Social Psychology* 108, no. 2 (2015): 356.
4 Jennifer Aaker and Naomi Bagdonas, *Humor, Seriously: Why Humor Is a Secret Weapon in Business and Life* (and How Anyone Can Harness It. Even You) (New York: Crown Currency, 2021).
5 Katy DeCelles and Karl Aquino, "Vigilantes at Work: Examining the

Frequency of Dark Knight Employees," SSRN, April 30, 2017, https://papers.ssrn.com/sol3/papers.cfm?abstractid=2960941.

6   Alexander Alonso, "The High Price of Pettiness at Work," *HR Magazine*, September 4, 2019, www.shrm.org/hr-today/news/hr-magazine/fall2019/pages/the-high-price-of-pettiness-at-work.aspx.

7   Heather Knight, "S.F.'s Building Department Is a Mess. It's No Wonder Pay-to-Play Rules the Day," *San Francisco Chronicle*, December 12, 2020, www.sfchronicle.com/bayarea/heatherknight/article/The-S-F-building-department-is-a-mess-Its-ties-15796068.php.

8   Heather Knight, "He Spent $200,000 Trying to Open an S.F. Ice Cream Shop, but Was No Match for City Bureaucracy," *San Francisco Chronicle*, April 21, 2021, www.sfchronicle.com/local/heatherknight/article/S-F-ice-cream-shop-hopeful-sees-dreams-melted-by-16116082.php.

9   W. Brad Johnson and Gene R. Andersen, "Mentoring in the US Navy: Experiences and Attitudes of Senior Navy Personnel," *Naval War College Review* 68, no. 3 (2015): 76–90.

10 James D. Thompson, *Organizations in Action: Social Science Bases of Administrative Theory* (1967; repr., New York: Routledge, 2017).

11 Henry Mintzberg, "The Manager's Job: Folklore and Fact," *Harvard Business Review* 53, no. 4 (1975).

12 Matt J. Davidson, "Shit Umbrella," *Matt J. Davidson Blog*, June 9, 2018, https://mattjdavidson.github.io/shit-umbrella/.

13 Bob Sutton, "Real Heroes at Pixar: When Leaders Serve as Human Shields," LinkedIn, December 18, 2013, www.linkedin.com/pulse/20131218225944-15893932-real-heroes-at-pixar-when-leaders-serve-as-human-shields/.

14 Sara Arber and Lucianne Sawyer, "The Role of the Receptionist in General Practice: A 'Dragon Behind the Desk'?" *Social Science & Medicine* 20, no. 9 (1985): 911–21.

15　Paul G. Friedman, "Hassle Handling: Front-Line Diplomacy in the Work-Place," *ABCA Bulletin* 47, no. 1 (1984): 30–34.

16　Katherine A. DeCelles et al., "Helping to Reduce Fights Before Flights: How Environmental Stressors in Organizations Shape Customer Emotions and Customer–Employee Interactions," *Personnel Psychology* 72, no. 1 (2019): 49–80.

17　2022년 7월 18일, 조시 니컬스와 로버트 서튼의 개인적 대화.

18　관련 내용은 2010년에 런치패드 강좌를 공동 개설한 페리 클레번 교수와 수년에 걸쳐 나눈 대화와 간헐적인 강좌 방문 경험을 바탕으로 작성되었다. 또한 페리 클레번과 제러미 어틀리가 2022년 봄 강좌를 진행할 때, 서튼은 거의 모든 수업을 방문하여 강의를 돕거나 자문을 했다. 이 강좌의 역사, 커리큘럼, 요강은 런치패드 사이트(www.LaunchPad.stanford.edu/#what-is-LaunchPad.)에 자세히 설명되어 있다.

19　2022년 4월 14일, 그레타 메이어와의 온라인 화상 인터뷰를 기반으로 한다.

20　Joel M. Podolny and Morten T. Hansen, "How Apple Is Organized for Innovation," *Harvard Business Review* 98, no. 6 (2020): 86–95.

21　Hayagreeva Rao and Julie Makinen, "AstraZeneca: Scaling Simplification," case HR45 (Stanford, Calif.: Stanford Graduate School of Business, 2017), www.gsb.stanford.edu/faculty-research/case-studies/astrazeneca-scaling-simplification.

22　Walter J. Boyne, "The Checklist," *Air & Space Forces Magazine*, August 1, 2015, www.airandspaceforces.com/article/0813checklist/.

23　David Hoyt and Hayagreeva Rao, "Institute for Healthcare Improvement: The Campaign to Save 100,000 Lives," case L13 (Stanford, Calif.: Stanford Graduate School of Business, 2008), www.gsb.stanford.edu/faculty-research/case-studies/institute-healthcare-improvement-campaign-save-100000-lives.

24　Joe McCannon, Becky Margiotta, and Abigail Zier Alyesh, "Unleashing

Large-Scale Change," *Stanford Social Innovation Review*, June 16, 2017, https://ssir.org/articles/entry/unleashing_large_scale_change#.

25 Jillian Chown, "The Unfolding of Control Mechanisms Inside Organizations: Pathways of Customization and Transmutation," *Administrative Science Quarterly* 66, no. 3 (2021): 711–52.

06 둔감한 리더

1 Frank Langfitt, "Thousands of GM Workers Get Company Cars, Gas," *Morning Edition*, National Public Radio, March 25, 2009, www.npr.org/2009/03/25/102316176/thousands-of-gm-workers-get-company-cars-gas.

2 John Amaechi, "What Is White Privilege?," BBC Bitesize, July 2020, www.bbc.co.uk/bitesize/articles/zrvkbqt.

3 이 이메일은 2021년 5월 3일 톰 카린샤크의 사무실에서 일하는 리치가 보냈다. 이후 여러 차례 이메일과 전화가 이어졌으며, 매우 친절한 '개인 계정 담당자' 몇 명과 연락을 주고받았다. 그들은 신속하고 훌륭한 서비스를 제공했을 뿐만 아니라, 다른 고객들에게 부과되는 가정 설치 방문 비용 125달러도 면제해주었다.

4 "The Worst Company in America," *Verge*, August 19, 2014, www.theverge.com/2014/8/19/6004131/comcast-the-worst-company-in-america.

5 Jon Brodkin, "Comcast Debacles Dominate Ars Technica's Biggest ISP Horror Stories of 2022," *Ars Technica*, December 28, 2022, https://arstechnica.com/tech-policy/2022/12/comcast-debacles-dominate-ars-technicas-biggest-isp-horror-stories-of-2022/.

6 Deborah Solomon, "The Bear Market: Questions for Alan C. Greenberg," *New York Times*, May 13, 2010, www.nytimes.com/2010/05/16/magazine/16fob-q4-t.html.

7   Larry McDonald and Patrick Robinson, *A Colossal Failure of Common Sense: The Incredible Inside Story of the Collapse of Lehman Brothers* (New York: Random House, 2009).

8   Ron Westrum, "Social Intelligence About Hidden Events: Its Significance for Scientific Research and Social Policy," *Knowledge* 3, no. 3 (1982): 381–400.

9   Karl E. Weick, "Faith, Evidence, and Action: Better Guesses in an Unknowable World," *Organization Studies* 27, no. 11 (2006): 1723–36.

10 Erin Reid, "Why Some Men Pretend to Work 80-Hour Weeks," *Harvard Business Review*, April 28, 2015, https://hbr.org/2015/04/why-some-men-pretend-to-work-80-hour-weeks

11 Dacher Keltner, *The Power Paradox: How We Gain and Lose Influence* (New York: Penguin, 2016).

12 James G. March, "Footnotes to Organizational Change," *Administrative Science Quarterly* (1981): 563–77.

13 Lionel Tiger, "Dominance in Human Societies," *Annual Review of Ecology and Systematics* 1, no. 1 (1970): 287–306.

14 David Graeber, *The Utopia of Rules: On Technology, Stupidity, and the Secret Joys of Bureaucracy* (New York: Melville House, 2015), 81.

15 다음을 참조하라. Robert I. Sutton and Anat Rafaeli, "Untangling the Relationship Between Displayed Emotions and Organizational Sales: The Case of Convenience Stores," *Academy of Management Journal* 31. no. 3 (1988): 461–87; Robert I. Sutton and Anat Rafaeli, "How We Untangled the Relationship Between Displayed Emotion and Organizational Sales: A Tale of Bickering and Optimism," *Doing Exemplary Research*, 1992, 115–28.

16 Laura M. Giurge and Vanessa K. Bohns, "You Don't Need to Answer Right Away! Receivers Overestimate How Quickly Senders Expect Responses to Non-urgent Work Emails," *Organizational Behavior and Human Decision*

Processes 167 (2021): 114–28.
17 Megan Carnegie, "The Rise of the 15-Minute Meeting," *Wired*, March 5, 2022, www.wired.co.uk/article/15-minute-meeting-burnout.
18 Sutton, "How Do You End a Meeting?"
19 Urban Dictionary, August 30, 2013, s.v. "cookie licking," www.urbandictionary.com/define.php?term=cookie%20licking.
20 Steven Sinofsky, "Innovation Versus Shipping: The Cairo Project," *Hardcore Software*, April 18, 2021, https://hardcoresoftware.learningbyshipping.com/p/020-innovation-versus-shipping-the.
21 이 이야기의 일부는 〈월스트리트저널〉에 처음 실렸으나, 스티브 발리의 이름은 언급되지 않았다. 여기에서는 그의 허락을 받아 실명을 게재했다. Robert I. Sutton, "The Biggest Mistakes Bosses Make When Making Decisions—and How to Avoid Them," *Wall Street Journal*, October 29, 2018, www.wsj.com/articles/the-biggest-mistakes-bosses-make-when-making-decisionsand-how-to-avoid-them-1540865340.
22 Howard Markel, "Dec. 14, 1799: The Excruciating Final Hours of President George Washington," *PBS News Hour*, December 14, 2014, www.pbs.org/newshour/health/dec-14–1799-excruciating-final-hours-president-george-washington.
23 2019년 10월 29일, 존 도일로부터 받은 개인 이메일.
24 Anita L. Tucker and Sara J. Singer. "The Effectiveness of Management-by-Walking-Around: A Randomized Field Study," *Production and Operations Management* 24, no. 2 (2015): 253–71.
25 Wally Bock, "Leadership: Dinosaurs and Behavior," Connection Culture Group, June 30, 2018, www .connectionculture.com/post/leadership-dinosaurs-and-behavior-problems.
26 Tucker and Singer, "Effectiveness of Management-by-Walking-Around," 256.

27 Ibid., 255.
28 Victoria L. Brescoll, "Who Takes the Floor and Why: Gender, Power, and Volubility in Organizations," *Administrative Science Quarterly* 56, no. 4 (2011): 622–41.
29 이 이야기는 댄 코커렐과 로버트 서튼이 2022년 5월 21일에 주고받은 이메일과 다음의 글에 바탕을 두고 있다: Dan Cockerell, *How's the Culture in Your Kingdom? Lessons from a Disney Leadership Journey* (Garden City, NY: Morgan James, 2020).
30 Tsedal Neeley and B. Sebastian Reiche, "How Global Leaders Gain Power Through Downward Deference and Reduction of Social Distance," *Academy of Management Journal* 65, no. 1 (2022): 11–34.
31 Ibid., 17.
32 Ibid., 23.
33 Ibid.
34 Lindy Greer, interviewed by Frieda Klotz, "Why Teams Still Need Leaders," *MIT Sloan Management Review*, July 24, 2019, https://sloanreview.mit.edu/article/why-teams-still-need-leaders/.
35 Lindred L. Greer, Nicole Abi-Esber, and Charles Chu, "Hierarchical Flexing: How Start-Up Teams Dynamically Adapt Their Hierarchy to Meet Situational Demands," University of Michigan working paper, 2023; also see Lindy Greer, Francesca Gino, and Robert Sutton, "You Need Two Leadership Gears: Know When to Take Charge and When to Get Out of the Way," *Harvard Business Review*.
36 Gary Hamel, "Bureaucracy Must Die," *Harvard Business Review*, November 4, 2014, https://hbr.org/2014/11/bureaucracy-must-die.
37 이 부분은 로버트 서튼의 다음 글에서 도움을 받았다: Bob Sutton, "Hierarchy Is Good. Hierarchy Is Essential. And Less Isn't Always Better," LinkedIn, January 12, 2014, www.linkedin.com/pulse/20140112221140-

15893932-hierarchy-is-good-hierarchy-is-essential-and-less-isn-t-always-better/.
38   Deborah H. Gruenfeld and Larissa Z. Tiedens, "Organizational Preferences and Their Consequences," *Handbook of Social Psychology*, 2010.
39   Sutton and Rao, *Scaling Up Excellence*, 108.
40   Adam Bryant, "Paint by Numbers or Connect the Dots," *New York Times*, September 22, 2012, www.nytimes.com/2012/09/23/business/mark-templeton-of-citrix-on-the-big-career-choice.html?_r=0.

7장. 더하기 병

1   "George Carlin Talks About Stuff," CappyNJ, May 1, 2007, www.youtube.com/watch?v=MvgN5gCuLac.
2   다음을 참조하라. Bruce Blaine and Jennifer Crocker, "Self-Esteem and Self-Serving Biases in Reactions to Positive and Negative Events: An Integrative Review," in *Self-Esteem: The Puzzle of Low Self-Regard*, ed. Roy F. Baumeister (New York: Springer, 1993), 55–85.
3   Adams et al., "People Systematically Overlook Subtractive," 258–61.
4   Leidy Klotz, "Subtract: Why Getting to Less Can Mean Thinking More," *Behavioral Scientist*, April 12, 2021, https://behavioralscientist.org/subtract-why-getting-to-less-can-mean-thinking-more/.
5   Klotz, Subtract.
6   Jenny Rogers, "3 to 1: That's the Best Ratio of Tenure-Track Faculty to Administrators, a Study Concludes," *Chronicle of Higher Education*, November 1, 2012, www.chronicle.com/article/3-to-1-thats-the-best-ratio-of-tenure-track-faculty-to-administrators-a-study-concludes/?cid=gen_sign_in.
7   Alison Wolf and Andrew Jenkins, "Managers and Academics in a

Centralising Sector: The New Staffing Patterns of UK Higher Education,"
2021, www.advance-he.ac.uk/knowledge-hub/managers-and-
academics-centralising-sector-new-staffing-patterns-uk-higher-
education.

8   Andrew Jack, "Are Universities Suffering from Management Bloat?"
    Financial Times, May 17, 2022, www.ft.com/content/ 338d7321-bc87-4573-
    885e-565f34a80b30.
9   Ibid.
10 Garrett Hardin, "The Tragedy of the Commons: The Population Problem
    Has No Technical Solution; It Requires a Fundamental Extension in
    Morality," *Science* 162, no. 3859 (1968): 1243–48.
11 Bob Sutton, "The Basic Hygiene of Management, with Michael Dearing,"
    Friction podcast on organizational culture, July 5, 2017, https://ecorner.
    stanford.edu/podcasts/the-basic-hygiene-of-management/.
12 Cass R. Sunstein, "Sludge Audits," *Behavioural Public Policy* 6, no. 4 (2022):
    654–73.
13 Lisa Bodell, "Get Rid of Stupid Workplace Rules in 30 Minutes," *Forbes*,
    February 28, 2018, www.forbes.com/sites/lisabodell/2018/02/28/get-rid-
    of-stupid-workplace-rules-in-30-minutes/?sh=5a1c62f12bb0.
14 Ashton, "Getting Rid of Stupid Stuff," 1789–91.
15 Hinds and Sutton, "Meeting Overload Is a Fixable Problem."
16 Michael Mankins, "This Weekly Meeting Took Up 300,000 Hours a Year,"
    Harvard Business Review, April 24, 2014, https://hbr.org/2014/04/how-a-
    weekly-meeting-took-up-300000-hours-a-year.
17 Buckingham and Goodall. "Reinventing Performance Management,"
    40–50.
18 Michael Chui et al., "The Social Economy: Unlocking Value and
    Productivity Through Social Technologies," McKinsey Global Institute,

July 1, 2012, www.mckinsey.com/industries/technology-media-and-telecommunications/our-insights/the-social-economy.

19 "zzzMail," Vynamic Inizio Advisory, https://vynamic.com/zzzmail/#:~:text =Vynamic's%20motto%20is%20%E2%80%9CLife%20is,Sunday%2C%20and%20all%20Vynamic%20holidays.

20 "Project Re:form."

21 Sutton and Hoyt, "Better Service, Faster."

22 John Gall, *The Systems Bible: The Beginner's Guide to Systems Large and Small* (Walker, Minn.: General Systemantics Press, 2002), 155.

23 Hinds and Sutton, "Meeting Overload Is a Fixable Problem."

24 Hinds and Sutton, "Dropbox's Secret for Saving Time."

25 Sunstein, *Sludge*, 20.

26 Shalanda D. Young and Dominic J. Mancini, "Improving Access to Public Benefits Programs Through the Paperwork Reduction Act," Office of Management and Budget, M-22-10, April 13, 2022, www.whitehouse.gov/wp-content/uploads/2022/04/M-22-10.pdf.

27 이 책의 집필이 끝날 무렵 트위터는 'X'로 이름이 바뀌었지만, 우리는 '트위터'와 '트윗'이라는 용어를 그대로 유지하기로 결정했다. 책에 등장하는 모든 사례가 '트위터' 시절에 일어난 일이기 때문이다.

28 Don Moynihan and Pamela Herd, "Transforming the Paperwork Reduction Act to Tackle Administrative Burden," Substack, April 26, 2022, https://donmoynihan.substack.com/p/transforming-the-paperwork-reduction?s=w.

29 Donald Sull and Kathleen M. Eisenhardt, *Simple Rules: How to Thrive in a Complex World* (New York: Houghton Mifflin Harcourt, 2015).

30 Ibid.

31 Andrew M. Carton, Chad Murphy, and Jonathan R. Clark, "A (Blurry) Vision of the Future: How Leader Rhetoric About Ultimate Goals Influences

Performance," *Academy of Management Journal* 57, no. 6 (2014): 1544–70.

32 Klotz and Sutton. "Our To-Do Lists."

33 Kursat Ozenc and Margaret Hagan, *Rituals for Work: 50 Ways to Create Engagement, Shared Purpose, and a Culture That Can Adapt to Change* (Hoboken, N.J.: John Wiley & Sons, 2019), 203–4.

34 Ibid., 208–9.

35 Jeffrey Pfeffer and Robert I. Sutton, *The Knowing-Doing Gap: How Smart Companies Turn Knowledge into Action* (Boston: Harvard Business Press, 2000), 98–102.

36 Ryan Holmes, "Why This CEO Appointed an Employee to Change Dumb Company Rules," *Fast Company*, March 14, 2017, www.fastcompany.com/3068931/why-this-ceo-appointed-an-employee-to-change-dumb-company-rules.

37 Sutton and Rao, *Scaling Up* Excellence.

38 Robert L. Cross, *Beyond Collaboration Overload: How to Work Smarter, Get Ahead, and Restore Your Well-Being* (Boston: Harvard Business Review Press, 2021).

39 Evan DeFilippis et al., "Collaborating During Coronavirus: The Impact of COVID-19 on the Nature of Work," Harvard Business School, Organizational Behavior Unit Working Paper No. 21-006, July 16, 2020, https://ssrn.com/abstract=3654470.

40 Hinds and Sutton, "Meeting Overload Is a Fixable Problem."

41 Leslie A. Perlow, "The Time Famine: Toward a Sociology of Work Time," *Administrative Science Quarterly* 44, no. 1 (1999): 57–81.

42 Lisa Lee, "Can You Work Without Meetings? Salesforce Tried for Another Week," *360 Blog*, August 31, 2022, www.salesforce.com/blog/meeting-fatigue/.

43 Louis V. Gerstner, *Who Says Elephants Can't Dance? Inside IBM's Historic*

Turnaround (New York: HarperCollins, 2002), 90.
44 Steve Jobs, speech given at DeAnza College's Flint Center, Cupertino, Calif., May 6, 1998.
45 Rao and Makinen, "AstraZeneca: Scaling Simplification."
46 "What Is LaunchPad?" https://www.LaunchPad.stanford.edu/.
47 David Kirsch, Brent Goldfarb, and Azi Gera, "Form or Substance: The Role of Business Plans in Venture Capital Decision Making," *Strategic Management Journal* 30, no. 5 (2009): 487–515.
48 Carl J. Schramm, *Burn the Business Plan: What Great Entrepreneurs Really Do* (New York: Simon & Schuster, 2018).
49 Daniel J. McAllister, "Affect-and Cognition-Based Trust as Foundations for Interpersonal Cooperation in Organizations," *Academy of Management Journal* 38, no. 1 (1995): 24–59.
50 다음을 참조하라. Claudia Bird Schoonhoven, Kathleen M. Eisenhardt, and Katherine Lyman, "Speeding Products to Market: Waiting Time to First Product Introduction in New Firms," *Administrative Science Quarterly* 35, no. 1 (1990): 177–207; Robert S. Huckman, Bradley R. Staats, and David M. Upton, "Team Familiarity, Role Experience, and Performance: Evidence from Indian Software Services," Management Science 55, no. 1 (2009): 85–100; Robert S. Huckman and Gary P. Pisano, "The Firm Specificity of Individual Performance: Evidence from Cardiac Surgery," *Management Science* 52, no. 4 (2006): 473–88; and Brian Uzzi and Jarrett Spiro, "Collaboration and Creativity: The Small World Problem," American Journal of Sociology 111, no. 2 (2005): 447–504.
51 D. K. Simonton, "Creativity as Heroic: Risk, Success, Failure, and Acclaim," in *Creative Action in Organizations*, ed. Cameron M. Ford and Dennis A. Gioia (Newbury Park, Calif.: SAGE Publications, 1995), 88–93.
52 Leisha DeHart-Davis, "Green Tape: A Theory of Effective Organizational

Rules," *Journal of Public Administration Research and Theory* 19, no. 2 (2009): 361–84.

53 Ibid., 365.
54 Ibid., 374.

08 끊어진 연결

1 이 연구 정보는 멜리사 밸런타인이 이 연구를 수행하고 데이터를 분석하는 동안 밸런타인과 나눈 일련의 대화와 학회지에 보고된 연구 결과를 바탕으로 작성되었다. Melissa A. Valentine, Steven M. Asch, and Esther Ahn, "Who Pays the Cancer Tax? Patients' Narratives in a Movement to Reduce Their Invisible Work," *Organization Science*, October 2022.

2 Chip Heath and Nancy Staudenmayer, "Coordination Neglect: How Lay Theories of Organizing Complicate Coordination in Organizations," *Research in Organizational Behavior* 22 (2000): 153–91.

3 Deborah Dougherty, "Interpretive Barriers to Successful Product Innovation in Large Firms," *Organization Science* 3, no. 2 (1992): 179–202.

4 Eliot A. Cohen and John Gooch, *Military Misfortunes: The Anatomy of Failure in War* (New York: Simon & Schuster, 2012).

5 Sutton and Rao, *Scaling Up Excellence*, 102–3.

6 Robert B. Cialdini, *Influence, New and Expanded: The Psychology of Persuasion* (New York: HarperCollins, 2021).

7 Herminia Ibarra and Aneeta Rattan, "Satya Nadella at Microsoft: Instilling a Growth Mindset," CS-18- 008, London Business School, 2016.

8 Ibid.

9 Ibid.

10 Julie Bort, "Microsoft's Reputation Is Soaring as Trust in the Tech Industry Flounders, According to New Research," *Business Insider*, November 19,

2019, www.businessinsider.com/microsoft_reputation-institute-soaring-research-2019-11.

11 Greer, Abi-Esber, and Chu, "Hierarchical Flexing."
12 이 주장은 서튼과 라오의 책 《성공의 퍼뜨려라》를 바탕으로 한다.
13 다음을 참조하라. Gaurav G. Sharma and Klaas-Jan Stol, "Exploring Onboarding Success, Organizational Fit, and Turnover Intention of Software Professionals," *Journal of Systems and Software* 159 (2020): 110442.
14 신규 교수진을 위한 프로그램에 대한 이 정보는 신입생, 교수, 멘토로서 프로그램에 참여했던 베테랑 교수와 이메일과 영상으로 나눈 대화에서 발췌한 것이다. 익명을 요구한 이 교수는 프로그램 내용을 검토하고 여러 수정과 제안을 했다.
15 Michael Lewis, "Six Levels Down," *Against the Rules* (podcast), April 4, 2022, www.pushkin.fm/podcasts/against-the-rules/six-levels-down.
16 Steven Levy, "America's Tech Guru Steps Down—but He's Not Done Rebooting the Government," *Wired*, August 28, 2014, www.wired.com/2014/08/healthcare-gov/.
17 2022년 10월, 칼 리버트와 로버트 서튼의 개인적 대화.
18 Ian Tattersall, *Becoming Human: Evolution and Human Uniqueness* (New York: Houghton Mifflin Harcourt, 1999).
19 Daniel Smith et al., "Cooperation and the Evolution of Hunter-Gatherer Storytelling," *Nature Communications* 8, no. 1 (2017): 1853.
20 Hubert Joly, *The Heart of Business: Leadership Principles for the Next Era of Capitalism* (Boston: Harvard Business Press, 2021).
21 Shannon McLellan, "Best Buy Employees Perform 'Surgery' on 3-Year-Old's Beloved Toy Dinosaur," *GMA*, March 5, 2019, www.goodmorningamerica.com/family/story/best-buy-employees-perform-surgery-year-olds-beloved-61389519.
22 Paul J. Zak, "Why Your Brain Loves Good Storytelling," *Harvard Business*

Review 28 (2014): 1–5.

23   Valentine, Asch, and Ahn, "Who Pays the Cancer Tax?"

24   Robert I. Sutton, *Good Boss, Bad Boss: How to Be the Best . . . and Learn from the Worst* (New York: Business Plus, 2010), 133–34.

25   Karl E. Weick, "Puzzles in Organizational Learning: An Exercise in Disciplined Imagination," *British Journal of Management* 13, no. S2 (2002): S7–S15.

26   Amy J. Starmer et al., "Changes in Medical Errors After Implementation of a Handoff Program," *New England Journal of Medicine* 371, no. 19 (2014): 1803–12.

27   Beth A. Bechky and Gerardo A. Okhuysen, "Expecting the Unexpected? How SWAT Officers and Film Crews Handle Surprises," *Academy of Management Journal* 54, no. 2 (2011): 239–61.

28   Thompson, *Organizations in Action*.

29   Roger Schwarz, "Is Your Team Coordinating Too Much, or Not Enough?" *Harvard Business Review*, March 3, 2017, https://hbr.org/2017/03/is-your-team-coordinating-too-much-or-not-enough.

30   Melissa A. Valentine and Amy C. Edmondson, "Team Scaffolds: How Mesolevel Structures Enable Role-Based Coordination in Temporary Groups," *Organization Science* 26, no. 2 (2015): 405–22.

31   Adam Lashinsky, *Inside Apple: How America's Most Admired—and Secretive—Company Really Works* (New York: Business Plus, 2012).

32   Rob Cross, Scott Taylor, and Deb Zehner, "Collaboration Without Burnout," *Harvard Business Review* 96, no. 4 (2018): 134–37.

33   Cross, *Beyond Collaboration Overload*.

09 독성 언어

1. 다음을 참조하라. Aaron De Smet, Sarah Klienman, and Kirsten Weerda, "The Helix Organization," *McKinsey Quarterly*, October 3, 2019; and Aaron De Smet, Michael Lurie, and Andrew St. George, "Leading Agile Transformation: The New Capabilities Leaders Need to Build 21st-Century Organizations," McKinsey & Company, 2018, 1–27.
2. Zachariah C. Brown, Eric M. Anicich, and Adam D. Galinsky, "Compensatory Conspicuous Communication: Low Status Increases Jargon Use," *Organizational Behavior and Human Decision Processes* 161 (2020): 274–90.
3. Laura J. Kornish and Sharaya M. Jones, "Raw Ideas in the Fuzzy Front End: Verbosity Increases Perceived Creativity," *Marketing Science* 40, no. 6 (2021): 1106–22.
4. Marshall Hargrave, "Holacracy Meaning, Origins, How It Works," *Investopedia*, December 27, 2022, www.investopedia.com/terms/h/holacracy.asp.
5. "Who's Practicing Holacracy?," Holacracy.org, www.holacracy.org/whos-practicing-holacracy.
6. Diederick Janse, "Holacracy: A Framework, Not a Blueprint," *Corporate Rebels*, April 6, 2022, www.corporate-rebels.com/blog/holacracy-a-framework-not-a-blueprint.
7. HolacracyOne, "Holacracy Constitution: Version 5.0," www.holacracy.org/constitution/5. Note we downloaded this version in October 2022. We also downloaded version 2.1 in 2015, and the text here draws on that version, but it appears to no longer be available for download.
8. George Orwell, "Politics and the English Language," in *The Collected Essays, Journalism, and Letters of George Orwell*, vol. 4: In Front of Your Nose, 1945–1950, ed. Sonia Orwell and Ian Angus (New York: Harcourt, Brace & World,

1968). Also available at www.orwell.ru/library/essays/politics/english/epolit.

9   Jen Palmer, "Boss-Free Remote Work," *Medium*, August 15, 2022, https://blog.holacracy.org/boss-free-remote-work-568b4b53d93d.

10 Andy Doyle, "Management and Organization at *Medium*," Medium, May 4, 2016, https://blog.medium.com/management-and-organization-at-medium-2228cc9d93e9.

11 Molly Lipson, "It's Time to Get Rid of Managers. All of Them," *Business Insider*, May 12, 2022, www.businessinsider.com/great-resignation-get-rid-of-middle-managers-holacracy-2022-5.

12 Brian Robertson, "An Impersonal Process," *Medium*, January 2, 2014, https://blog.holacracy.org/an-impersonal-process-b618fc93b988.

13 다음을 참조하라. Brian Robertson, "Part 2: Holacracy Constitution 5.0," September 13, 2018, https://m.facebook.com/HolacracyOne/videos/part-2-holacracy-constitution-50-brian-robertson-open-source-constitution-on-git/1858663140897782/?_se_imp=10n57xnEmpaChnB4D.

14 Harry G. Frankfurt, *On Bullshit* (Princeton, N.J.: Princeton University Press, 2005).

15 André Spicer, "Playing the Bullshit Game: How Empty and Misleading Communication Takes over Organizations," *Organization Theory* 1, no. 2 (2020): 2631787720929704.

16 André Spicer, "Shooting the Shit: The Role of Bullshit in Organizations," *Management* 5 (2013): 653–66; also see André Spicer, *Business Bullshit* (New York: Routledge, 2017).

17 Lars Thøger Christensen, Dan Kärreman, and Andreas Rasche, "Bullshit and Organization Studies," *Organization Studies* 40, no. 10 (2019): 1587–1600.

18 Gordon Pennycook et al., "On the Reception and Detection of Pseudo-

Profound Bullshit," *Judgment and Decision Making* 10, no. 6 (2015): 549–63.

19 Tiffany Hsu and Sapna Maheshwari, " 'Thumb-Stopping,' 'Humaning,' 'B4H': The Strange Language of Modern Marketing," *New York Times*, November 25, 2020, www.nytimes.com/2020/11/25/business/media/thumb-stopping-humaning-b4h-the-strange-language-of-modern-marketing.html.

20 Spicer, "Playing the Bullshit Game," 2631787720929704, 7.

21 Andrew Gelman, "The Bullshit Asymmetry Principle," *Statistical Modeling, Causal Inference, and Social Science*, January 28, 2019, https://statmodeling.stat.columbia.edu/2019/01/28/bullshit-asymmetry-principle/.

22 Lucy Kellaway, "The First Word in Mangled Meaning," *Financial Times*, January 6, 2013, www.ft.com/content/ 86f0383a-54f6-11e2-89e0-00144feab49a.

23 Ronald S. Burt and Ray E. Reagans, "Team Talk: Learning, Jargon, and Structure Versus the Pulse of the Network," *Social Networks* 70 (2022): 375–92.

24 Rich Calder, Susan Edelman, and Larry Celona, "Oops! FDNY Contractor Presses Wrong Button, Shuts Down NYC's Emergency Dispatch System," *New York Post*, October 15, 2022, https://nypost.com/ 2022/10/15/fdny-contractor-presses-wrong-button-shuts-down-emergency-dispatch-system/.

25 Roberto A. Weber and Colin F. Camerer, "Cultural Conflict and Merger Failure: An Experimental Approach," *Management Science* 49, no. 4 (2003): 400–415.

26 Gillian Tett, "Silos and Silences," *FSR Financial*, July 2010, 121.

27 David Epstein, *Range: Why Generalists Triumph in a Specialized World* (New York: Penguin, 2021).

28   "How GM's Mary Barra Drives Value," Knowledge at Wharton, May 3, 2018, https://knowledge.wharton.upenn.edu/article/how-gms-mary-barra-drives-value/.
29   M. Wernick et al., "A Randomised Crossover Trial of Minimising Medical Terminology in Secondary Care Correspondence in Patients with Chronic Health Conditions: Impact on Understanding and Patient Reported Outcomes," *Internal Medicine Journal* 46, no. 5 (2016): 596–601.
30   Daniel Kahneman, Olivier Sibony, and Cass R. Sunstein, *Noise: A Flaw in Human Judgment* (New York: Little Brown, 2021).
31   Kent Beck et al., "Manifesto for Agile Software Development," February 2001, https://agilemanifesto.org/.
32   Craig Smith, "Scrum Australia 2014: 40 Agile Methods in 40 Minutes," Craig Smith: Australian Agile Coach & IT Professional, October 21, 2014, https://craigsmith.id.au/2014/10/21/scrum-australia-2014-40-agile-methods-in-40-minutes/;also see Craig Smith, "40 Agile Methods Goes Viral," Craig Smith: Australian Agile Coach & IT Professional, December 1, 2021, https://craigsmith.id.au/2021/01/12/40-agile-methods-goes-viral/.
33   Jonah Berger and Grant Packard, "Wisdom from Words: The Psychology of Consumer Language," *Consumer Psychology Review*, 2023 (forthcoming).
34   Grant Packard, Jonah Berger, and Reihane Boghrati. "How Verb Tense Shapes Persuasion," *Journal of Consumer Research*, January 23, 2023, https://doi.org/10.1093/jcr/ucad006.
35   Cialdini, *Influence, New and Expanded*.
36   Ezgi Akpinar and Jonah Berger, "Drivers of Cultural Success: The Case of Sensory Metaphors," *Journal of Personality and Social Psychology* 109, no. 1 (2015): 20.
37   Szu-Chi Huang and Jennifer Aaker, "It's the Journey, Not the Destination: How Metaphor Drives Growth After Goal Attainment," *Journal of*

Personality and Social Psychology 117, no. 4 (2019): 697.

38 "Paul O'Neill, CEO of Alcoa—It's All About Safety," Charter Partners, June 12, 2015, www.youtube.com/watch?v=tC2ucDsXJY;Fareed Zakaria, "Paul O'Neill Interview, Worker Safety at ALCOA," *Tough Decisions*, CNN, May 29, 2014, www.youtube.com/watch?v=56a3-Sc65M8.

39 David Burkus, "How Paul O'Neill Fought for Safety at Alcoa," David Burkus, April 28, 2020, https://davidburkus.com/2020/04/how-paul-oneill-fought-for-safety-at-alcoa/.

10 정신없이 밀어붙이기

1 NHSTA, U.S. Department of Transportation, "Speeding," www.nhtsa.gov/risky-driving/speeding.

2 Dana Kanze, Mark A. Conley, and E. Tory Higgins, "The Motivation of Mission Statements: How Regulatory Mode Influences Workplace Discrimination," *Organizational Behavior and Human Decision Processes* 166 (2021): 84–103.

3 Farhad Manjoo, "Zenefits' Leader Is Rattling an Industry, So Why Is He Stressed Out?" *New York Times*, September 20, 2014, www.nytimes.com/2014/09/21/business/zenefits-leader-is-rattling-an-industry-so-why-is-he-stressed-out.html.

4 Claire Suddath and Eric Newcomer, "Zenefits Was the Perfect Startup. Then It Self-Disrupted," Bloomberg, May 9, 2016, www.bloomberg.com/features/2016-zenefits/.

5 William Alden, "How Zenefits Crashed Back Down to Earth," *Buzzfeed*, February 18, 2016, www.buzzfeednews.com/article/williamalden/how-high-flying-zenefits-fell-to-earth.

6 Amy Feldman, "Zenefits, Once Worth $4.5 billion, Does Deal with Private-

Equity Firm That Gives It Control," March 18, 2021, *Forbes*, www.forbes. com/sites/amyfeldman/2021/03/18/zenefits-once-worth-45-billion-does-deal-with-private-equity-firm-that-gives-it-control/?sh=48746d8c3873. Also: TriNet, "TriNet Completes Acquisition of Zenefits," February 15, 2022. https://www.trinet.com/about-us/news-press/press-releases/trinet-completes-acquisition-of-zenefits.

7   Ben Wigert and Sangeeta Agrawal, "Employee Burnout, Part 1: The 5 Main Causes," July 12, 2018, Gallup, www.gallup.com/workplace/237059/employee-burnout-part-main-causes.aspx.

8   John M. Darley and C. Daniel Batson, " 'From Jerusalem to Jericho': A Study of Situational and Dispositional Variables in Helping Behavior," *Journal of Personality and Social Psychology* 27, no. 1 (1973): 100.

9   Christine Porath, *Mastering Civility: A Manifesto for the Workplace* (Sanger, Calif.: Balance, 2016).

10   Bennett J. Tepper, "Consequences of Abusive Supervision," *Academy of Management Journal* 43, no. 2 (2000): 178–90.

11   Bennett J. Tepper, Lauren Simon, and Hee Man Park, "Abusive Supervision." *Annual Review of Organizational Psychology and Organizational Behavior* 4 (2017): 123–52.

12   Christopher M. Barnes et al., " 'You Wouldn't Like Me When I'm Sleepy': Leaders' Sleep, Daily Abusive Supervision, and Work Unit Engagement," *Academy of Management Journal* 58, no. 5 (2015): 1419–37.

13   Maria Konnikova, "No Money, No Time," *New York Times*, June 13, 2014, https://archive.nytimes.com/opinionator.blogs.nytimes.com/2014/06/13/no-clocking-out/.

14   Alden, "How Zenefits Crashed Back Down."

15   Teresa M. Amabile, Constance N. Hadley, and Steven J. Kramer, "Creativity Under the Gun," *Harvard Business Review* 80 (2002): 52–63.

16 Steve Blank, "Organizational Debt Is like Technical Debt—but Worse," *Steve Blank*, May 19, 2015, https://steveblank.com/2015/ 05/19/ organizational-debt-is-like-technical-debt-but-worse/.
17 Rao, Sutton, and Makinen, *Uber*.
18 2022년 9월까지의 우버의 재무성과에 대한 요약은 다음을 참조했다. "Uber Technologies Net Income, 2017–2022," Macrotrends, www.macrotrends. net/stocks/charts/UBER/uber-technologies/net-income.
19 Kellen Browning, "Uber Reports Record Revenue as It Defies the Economic Downturn," *New York Times*, February 8, 2023, www .nytimes. com/2023/02/08/business/uber-revenue.html.
20 https://www.reuters.com/markets/us/uber-confident-profit-ride-sharing-makes-strong-start-2023-2023-05-02/.
21 Gary Klein, "Performing a Project Premortem," *Harvard Business Review* 85, no. 9 (2007): 18–19; Tim Koller, Dan Lovallo, and Gary Klein, "Bias Busters: Premortems: Being Smart at the Start," *McKinsey Quarterly*, 2019.
22 Madison Singell et al., "Back to the Future: A 'Lab-in-the-Field' Experiment on Mental Time Travel and Collective Action in Startup Teams," working paper, Graduate School of Business, Stanford University, 2021.
23 다음을 참조하라. Jennifer L. Eberhardt, *Biased: Uncovering the Hidden Prejudice That Shapes What We See, Think, and Do* (New York: Penguin, 2020); and Jennifer L. Eberhardt, "How Racial Bias Works—and How to Disrupt It," *TED: Ideas Worth Spreading*, June 22, 2020, www.ted.com/ talks/jennifer_l_eberhardt_how_racial_bias_works_and_how_to_disrupt_ it_?language=en.
24 Sarah Soule et al., "The 100,000 Homes Campaign," case L30 (Stanford, Calif.: Stanford Graduate School of Business, 2016).
25 Connie Lozios, "Parker Conrad's Rippling Is Now Valued at $6.5 billion— More Than Zenefits at Its Peak," TechCrunch, October 21, 2021, https://

techcrunch.com/2021/10/21/parker-conrads-rippling-is-now-valued-at-6-5-billion-more-than-zenefits-at-its-peak/#:~:text =Startups-,Parker%20Conrad's%20Rippling%20is%20now%20valued%20at%20%246.5%20billion, than%20Zenefits%20at%20its%20peak&text=Founded%20by%20entrepreneur%20Parker%20Conrad,%244.5%20billion%20within%20three%20years.

26　Sophia Kunthara, "Parker Conrad's Rippling Reaches $11.25B Valuation with Series D," *Crunchbase News*, May 11, 2022, https://news.crunchbase.com/startups/rippling-hr-funding-parker-conrad-zenefits/.

27　Hayagreeva Rao and Robert Sutton, "From a Room Called Fear to a Room Called Hope: A Leadership Agenda for Troubled Times," *McKinsey Quarterly*, 2020, www.mckinsey.com/featured-insights/leadership/from-a-room-called-fear-to-a-room-called-hope-a-leadership-agenda-for-troubled-times.

28　Tsedal Neeley, *Remote Work Revolution: Succeeding from Anywhere* (New York: Harper Business, 2021).

29　"Team Refresh | Energy, Focus and Progress for Your Team," Teamraderie, www.teamraderie.com/experiences/virtual-team-refresh/.

30　다음을 참조하라. Scott S. Wiltermuth and Chip Heath, "Synchrony and Cooperation," *Psychological Science* 20, no. 1 (2009): 1–5; and Piercarlo Valdesolo, Jennifer Ouyang, and David DeSteno, "The Rhythm of Joint Action: Synchrony Promotes Cooperative Ability," *Journal of Experimental Social Psychology* 46, no. 4 (2010): 693–95.

31　John Lilly, "Cadence in Organizations," *Medium*, February 28, 2017, https://news.greylock.com/cadence-in-organizations-78a4b1637f12.

32　Christoph Riedl and Anita Williams Woolley, "Teams vs. Crowds: A Field Test of the Relative Contribution of Incentives, Member Ability, and Emergent Collaboration to Crowd-Based Problem Solving Performance,"

Academy of Management Discoveries 3, no. 4 (2017): 382–403.

33   Daniel Kahneman et al., "When More Pain Is Preferred to Less: Adding a Better End," *Psychological Science* 4, no. 6 (1993): 401–5.

34   Gretchen Rubin, "To-Do List Alternatives," *Gretchen Rubin*, November 21, 2021, https://gretchenrubin.com/articles/alternatives-to-to-do-list/.

35   James Kerr, *Legacy: What the All Blacks Can Teach Us About the Business of Life* (New York: Hachette, 2013).

36   Caroline Copley and Ben Hirschler, "For Roche CEO, Celebrating Failure Is the Key to Success," Reuters, September 17, 2014, www.reuters.com/article/us-roche-ceo-failure/for-roche-ceo-celebrating-failure-is-key-to-success-idUKKBN0HC16N20140917.

37   Ben Bergman, " 'It Felt like a *Black Mirror* Episode': The Inside Account of How Bird Laid Off 406 People in Two Minutes via a Zoom Webinar," *dot. LA*, April 1, 2020, https://dot.la/bird-layoffs-meeting-story-2645612465.html.

38   Brian Chesky, "A Message from Co-founder and CEO Brian Chesky," *Airbnb*, May 5, 2020, https://news.airbnb.com/a-message-from-co-founder-and-ceo-brian-chesky/.

39   Jason Aten, "Lessons Behind Airbnb's CEO Email About Laying Off 1,900 Workers," *Inc.*, May 6, 2020, www.inc.com/jason-aten/lessons-behind-airbnb-ceos-email-about-laying-off-1900-workers.html.

40   Bani Sapra, "Bird Employees Say They Were Locked out of Their Email and Slack Accounts as They Were Told Their Jobs Were Gone," *Business Insider*, April 2, 2020, www.businessinsider.com/bird-employees-locked-out-of-emails-layoffs-2020-4.

11 당신의 마찰 프로젝트

1   다음을 참조하라. Melinda French Gates, "A 1,000-Question Form Stood Between People and Their Safety Net Benefits. These Advocates Designed a Better Ap-proach," *Bill & Melinda Gates Foundation*, October 5, 2022, www.gatesfoundation.org/ideas/articles/improving-lives-economic-mobility-opportunity; and Terry Beurer, "You Can't Learn by Just Sitting in Your Chair" (interview), Civilla, https://civilla.org/stories/interview-terry-beurer.
2   Sutton and Rao, *Scaling Up Excellence*, 144.
3   다음을 참조하라. Ibarra and Rattan, "Satya Nadella at Microsoft"; Todd Bishop, "Exclusive: Satya Nadella Reveals Microsoft's New Mission Statement, Sees 'Tough Choices' Ahead," *GeekWire*, June 25, 2015, www.geekwire.com/2015/exclusive-satya-nadella-reveals-microsofts-new-mission-statement-sees-more-tough-choices-ahead/.
4   다음을 참조하라. Lashinsky, *Inside Apple;* "What Are Directly Responsible Individuals? How to Set Up DRI Models?" Cloud Tutorial, 2023, www.thecloudtutorial.com/directly-responsible-individuals/#:~:text=Conclusion-,What%20is%20a%20Directly%20Responsible%20Individual%20(DRI)%3F,keeping%20the%20project%20on%20track.
5   J. Richard Hackman, *Collaborative Intelligence: Using Teams to Solve Hard Problems* (Oakland, Calif.: Berrett-Koehler, 2011).
6   Paul H. O'Neill, Sr., *A Playbook for Habitual Excellence: A Leader's Roadmap from the Life and Work of Paul H. O'Neill, Sr.* (Value Capture, 2020).
7   Bob Sutton, "Productive Paranoia: Lights, Camera . . . Anxiety," Friction, season 2, episode 4, June 20, 2018, https://ecorner.stanford.edu/podcasts/productive-paranoia-lights-camera-anxiety/.
8   Huang and Aaker, "It's the Journey," 697; Patrick Kiger, "Redefining Success: Adopt the Journey Mindset to Move Forward, *Stanford Business*, August 30, 2019, www.gsb.stanford.edu/insights/redefining-success-

adopt-journey-mindset-move-forward.

9   Mark Gurman, "Steve Jobs Legacy Lives on at Apple Campus with Posters and Quotes," *9to5Mac*, January 9, 2012, https:// 9to5mac.com/2012/01/29/ steve-jobs-legacy-lives-on-at-apple-campus-with-posters-and-quotes/.

10 Eugen Herrigel, *Zen in the Art of Archery* (Digital Fire, 2021).

11 Michele Gelfand, *Rule Makers, Rule Breakers: Tight and Loose Cultures and the Secret Signals That Direct Our Lives* (New York: Scribner, 2019).

12 "How Do Disney and Pixar Come Up with Those Ingenuous Stories? Through Research and Development," *No Film School*, November 9, 2016, https://nofilmschool.com/2016/11/how-research-and-development-drive-story-creation-disney-pixar.

13 Dan Heaton, "Former Disney Imagineer Bill Watkins on Designing Space Mountain," *Tomorrow Society*, August 22, 2018, https://tomorrowsociety.com/disney-imagineer-bill-watkins/.

14 Dahlia Lithwick, "Chaos Theory: A Unified Theory of Muppet Types," *Slate*, June 8, 2012, https://slate.com/human-interest/ 2012/06/chaos-theory.html.

15 Leisha DeHart-Davis, "The Unbureaucratic Personality," *Public Administration Review* 67, no. 5 (2007): 892–903.

16 Katherine A. DeCelles and Karl Aquino, "Dark Knights: When and Why an Employee Becomes a Workplace Vigilante," *Academy of Management Review* 45, no. 3 (2020): 528–48.

17 Nathanael J. Fast, Nir Halevy, and Adam D. Galinsky, "The Destructive Nature of Power Without Status," *Journal of Experimental Social Psychology* 48, no. 1 (2012): 391–94.

18 Jeff Bezos, "To Our Shareholders," Amazon, April 2015, www.sec.gov/Archives/edgar/data/1018724/000119312515144741/d895323dex991.htm; Jeff Hayden, "Amazon Founder Jeff Bezos: This Is How Successful People

Make Such Smart Decisions," *Inc.*, December 3, 2018, www.inc.com/jeff-haden/amazon-founder-jeff-bezos-this-is-how-successful-people-make-such-smart-decisions.html.

19 Sutton, "CEO Who Led a Turnaround."
20 Porath, *Mastering Civility*.
21 Peter Ferdinand Drucker, *Managing Oneself* (Boston: Harvard Business Review Press, 2008), 8–9.
22 Christine Porath, "Frontline Work When Everyone Is Angry," *Harvard Business Review*, November 9, 2022, https://hbr.org/ 2022/11/frontline-work-when-everyone-is-angry.
23 Chris Benguhe and RaeAnne Marsh, "For Former WD-40 CEO, Caring Oils the Wheels of Management," *International Business Times*, December 9, 2022, www.ibtimes.com/former-wd-40-ceo-caring-oils-wheels-management-3644876.
24 Kim Scott, *Radical Candor: Fully Revised & Updated Edition: Be a Kick-Ass Boss Without Losing Your Humanity* (New York: St. Martin's Press, 2019).
25 Sigal G. Barsade and Olivia A. O'Neill, "What's Love Got to Do with It? A Longitudinal Study of the Culture of Companionate Love and Employee and Client Outcomes in a Long-Term Care Setting," *Administrative Science Quarterly* 59, no. 4 (2014): 551–98.
26 Kevin Truong, "Why Devoted Health Has Put Family at the Center of Its Mission," *MedCity News*, January 7, 2019, https://medcitynews.com/2019/01/why-devoted-health-has-put-family-at-the-center-of-its-mission/; Robert I. Sutton, "The Fixers Presents: Todd Park," Stanford Online interview, February 1, 2022, https://event.on24.com/wcc/r/4093006/C652E63E63BB403B4BEA98D598166C9E.
27 Personal communication to Robert Sutton, December 22, 2022, and January 24, 2023.

마찰력

초판 1쇄 인쇄 2025년 10월 29일
초판 1쇄 발행 2025년 11월 12일

지은이 로버트 서튼, 허기 라오
옮긴이 박민정
펴낸이 고영성

책임편집 유형일
저작권 주민숙, 한연

펴낸곳 (주)상상스퀘어
출판등록 2021년 4월 29일 제2021-000079호
주소 경기 성남시 분당구 성남대로43번길 10, 하나EZ타워 307호
팩스 02-6499-3031
이메일 publication@sangsangsquare.com
홈페이지 www.sangsangsquare-books.com

ISBN 979-11-94368-76-2 (03320)

· 상상스퀘어는 출간 도서를 한국작은도서관협회에 기부하고 있습니다.
· 이 책은 저작권법에 따라 보호를 받는 저작물이므로 무단 전재와 복제를 금지하며,
  이 책 내용의 전부 또는 일부를 사용하려면 반드시 저작권자와 상상스퀘어의 서면 동의를 받아야 합니다.
· 파손된 책은 구입하신 서점에서 교환해드리며 책값은 뒤표지에 있습니다.